계열 합격 끝판왕
공학계열

계열 합격 끝판왕

공학계열

저자 박상철 백광일 김형준 이범석 최희원
김홍겸 김재형 장희재 기획 정동완

 **머릿말**

시중에 진로·진학 관련 책이 많이 있다. A 저자의 'OOO 끝판왕', B 저자의 '△△끝판왕' 등 많은 진학 관련 책이 판매되고 있다. 매우 훌륭한 책들이며 입시준비 및 진학하는 데 실질적으로 많은 도움을 주고 있다.

그런데 학생과 학부모는 책의 비용보다 훨씬 비싼 사설 기관에 의지하며 컨설팅을 받는 게 현실이다. 사설 기관은 생활기록부 컨설팅, 학생부 컨설팅 등 다양한 말로 대면 혹은 인터넷을 이용한 비대면 형태로 진행한다. 주로 학생부종합전형에 대한 서류 평가 내용이다. 해당 컨설팅을 받은 뒤에 고액의 비용을 사용자가 지불한다.

저자인 나는 궁금했다.
'좋은 책이 많은 데, 왜 학생과 학부모는 비싼 비용을 지불하면서 사설 기관에 갈까?'

저 생각이 지금 '계열 끝판왕' 시리즈를 만들게 된 동력이 되었다. 저자인 나는 3가지 이유를 생각했다.

1. 학생부종합전형을 정확히 모르기 때문에 다른 곳에 위탁한다.
2. 학생부종합전형을 알지만, 너무 정보가 산재 되어있어서 보기 힘들어서 위탁한다.
3. 시판되는 책이 모집 요강 요약 및 단순 입시 사례집 식의 내용이며, 실제 내가 참고할 것이 없어서 위탁한다.

나는 '계열 끝판왕' 시리즈를 통해서 위에 3가지 이유를 없애고 싶었다.
알기 쉽게 설명하고, 꼭 필요한 정보를 적재적소에 배치하여 읽기 쉽게 하며, 단순 안내가 아니라 실제 내용을 제시해야겠다는 다짐을 하였다.

'계열 끝판왕' 시리즈는 학생의 희망하는 계열별로 선택하여 전체 내용을 진행한다.
학생 자신이 선택한 계열과 실제 자신의 성향이 맞는지 확인하는 방법을 잘 소개하고 계열에 대한 안내를 자세히 하고 있다. 이를 통해 자신의 계열을 한 번 더 확인할 수 있다.

그리고 학생부종합전형에 대한 자세한 내용을 알기 쉽게 정리하였다. 이후 진로진학 도우미를 곁에 둔 것처럼 고등학교 생활의 시작부터 마무리까지 친절한 설명으로 하나하나 알려주는 학생부 로드맵을 만들었다.

2015개정교육과정을 시작으로 고교학점제가 현실화함에 따라 매우 중요해진 것이 교과선택 영역이다. 이를 공감하여 교과선택을 한 단원으로 분리하여 계열 및 학과에 적합한 교과란 무엇인지를 설명하였다.

학생부종합전형에서 평가요소 중 학업역량 및 전공적합성(진로역량)의 비중이 대부분 대학에서는 높다. 이를 잘 드러내는 방법으로 탐구보고서가 적합하다. 따라서 탐구보고서를 어떻게 시작하고 완성까지 하는지 안내하였다.

앞선 내용을 다 해왔다면 학생의 생활기록부가 알차게 채워졌을 것이다. 그런데 과연 어떤 생활기록부가 잘 쓰여진 것인지, 나의 생활기록부는 좋은 것인지 고민이 많다. 학교 현장의 교사도 어떻게 하면 학생의 모습을 잘 드러낼지 고민이 많다. 이를 해결하기 위해 합격 학생부 세부능력 및 특기사항 단원을 만들었다. 또한 해당 학생부를 통해 작성한 자기소개서도 제시하였다. 해당 자기소개서를 분석 및 평가를 제공하면서 어떤 자기소개서가 의미 있는 것인지를 나타내었다. 이를 통해 자기소개서는 어떻게 작성해야 하며, 해당 자기소개서를 참고하여, 나는 어떻게 작성 또는 학교 활동을 해야 할지도 제시하였다.

대학별 고사에서 많이 시행하는 것이 면접이다. 면접은 학생부를 기반한 서류면접평가가 대부분이다. 시중의 면접 책 또는 면접 컨설팅에서는 면접 요강 및 단순 사례만을 안내한다. 면접이 있으려면 학생부가 있어야 해당 면접의 흐름이 이해된다. 이에 따라 계열별 면접 포인트와 앞 단원에 제시한 학생부를 이용하여 면접 문항 추출 그리고 해당 문항이 만들어진 이유를 제시하였다.

기존의 책과는 다르게 여러 계열을 묶어 놓은 책이 아니며, One Point Lesson으로 계열에 정확히 밀접한 내용으로 총 6단원을 구성했다. 구체적인 활동과 사례, 교과 선택, 탐구보고서, 생활기록부, 면접을 일대일로 컨설팅받는 것처럼 만들었다.

'계열 끝판왕'은 책을 읽었다고 해서 점수가 올라가거나 역량이 올라가는 책이 아니다. 어떤 활동을 해보길 권장하며 안내하는 책이다. 많은 학생과 학부모 그리고 교사까지 해당 책을 읽어서 실제 책에 있는 내용을 시도해보길 바란다. 시도에서 시작한 누적된 경험이, 새로운 도전이 만들고 더 나은 발전이 견인 할 것이다.

끝으로 해당 시리즈를 출판할 수 있게 협력해주고 오래 기다려준 '꿈구두' 관계자에게도 이 자리를 빌려 깊은 감사 말씀을 드린다.

저자일동

추천하는 글

우리에게 교과서라는 말이 있다. 이는 학교에서 교과 과정에 따라 주된 교재로 사용하기 위하여 편찬한 책 혹은 해당 분야에서 모범이 될 만한 사실을 비유적으로 이르는 말이다. 그리고 어릴 적 몰입하던 무협지에는 적을 물리치기 위한 무림고수들의 권법이나 병법, 무술 등을 오롯이 담은 비책들이 반드시 등장한다.

그 비책을 얻기 위해 정말 최선을 다한다. 교과서 혹은 비책이 있으면 그야말로 무소불위.

그렇다. 이번 노작은 언제나 그랬듯이 학생부종합전형 나아가 모든 입시를 대비하는 교과서요 비책이다. 특히 이번 책에서는 선택과목에 대한 내용이 눈에 띈다.

요즘 학부모와 학생의 최대관심사가 과목의 선택 아니던가. 계열별 학과별로 아주 쉽고 요긴하게 잘 설명해주었다. 아무쪼록 수험생 모두가 저자들의 교육과정과 교과서(비책)를 잘 따라서 소기의 성과를 거두기를 바란다.

이만기 ● (유웨이교육평가연구소장 겸 부사장)

'끝판왕' 시리즈가 화제다. '끝판왕 시리즈'는 선생님과 학생 그리고 학부모들이 함께 보는 책으로 끝판왕 시리즈는 중학교 입학에서부터 학생들이 자기주도적인 학습설계를 하기 위해 꼭 봐야 할 가이드 북이다.

계열 선택, 학생부 로드맵, 교과선택, 과제탐구, 학생부 세부능력 및 특기사항, 자소서, 면접 등을 한 번에 담았다. 또한 인문, 사회, 자연, 공학, 교육, 의생명 등 6개 영역으로 구성된 분야별 콘텐츠들은 학생들의 진로탐색과 구체적인 실행을 위한 안내서로써 훌륭한 키오스크 역할을 하고 있다. 학생들과 학생들을 지도할 선생님들이 꼭 가져야 할 Must-Have 아이템이다.

조훈 ● (서정대 교수, 사)한국진로진학정보원 사무국장)

중고등학생에게 현실적인 목표가 무엇이냐고 질문을 하면 거의 원하는 대학, 학과에 합격하는 것이라고 합니다. 인생의 목표는 '행복하게 사는 것인데 자신이 하고 싶은 것을 하면서 경제적으로도 풍요롭게 사는 것'이라고 합니다. 먼저 위 문답과 함께 이 책을 살펴보면서 느낀 것은 미래에 행복하게 사는 사람이 더욱 많아지는 사회를 만들어야 한다는 교육의 목표와 근본에 매우 실용적으로 접근했다는 것입니다. 최근 교육과정을 보면 모든 학생은 독립된 인격체로 자기 적성과 흥미를 가지고 있고 차별화된 달란트가 내재하여 이를 고려한 자기주도적인 진로선택과 설계 과정을 매우 강조하고 있습니다. 스스로 자신이 가장 행복하게 잘할 수 있는 분야를 선택하여 결정할 수 있게 도와주는 다양한 탐구 수업 등 교육과정이 편성되어 있습니다. 그리고 이러한 교육과정을 위해서는 제대로 된 자료와 정보의 제공이 필수입니다. 이 책은 학생들이 미래의 삶의 방향을 정하는 대학입시 학과 선택에 도움을 줄 수 있는 자료와 정보는 물론이고 방안까지 현 교육과정에 맞춰 제공해주고 있습니다. 학교 현장에서 다방면의 진학 및 입시지도를 한 현직 선생님들이 학생들의 행복한 미래를 위해 그동안 쌓은 노하우를 아낌없이 제공했기에 학생, 선생님, 학부모님 모두 유익한 보탬이 되었으면 합니다.

김영호 ● (DBpia 학술논문 이사)

과거에는 학벌이 미래의 삶을 보장 했지만 현 시대는 학벌이 더 이상 그것을 약속해 주지 않습니다. 학벌보다는 학생이 원하는 진로를 잘 선택하는 것이 중요해진 시대입니다.
엄청 치열한 경쟁사회인 한국에서 내 아이가 첫 관문인 입시를 실패하게 되면 불행한 인생을 살아가지 않을까. 이런 생각들이 부모들의 불안감을 만들게 됩니다. 지금 고생하면 평생 행복할 것이라는 막연한 희망을 주면서 학생이 원하지도 않은 입시전쟁 속으로 떠밀게 됩니다. 부모와 학생들의 공감대 형성 부족이 이런 현상을 만들어가고 있다고 생각합니다. 학생이 원하는 진정한 진로가 무엇이며 그 진로를 위해 역량 강화를 할 과목은 어떤 것인지, 어떤 것을 준비해야 하는지 이 책을 통해 부모와 학생이 공감대를 형성하여 행복한 미래를 만들어 가길 바랍니다.

이창훈 ● (테크빌교육 티처몰 대표)

변화의 흐름을 읽지 못하면 실패하기 십상이다. 단순히 기본교과만 잘 해서 좋은 대학에 합격하는 시대는 지났다. 특히 학생부종합전형의 비중이 절대적인 현 상황에서 이를 제대로 활용하기 위해서는 학생 스스로가 어떠한 꿈을 가지고 있는지 잘 보여줘야 한다. 이 책은 계열 선택부터 학생부 로드맵, 자소서, 면접 매뉴얼 등을 한번에 담은 가히 <진로, 진학, 학습 분야 끝판왕 시리즈>라 불릴만하다. 입시를 목전에 둔 학생과 학부모뿐만 아니라 이 상황이 곧 도래할 예비 수험생들에게도 어떻게 세밀한 전략을 세워 준비해야 하는지 제대로 짚어주고 있다.

김무현 ● 한국학원대학교 학장, (주)해오름커뮤니케이션즈 대표

기다리던 진로·진학 공략집!

학생.학부모.교사 누구라도 쉽게 따라 할 수 있어야 진짜 진로·진학 안내서입니다.

매 페이지 차근차근 실천할 수 있는 정보가 한눈에 펼쳐집니다.

계열에 맞는 학교생활 실천 이 책과 함께 계획해 보시길 강력히 추천드려요.

남현정 ● (흥진고등학교 3학년 부장)

이 책은 학생 희망 계열 맞춤형 교과목 선택과 독서를 친절하게 안내하고 있으며, 계열별 과제집착력과 문제해결력을 돋보이게 하는 과제연구를 스스로 할 수 있도록 친절하게 안내하고 있다. 이를 통해 전공적합성을 잘 드러내는 학생부 작성이 가능하도록하여 '나'를 가장 돋보이게 하는 고교생활 가이드이다.

조성훈 ● (에듀클라우드닷컴 대표)

최근 공개된 대학별 학생부종합전형 입시결과는 지원자학생들의 소속고교 교과이수 로드맵 설계에 따른 맞춤형 진로진학 학업역량에 더욱 큰 비중을 둔 평가로 볼 수 있습니다. 특히 블라인드 평가로 인하여 더욱 중요해진 학업성취도에 비례하는 교과지식활용 중심의 세특예시와 풍부한 면접준비방법은 전국의 수험생들과 학부모님들에게 도움이 되리라 생각됩니다.

전용준 ● (두각학원 입시전략연구소장)

2015 개정 교육과정에 따른 과목선택의 중요성을 인식시키고 자신의 미래 진로와 전공에 관한 탐색에 도움을 주어 미래 진로 설정을 체계화시키며 진로진학의 로드맵을 제시해주는 최적의 기본서가 될 것이다.

안종배 ● (국제미래학회 회장)

학교생활기록부 전체를 관통한다. 학과에 대한 이해부터 대입 준비를 위한 과정을 아우르는 광범위한 내용을 바탕으로 학생부 작성에 최적화 된 이론서를 보는 느낌이다.

오정택 ● (초대 서울중학교 진로진학상담교사협의회 회장)

사회가 빠르게 변화하고 있음에도 불구하고 고등학교 교육과정에서 추구하는 교육의 본질은 크게 바뀌지 않습니다. 고등학교에서의 생활은 무엇보다 자기 자신에 대한 이해를 바탕으로 자기 주도적으로 인생의 목표와 방향을 정하고 최선의 전략을 선택하여 부단한 노력과 실천의 과정을 토대로 목표를 성취하는 시기라고 생각합니다. 이러한 과정과 행동이 반복되면서 학생들은 성장을 이룰 수 있고 변화와 발전이 나타나 대학에 합격하는 결과로 이어지지 않을까 생각해봅니다. 이러한 학생들의 노력과 실천의 과정에 '계열별 끝판왕'이라는 책은 고등학교 생활의 전반을 이끌어주고 안내해주는 나침반의 역할을 충분히 할 수 있는 지침서라고 여겨집니다. 공교육과 사교육 분야의 전문가들이 만들어낸 이 놀라운 지침서를 바탕으로 고등학교에서의 첫 출발을 멋지게 펼쳐나가기를 진심으로 응원합니다.

윤진욱 ● (투비유니콘 대표)

고교학점제 도입, 자소서폐지 등 교육제도와 입시의 변화가 더욱 복잡하고 혼란스러운 이때 시기적절하게 좋은 책이 나온 것을 기쁘게 생각합니다. 계열별 학과들 정리부터 학생부, 면접 준비 방법까지 실제 예시들이 가득한 이 책이 진로와 진학에 고민 중인 학부모와 학생들에게 추천합니다.

고봉익 ● (TMD 교육그룹 대표)

Contents

부록 ····················

맞춤형
계열선택

맞춤형 계열선택

가. 계열선택의 중요성

　지금 책을 읽고 있는 여러분들의 장래희망은 무엇인가? 경찰, 의사, 교사, 공학자, 프로그래머 등등 자신 나름대로의 꿈을 갖고 있을 것이다. 물론 아직 자신의 꿈을 정하지 못한 학생들도 있겠지만 아마 적어도 '어느 쪽에 관심을 갖고 있을 것이다.'와 같은 생각은 하고 있을 것이다. 만약 아직 이런 생각이 없어도 괜찮다. 앞으로 여러 가지 체험들을 하면서 자신이 어느 분야에 관심이 있는지 차츰차츰 알아가면 될 것이라고 생각이 된다.

　사실 자신의 앞날을 결정하는 것이란 쉽지 않은 일이다. 그것이 자신의 인생과 중대하다고 생각하면 그것은 더더욱 부담이 가는 선택이 된다. 하지만 언젠가는 그런 선택을 해야 할 때가 오고 만다. 학생의 입장에서 생각해보면 중학교에서 고등학교로 진학할 때 한 번, 그리고 고등학교에서 선택과목을 선정하는 순간이 이러한 선택과 연결이 될 것이라고 생각한다.

학교에서 학생들을 대상으로 상담을 하다보면 이 두 순간 학생들은 많은 고민을 한다. 중학교 학생들의 경우 고등학교를 선정함에 있어서 **일반계 고등학교를 가야하는지, 특성화 고등학교를 가야하는지 아니면 특수목적고등학교를 갈 것인지** 많이 고민을 한다. 어떠한 고등학교를 선택하느냐에 따라서 자신의 앞날이 결정되기 때문이다. 일반계 고등학교를 가면 대학 입시를 위해 고등학교 3년을 보낼 것이고 특성화 고등학교를 가면 취업과 대입을 목표로 고등학교 생활을 하게 될 것이다. 마지막으로 특수목적고등학교에 진학한 학생들은 자신이 원하는 세부적인 과목(언어 혹은 수학 및 과학)을 더 배우게 될 것이다. 중학교 3학년의 선택으로 인해서 고등학교 생활 및 대학교 혹은 취업으로의 진로가 달라지게 되는 것이다.

일반계
고등학교

특성화
고등학교

특수목적
고등학교

앞서 말한 선택을 통해 고등학교로 진학을 해도 고등학교에서는 또 다른 혹은 더 커다란 선택이 우리를 기다리고 있다. 학교의 상황마다 다르겠지만 대부분의 학교에서 1학년 말, 2학년 말에 국어, 영어, 수학과 같은 주지과목을 비롯하여 사회, 과학 등의 분야에서 과목을 선택한다. 일반계 고등학교를 중심으로 하여 고등학교 과목의 이수는 대개 1학년 시기에 공통과목을 이수하고 2학년, 3학년 시기에 선택과목을 이수하는 형태를 취한다. 현재도 이렇게 학생들이 선택을 할 수 있게 되지만 2023-2024년의 2년 동안의 시범 시행과정을 거쳐서 2025년에 본격적으로 도입되는 고교학점제에서는 이러한 성향이 더욱 더 크게 나타난다.[1] 즉 학생이 어떠한 계열을 선택하느냐에 따라서 학생들이 수강하는 과목이 달라질 것이며 이는 앞으로 자신들의 학교 생활을 좌우하게 될 것이다. 특히나 '문·이과

---

1) 정부의 방침에 따라 그 시행 시기가 달라질 수 있다.

통합교육과정'을 표방하며 현재 시행되고 있는 2015개정교육과정이나 '융합협 인재'의 양성을 목표로 하고 있는 2022개정교육과정만 보더라도 예전에 우리가 흔히 들어왔던 문과 혹은 이과 식의 구별은 더 이상 존재하지 않으며 존재할 필요가 없어지게 된다. 그렇기에 학생들은 자신의 진로성향을 정확하게 파악하고 앞으로 인문, 사회, 자연, 공학, 교육 등과 같은 계열에서 어떠한 쪽으로 자신의 진로 방향을 세울 것인가를 고민해 보아야 한다.

·· 일반계 고등학교의 과목편성(예시) ··

기초

교과(군)	공통과목	일반선택과목	진로선택과목
국어	국어	화법과 작문, 독서, 언어와 매체, 문학	실용 국어, 심화 국어, 고전 읽기
수학	수학	수학 I, 수학 II, 미적분, 확률과 통계	실용 수학, 기하, 경제 수학, 수학과제 탐구
영어	영어	영어 회화, 영어 I, 영어 독해와 작문, 영어 II	실용 영어, 영어권 문화, 진로 영어, 영미 문학 읽기
한국사	한국사		

탐구

교과(군)	공통과목	일반선택과목	진로선택과목
사회	통합사회	한국지리, 세계지리, 세계사, 동아시아사, 경제, 정치와 법, 사회·문화, 생활과 윤리, 윤리와 사상	여행지리, 사회문제 탐구, 고전과 윤리
과학	통합과학 과학탐구 실험	물리학 I, 화학 I, 생명과학 I, 지구과학 I	물리학 II, 화학 II, 생명과학 II, 지구과학 II, 과학사, 생활과 과학, 융합과학

교과(군)	공통과목	일반선택과목	진로선택과목
체육		체육, 운동과 건강	음악, 미술, 연극
예술		음악, 미술, 연극	음악 연주, 음악 감상과 비평 미술 창작, 미술 감상과 비평

생활교양

교과(군)	공통과목	일반선택과목	진로선택과목
기술·가정	국어	기술·가정, 정보	농업 생명 과학, 공학 일반, 창의 경영, 해양 문화와 기술, 가정과학, 지식 재산 일반
제2외국어 /한문	중국어ㅣ 일본어ㅣ	독일어ㅣ, 일본어ㅣ 러시아어ㅣ,아랍어ㅣ 베트남어ㅣ, 프랑스어ㅣ 스페인어ㅣ, 중국어ㅣ, 한문ㅣ	독일어Ⅱ, 일본어Ⅱ 러시아어Ⅱ,아랍어Ⅱ 베트남어Ⅱ, 프랑스어Ⅱ 스페인어Ⅱ, 중국어Ⅱ, 한문Ⅱ
교양		철학, 논리학, 심리학, 교육학, 종교학, 진로와 직업, 보건, 환경, 실용 경제, 논술	

•• 일반계 고등학교의 교육과정 편제표(예시) ••

교과영역	교과	과목		기준단위	운영단위				1학년		2학년		3학년		영역합계	필수이수단위
					공통	일반	진로	전문	1학기	2학기	1학기	2학기	1학기	2학기		
기초	국어	국어		8	8				4	4					24	10
		문학		5		4					4					
		독서		5		4						4				
		언어와 매체/화법과 작문	[택1]	5		4							4			
		심화국어		5			4							4		
	수학	수학		8	8				4	4					24	10
		수학 I		5		4					4					
		수학 II		5		4						4				
		확률과 통계		5		4							4			
		수학과제 탐구		5			4							4		
	영어	영어		8	8				4	4					24	10
		영어 I		5		4					4					
		영어 II		5		4						4				
		영어 독해와 작문		5		4							4			
		영어 회화		5		4								4		
	한국사	한국사		6	6				3	3					6	6
	기초교과선택	고전 읽기/기하/영어권 문화/ 인공지능 수학	[택1]	5			4				2	2			10	-
		현대문학 감상/미적분/ 심화 영어 I	[택1]	5			6						3	3		
탐구	사회	통합사회		8	8				4	4					8	10
	과학	통합과학		8	6				3	3					8	12
		과학탐구실험		2	2				1	1					8	12

교과영역	교과	과목	기준단위	공통	일반	진로	전문	1학년 1학기	1학년 2학기	2학년 1학기	2학년 2학기	3학년 1학기	3학년 2학기	영역합계	필수이수단위
탐구	탐구교과선택	한국지리/세계사/정치와 법/경제/윤리와 사상/물리학Ⅰ/화학Ⅰ/생명과학Ⅰ/지구과학Ⅰ [택3]	5		6					3	3			36	-
			5		6					3	3				
			5		6					3	3				
		세계지리/동아시아사/사회·문화/생활과 윤리/여행지리/사회문제 탐구/물리학Ⅱ/화학Ⅱ/생명과학Ⅱ/지구과학Ⅱ/생활과 과학 [택3]	5		6							3	3		
			5		6							3	3		
			5		6							3	3		
체육·예술	체육	체육	5		4			2	2					12	10
		스포츠 생활	5			4				2	2				
		운동과 건강	5		4							2	2		
	예술	음악	5		4			2	2					12	10
		미술	5		4					2	2				
		음악 연주↔미술 창작	5			4						2	2		
생활·교양	기술·가정/제2외국어/한문/교양	기술·가정	5		6					3	3			16	16
		중국어Ⅰ/일본어Ⅰ [택1]	5		6					3	3				
		정보/공중 보건↔간호의 기초/전기·전자 기초↔전기 회로 [택1]	5		4							2	2		

제시된 두 가지 표는 일반계 고등학교에서 공통과목, 일반선택과목, 진로선택과목을 어떻게 개설하는지에 대한 예시이다. 고등학교에 진학하게 되면 공통과목을 이수한 후에 각 계열에 맞게 과목을 선택하여 수강해야 한다. 공통과목은 말 그대로 문·이과 등의 계열 구분이 없이 모든 고등학생이 배워야 하는 필수적인 내용을 담은 것으로서 기초 소양을 함양하고 기초학력을 보장할 수 있는 과목이다. 이에 비해 선택과목은 학생들의 진로 희망에 따라서 선택할 수 있는 과목이다.

아래의 표에서 볼 수 있듯이 선택과목은 크게 일반선택과목과 진로선택과목으로 나뉜다. 일반 선택과목의 경우 고등학교 단계에서 필요한 교과별 학문의 기본적인 이해를 바탕으로 한 과목이고 진로선택과목의 경우 교과융합학습, 진로 안내학습, 교과별 심화학습 및 실생활 체험학습 등이 가능한 과목 및 자신의 진로에 도움이 되는 심화된 학습을 할 수 있는 과목을 이야기한다. 자신의 진로와 적성에 맞는 과목을 선택하는 것이 중요해졌으며, 자신이 희망하는 계열에 필요한 역량을 기를 수 있는 과목을 선택해야 한다.

··• 고등학교 선택과목의 체계 •··

일반선택과목 고등학교 단계에서 필요한 교과별 학문의 기본적인 이해를 바탕으로 한 과목
(예) 세계지리/동아시아사/사회·문화/생활과 윤리/물리학I/생명과학I 등

진로선택과목 가능한 과목 및 자신의 진로에 도움이 되는 심화된 학습을 할 수 있는 과목
(예) 기하/수학과제탐구/여행지리/물리학 II 등

학생들은 자신의 진로희망에 따라 계열을 선택하는 것이 매우 중요하다. 진로희망에 따라서 계열선택이 달라지고 이로 인해서 향후 고등학교 과목과 생활이 결정되기 때문이다.

나. 계열의 분류

계열을 분류하는 것은 사람들마다 매우 다른 기준을 지니고 있다. 또한 대학마다 단과대학의 구성 및 학과의 구성 자체가 달라서 일관된 기준으로 계열을 나누기는 쉽지 않다. 하지만 일반적으로 사용되는 자료 및 수험생이 활용할 수 있는 자료를 중심으로 하여 각 대학의 계열을 다음 표에 제시된 바와 같이 크게 7가지로 나눌 수 있다.

·· 일반적인 대학 계열의 분류 ··

물론, 위에서 제시한 대학 계열의 분류에 있어서 반론이 있을 수 있다. 하지만 앞서 언급했듯이 분류의 경우 절대적인 것은 아니며 다만 수험생이 교육과 관련된 여러 자료를 활용할 때 활용하기 편하게 분류해 놓은 것이다.

각 계열에 맞는 학과를 분류해야 하는데 전국의 대학교가 200개가 넘고 전문대학까지 포함하면 330여개 정도 되는 대학이 있어서 이를 분류하기란 쉬운 일이 아니다. 또한 대학마다 활용하는 단과대학 및 학과의 명칭 역시 다르다. 따라서 이를 위해서는 통일된 기준이나 적절한 예시가 필요하다. 이에 대해 우리나라에서 거의 모든 학과가 있는 서울대학교의 단과대학 편성 및 학과편성을 예시로 살펴보자.

서울대학교 홈페이지(www.snu.ac.kr)을 참고하여 분류한 계열별 단과대학 및 학과 리스트는 다음과 같다(단, 학과의 특이성으로 인해 연합전공 및 연계전공은 분류에서 배제하였다).

인문계열

단과대학　인문대학
설치학과　국어국문학과 중어중문학과 영어영문학과 불어불문학과
　　　　　독어독문학과 노어노문학과 서어서문학과 아시아언어문명학부
　　　　　언어학과 국사학과 동양사학과 서양사학과 철학과 종교학과 미학과
　　　　　고고미술사학과

사회계열

단과대학　사회과학대학
설치학과　정치외교학부(정치학전공) 정치외교학부(외교학전공) 경제학부
　　　　　사회학과 인류학과 심리학과 지리학과 사회복지학과 언론정보학과

단과대학　경영대학
설치학과　경영학과

단과대학　생활과학대학
설치학과　소비자아동학부(소비자학전공) 소비자아동학부(아동가족학전공)
　　　　　식품영양학과 의류학과

자연계열

단과대학 자연과학대학
설치학과 수리과학부 통계학과 물리천문학부(물리학전공)
         물리천문학부(천문학전공) 화학부 생명과학부 지구환경과학부

단과대학 농업생명과학대학
설치학과 식물생산과학부 산림과학부 응용생물화학부

공학계열

단과대학 공과대학
설치학과 건설환경공학부 기계공학부 항공우주공학과 재료공학부
         전기·정보공학부 컴퓨터공학부 화학생물공학부 건축학과
         산업공학과 에너지자원공학과 원자핵공학과 조선해양공학과

단과대학 농업생명과학대학
설치학과 식품·동물생명공학부 바이오시스템·소재학부 조경·지역시스템공학부

의생명계열

단과대학 의과대학   단과대학 간호대학
설치학과 의예과 의학과   설치학과 간호학과

단과대학 약학대학   단과대학 수의과대학
설치학과 약학과 제약학과   설치학과 수의예과 수의학과

교육계열

단과대학 사범대학
설치학과 교육학과 국어교육과 영어교육과 불어교육과 독어교육과
         사회교육과 역사교육과 지리교육과 윤리교육과 수학교육과
         물리교육과 화학교육과 생물교육과 지구과학교육과 체육교육과
         ※ 초등교육과 및 특수교육과 추가

단과대학   미술대학

설치학과   동양화과 서양화과 조소과 디자인학부(공예) 디자인학부(디자인)

단과대학   음악대학

설치학과   성악과 작곡과(작곡전공, 이론전공) 기악과 (피아노전공, 현악전공,
               관악전공) 국악과

위에서 제시한 계열별 단과대학 분류에 맞추어 자신이 현재 지망하고 있는 계열은 어느 쪽인지 그리고 어떠한 학과에 진학하고 싶은지 아래의 표에 간단히 서술해보도록 하자.

자신의 희망계열

자신의 희망학과

그럼 계열분류를 통해서 자신에게 어떤 계열이 맞는지 알아보도록 하자.

다. 계열분류 검사

자신이 어떤 계열을 원하는지 확실하지 않을 때는 관련 검사를 통해서 본인의 성향을 파악할 수 있다. 물론 간단한 심리검사를 하는 것이 편리할 수도 있지만, 시간이 조금 걸리더라도 자신의 미래를 위해서 검증된 심리검사를 하는 것이 미래의 진로를 결정하는 데에 있어 더욱 좋을 것이다. 이를 위해 국가에서 심리검사를 개발하고 활용할 수 있도록 했다. 커리어넷이나 워크넷 등에 접속하면 쉽게 이 검사들을 활용할 수 있다.(QR 코드를 사용해도 좋다)

커리어넷 진로상담검사(www.career.go.kr)

진로상담검사 QR코드
로그인 후 이용가능

직업적성검사 ✚ 직업과 관련된 다양한 능력 중에서 어떠한 능력을 어느 정도 가지고 있는가를 알아보는 진단검사다. 이 검사는 제한된 직업만을 그 결과로 제시하는 것이 아니라 다양한 직업군에서 요구하는 능력 및 적합성을 알려준다. 이 결과를 바탕으로 하여 진로탐색의 폭을 넓힐 수 있다.

직업흥미검사(K), (H) ✚ 학생이 어떠한 분야에 관심과 흥미가 있는지를 알아보고 이 관심과 흥미에 따른 적합한 직업 및 유사직업을 확인하는 검사다.

직업가치관검사 ✚ 능력 발휘, 자율성, 보수, 자기계발, 안정성, 사회적 인정 등의 직업과 관련된 가치관 중에서 학생이 어떤 것을 우선순위에 두는지 검사한 후 어떤 직업과 어울리는지를 확인하는 검사다.

진로성숙도검사 ✚ 학생이 진로 탐색, 진로 선택, 진로 결정에 대한 태도, 능력, 행동이 어느 정도 준비되어 있고 이 역할들의 이해 정도를 알아보는 검사다.

출처: 커리어넷 홈페이지/진로끝판왕 53쪽

유의사항

커리어넷에서 실시하는 검사는 매번 다르게 나올 수 있다. 따라서 고등학교 1학년 때부터 지속적으로 검사를 수행해보고 그 변화의 추이를 관찰하는 것이 중요하다. 만약 자신이 일정한 진로성향을 보인다면 그 분야로 진출하는 것이 당연하겠지만 1학년에서 검사한 결과가 2학년 혹은 3학년에서 검사했을 때와 다르게 나타난다면 이것이 왜 이렇게 나오는지 그리고 현재 자신이 진짜 원하는 것이 무엇인지 등을 생각하고 자신의 생각을 바탕으로 하여 주변의 담임교사 및 진로상담교사에게 상담을 받는 것을 추천한다.

1) 커리어넷을 활용한 진로 심리검사 결과 엿보기

가) 커리어넷의 적성검사 결과를 아래의 그래프에 적어보고 추천 직업을 함께 적어보자.

능력	0	10	20	30	40	50	60	70	80	90	100
신체·운동능력											
손재능											
공간지각력											
음악능력											
창의력											
언어능력											
수리·논리력											
자기성찰능력											
대인관계능력											
자연친화력											
예술시각능력											

상위 3개 능력

추천 직업

검사 결과를 바탕으로 하여 계열마다 필요한 능력을 정리하면 다음과 같다. 물론 이 분류가 절대적인 것은 아니니 계열을 선택하면서 참고자료로 활용하길 바란다.

계열	필요능력
인문계열	창의력, 언어능력, 자기성찰능력
사회계열	창의력, 언어능력, 수리·논리력, 대인관계능력
자연계열	공간지각력, 창의력, 수리·논리력, 자연친화력
공학계열	공간지각력, 창의력, 대인관계능력
의생명계열	창의력, 언어능력, 수리·논리력, 대인관계능력
교육계열	창의력, 언어능력, 수리·논리력, 대인관계능력, 자연친화력
예체능계열	신체·운동능력, 손재능, 음악능력, 창의력, 예술시각능력

출처 : 진로끝판왕 54쪽

나) 흥미유형 결과를 아래의 표에 표시하고, 그 결과에 따른 추천 직업을 적어보자.

흥미유형	점수	상위 2개 영역	추천 직업
탐구형(I)			
예술형(A)			
사회형(S)			
기업형(E)			
관습형(C)			

다) 직업가치관 검사의 결과를 적어보고 그에 적합한 추천직업을 적어보자.

흥미유형	점수	상위 2개 영역	추천 직업
능력발휘			
자율성			
보수			
안정성			
사회적 안정			
사회봉사			
자기계발			
창의성			

라) 자신의 특성 및 그에 적합한 관련 직업을 정리해 보자.

구분	상위 2개 영역	추천 직업
흥미		
적성		
가치관		
신체적 조건		

마) 결과를 종합적으로 판단하여 자신의 직업을 선택해보자.

나의 선택 직업	이 직업을 선택한 이유

출처 : 진로끝판왕 54 ~ 55쪽

가) 다음의 활동지에 평소 자신이 잘한다고 생각하는 것에 체크해보자.

체크!

인간 친화적 지능	
	다른 사람의 마음, 감정, 느낌을 잘 이해하는 능력
	다른 사람과 효과적이며 조화롭게 일할 수 있는 능력
	타인의 현재 상태가 어떠한지 추론할 수 있는 능력
	타인의 감정에 적절하게 대처하는 능력

자기 성찰 지능	
	자신의 감정에 대한 통제력을 가지고 적절하게 조절 및 계발하는 능력
	자신의 감정과 행동을 잘 조절함으로써 미래를 효율적으로 준비하는 능력
	자신이나 타인의 문제해결 능력

자연 친화 지능	
	주변 환경, 동·식물 및 인간을 포함한 종들의 인식 및 분류하는 능력
	동·식물 등의 행동 특성에 관심이 많고 이들이 가지는 문제에 적절히 대처할 수 있는 능력

공간 지능	
	원근, 방향, 길이 등 공간에 대한 인식능력과 이를 전환하고 조성할 수 있는 능력
	기본적인 물리적 자극 없이도 물리적인 것을 재창조할 수 있는 능력

음악 지능	
	노래 부르기에 필요한 멜로디와 박자를 인식할 수 있는 능력
	악기 연주능력과 악보 인식능력
	작곡의 원리를 이해하고 작곡하는 능력
	곡의 장르와 내용을 파악하는 능력

신체 운동 지능	
	힘, 리듬, 속도 등 필요한 요소를 적절히 활용하여 효과적으로 신체를 사용할 수 있는 능력
	도구를 적절히 활용할 수 있는 능력
	손작업과 표현적 활동을 할 수 있는 능력

≫

논리 수학 지능	숫자를 인식하고 부호화하는 능력	
	다양한 요소들을 분류, 범주화하고 유추할 수 있는 논리적 사고력	
	가설을 논리적으로 풀어내는 능력	

언어 지능	언어의 여러 상징체계를 빠르게 배우는 능력	
	문법과 어휘 인식능력, 쓰인 글의 논리적 맥락을 이해하는 능력	
	언어에 대한 민감성	

나) 위의 표를 통하여 자신의 강점 지능과 약점 지능을 알아보자.

순위	1순위	2순위
강점지능		
약점지능		

출처 : 진로끝판왕 49~50쪽

다) 각 계열별 필요지능

위에서 제시한 지능 중에서 각 계열에 어떤 지능이 필요한지 알아보도록 하자.

계열	지능
인문계열	인간친화적지능, 자기성찰지능, 언어지능
사회계열	인간친화적지능, 논리수학지능
자연계열	자연친화지능, 공간지능, 논리수학지능
공학계열	자연친화지능, 공간지능, 논리수학지능
의생명계열	인간친화적지능, 논리수학지능, 자기성찰지능
교육계열	인간친화적지능, 공간지능
예체능계열	자기성찰지능, 음악지능

라. 공학계열의 특성

공학계열은 수학, 물리, 화학, 생물, 지구과학 등 자연계열에서 밝혀낸 기본적인 원리나 법칙을 바탕으로 하여 실생활에 필요한 제품을 만들고 대량으로 생산하는 등 우리 생활에 필요한 것들을 만들어 내는 계열이다. 공학계열은 그 연구 대상에 따라 건축·토목, 기계·자동차, 전기·전자, 컴퓨터·통신, 신소재·반도체 분야로 나뉜다. 연구하는 대상에 따라 필요한 능력이나 준비를 해야 할 것이 많아서 공학계열로 진학할 학생들은 특별히 많은 분야에서 자신에게 가장 적합한 곳이 어느 분야인지를 선택하는 것이 중요하다.

1) 건축·토목 계열

가) 건축·토목계열 특성

건축·토목 계열은 건축물과 관련하여 설계나 구조, 건축에 필요한 재료들을 연구하는 분야이다. 이 분야의 경우 새로운 것을 창조해내는 작업을 하기 때문에 기존의 것에 대한 창의적인 분석과 새로운 것을 시도하는 과감성도 필요하다. 건축·토목 계열에는 건축학과, 토목학과, 도시공학과로 대학을 진학할 수 있다.

나) 건축·토목계열 진로

사람들의 건축물에 대한 관심은 삶의 질이 올라가면서 계속 증가할 것이다. 현재 시점을 분석해봐도 많은 부분 새로운 건축기법이나 친환경 건축 등 건축과 관련된 이슈들이 많이 있다. 건축·토목 계열을 졸업한 학생들이 선택할 수 있는 진로는 건설 전문 업체에 취직하거나 국토연구원, 한국토지공사, 국토해양부 등 정부의 관련 부처 및 공기업에서 일을 하거나 건축사 자격증을 딴 후에 개인 건축설계사무소를 운영할 수도 있다.

다) **건축·토목계열 관련 능력**

건축·토목계열 관련 능력 중에서 가장 필요한 것은 공간 지각력이다. 건축·토목계열은 2차원 세계가 아닌 3차원 세계를 대상으로 연구를 해서 공간지각력이 꼭 필요하다. 또한 이 계열의 특성상 어느 정도 수준의 미적인 감각도 요구된다. 효율적인 건축도 중요하지만, 미적인 요소 역시 중요하기 때문이다. 마지막으로는 3D 프린터나 3D 모델링을 할 수 있는 일정 정도 수준의 컴퓨터 활용 능력 또한 필요하다. 이런 것을 통해서 실제 건축될 건물의 외형을 미리 만들어 보기 때문이다. 컴퓨터 능력은 공학계열 학생들이라면 누구나 가져야 할 기초 소양이라고도 생각된다.

라) **건축·토목계열 관련 학과 및 유사학과**

건축·토목계열 관련 학과 및 유사학과들에 대해서 알아보자.

건축(공)학과	건축공학과 건축설비학과 건축환경설비학과 건설방재공학과 실내건축학과
조경학과	조경학 산림조경학과 도시환경예술디자인학과
토목공학과	토목공학과 토목도시공학부 지역건설공학 공학토목전공
도시공학과	도시지적공학과 도시설계전공 드론교통공학과 도시시설관리공학과

출처 : 고1, 2학년 담임교사를 위한 진로진학지도 가이드북 대구시교육청

2) 기계·자동차 계열

가) 기계·자동차 계열 특성

기계·자동차 계열에서는 기계 및 관련장치를 설계하고 제작하며 성능을 향상시킬 수 있는 방법을 연구한다. 특별히 기계·자동차 계열은 기계공학, 금속공학, 자동차공학의 분야로 나눌 수 있으며 각각 공학 앞에 붙어 있는 대상을 연구분야로 삼는다. 특별히 이 계열의 경우 전통적인 공과대학의 대표계열이며 시대의 흐름에 따라 연구하는 분야는 바뀌지만, 꾸준히 인기 있는 분야로 인식되고 있으며 최근 4차산업혁명과 더불어 로봇, 자율주행자동차 등의 발전으로 인해 그 중요성이 더욱 커지고 있는 분야이다.

나) 기계·자동차 계열 진로

기계·자동차 계열의 경우 관련된 분야의 생산업체로 취업을 할 수 있다. 물론 생산을 직접하는 것이 아니라 생산을 조금 더 효율적으로 할 수 있도록 한다든지 아니면 새로운 모델을 만드는 일을 하게 된다. 대부분 자동차 생산업체, 항공기 제작사 등의 기업체 연구원으로 일을 하거나 한국기계연구원 등의 국책연구원에서 연구원으로 있을 수도 있다. 대학원 과정을 통해서 박사학위를 취득 후 학계에 남을 수도 있다. 앞으로 기술은 발전을 거듭할 것이고 기계 및 자동차는 우리의 생활과 떼려야 뗄 수 없는 분야이기에 앞으로도 전망이 좋은 분야이다.

다) 기계·자동차 계열 관련 능력

기계·자동차 계열에서는 기계 및 자동차의 작동원리 등을 바탕으로 연구를 하기 때문에 분석적 사고능력이 필요하다. 연구 대상이 어떠한 메커니즘을 통해서 움직이는지를 면밀하게 분석한 후 새로운 모델 등을 만들어야 하기 때문이다. 또한 반복되는 실험에 대한 의지 역시 필요하다. 여러 번 반복되는 실험에서 실패를 하다가도 한 번의 성공을 위해서 열심히 노력하는 자세가 필요하다.

라) 기계·자동차 계열 관련 및 유사학과

기계공학과	금형설계학과 기계설계공학과 기계소재공학과 섬유기계공학과 생산기계공학과
금속공학과	제철금속공학과 금속공재료공학과 금속공학전공
자동차공학과	자동차기계공학과 카메카트로닉스학과 기계자동차설계학과 자동차IT융합학과

출처 : 고1, 2학년 담임교사를 위한 진로진학지도 가이드북 대구시교육청

가) 전기·전자공학 계열

전기·전자공학 계열은 각 전기와 자기에 관련된 현상을 탐구하고 그 활용기술을 연구하는 분야로서 4차 산업혁명의 핵심을 이루고 있는 인공지능, VR, AR 등이 바로 이 계열에서 연구하는 분야이다. 기계 공학 분야와 마찬가지로 전통적으로 인기 있는 공학분야이며 앞으로 더욱 발전 가능성이 많은 분야이다. 이 분야는 전통적으로 산업에서의 수요도 많고 활용성도 뛰어나기 때문에 진로만 확고하다면 자신의 꿈을 키워볼 수 있는 좋은 분야이다.

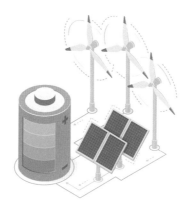

나) 전기·전자공학 계열 진로

전기·전자공학 계열은 관련해서는 반도체 제작회사, 장비제조업체, 첨단의료장비 제조업체 등의 기업체에 취직하여 연구직으로 일을 할 수 있으며 한국전력공사 등의 공기업에 입사하여 일을 할 수 있다. 또한 VR이나 AR과 같은 분야의 특성상 자유롭게 자신의 업체를 창업할 수도 있다. 앞으로 많은 것들이 인공지능이나 사물인터넷 등을 통해서 이루어질 것이기 때문에 창의적인 아이템과 이를 구현할 수 있는 실력이 있다면 한 번쯤 도전해볼 만한 분야라고 생각된다.

다) 전기·전자공학 계열 능력

전기·전자공학 계열에서는 다른 공학 계열보다 복잡한 수식을 다루기 때문에 계산능력을 갖춰야 하며 수학 및 물리에 대한 이해가 필수적이다. 또한 이 계열의 기술들이 현재까지 개발되지 않는 것들이며 새로운 것을 만들어 내야 하므로 새로운 것을 시도하고자 하는 적극성 역시 필요하다. 또한 이 분야는 메카트로닉스 공학(기계공학과 전자공학의 융합)과 같이 다른 분야와 연계를 많이 하기 때문에 학문간 융합에 대한 열린 자세와 주도성이 필요하다.

라) 전기·전자공학 계열 학과 및 유사학과

전기공학과	전기공학과 전기시스템공학과 컴퓨터응용전기과 전기전산전공 전기생체공학부
전자공학과	응용전자공학과 전기광전자공학부 전자전파계열 디지털전자공학부
제어계측공학과	나노시스템전공 철도전기제어전공 기계 및 제어공학과 제어계측학과

출처 : 고1, 2학년 담임교사를 위한 진로진학지도 가이드북 대구시교육청

4) 컴퓨터·통신 계열

가) 컴퓨터·통신 계열

컴퓨터·통신 계열은 컴퓨터를 바탕으로 하여 스마트폰 어플리케이션을 개발하거나 네트워킹을 하며 정보보안 등을 수행하는 등 이미 우리 생활에서 많이 활용되고 있는 분야이다. 컴퓨터·통신 계열은 컴퓨터공학, 소프트웨어공학, 정보통신공학 등의 세부분야가 있다. 최근 모든 것들이 네트워킹화되고 스마트폰 사용이 보편화되고 있으며 정보보안에 대한 요구가 많아지고 있어 앞으로 유망한 분야 중의 하나이다.

나) 컴퓨터·통신 계열 진로

컴퓨터·통신 계열은 직업에 대한 자유도가 다른 공학계열에 비해 높은 편이다. 관련된 학과를 졸업한 뒤에 컨텐츠 개발자, 네트워크 관리자, 프로그래머 등으로 회사에 취업해서 활동할 수 있다. 또한 보안업체에 취직하거나 사이버수사대 등에서 정보보안과 관련된 업무를 수행할 수 있다. 하지만 IT업계의 특성상 관련된 기술과 아이템이 확실하다면 스스로 자신의 업체를 창업하여 앱 개발, 모바일컨텐츠 개발, 모바일게임개발 등을 할 수도 있다. 앞으로 기술의 발전과 더불어 컴퓨터나 스마트폰 역시 계속 진화하고 우리 생활에서 계속 쓰이기 때문에 앞으로도 진로가 밝은 분야로 보인다.

다) 컴퓨터·통신 계열 능력

컴퓨터·통신 계열에서는 다른 공학 계열보다 컴퓨터 관련 능력이 필수적이다. 물론 다른 공학계열에서도 컴퓨터 관련 능력이 있으면 유용하지만 컴퓨터·통신 계열에서는 이 자체가 연구 대상이기에 컴퓨터 관련 능력이 꼭 필요하다. 또한 컴퓨터 하드웨어 및 소프트웨어에 대한 깊은 관심이 필요하다. 또한 프로그래밍과 같은 개발의 과정이 논리적인 사고가 요구되기에 수리적, 논리적 사고력도 필요하다.

라) 컴퓨터·통신 계열 및 유사학과

전산학 및 컴퓨터공학	멀티미디어학과 디지털컨텐츠학부 컴퓨터공학과 컴퓨터과학과 IT경영공학과 컴퓨터게임학과
응용소프트웨어공학	소프트웨어공학과 게임PD전공 게임학부 모바일컨텐츠학부 디지털게임전공
정보 및 통신공학	전파공학과 정보공학과 정보처리학과 디지털정보전공 인터넷보안학과

출처 : 고1, 2학년 담임교사를 위한 진로진학지도 가이드북 대구시교육청

5) 신소재·반도체 계열

가) 신소재·반도체 계열

신소재·반도체 계열은 첨단산업 발전에 있어서 핵심적인 역할을 담당하는 분야이다. 공학연구 분야 중에서도 반도체분야는 다른 여타 공학분야가 그 기술이 실현될 수 있도록 하는 분야이며 항공, 자동차, 의료, 스마트폰 등 우리들에게 필요한 기술을 직접적으로 만들어 낼 수 있도록 해주는 분야이다. 이 계열에는 반도체·세라믹 공학, 섬유공학, 재료공학, 신소재공학 등의 분야가 있다.

나) 신소재·반도체 계열 진로

신소재·반도체 계열은 첨단산업의 구현에 있어서 매우 필수적인 분야로서 그 전망을 밝다고 할 수 있다. 이 분야 역시 다른 공학분야와 마찬가지로 반도체 제작회사 등에서 연구직으로 일을 하거나 관련된 분야의 국책연구소에서 일을 할 수도 있다. 신소재·반도체 계열의 특성상 그 사업분야가 매우 크기 때문에 창업보다는 취업을 선택하는 경우가 많이 있다. 또한 최근에 많은 대학에서 이 분야와 관련된 계약학과를 개설하는 경우가 많이 있기 때문에 이를 알아보는 것도 좋은 방법이다.

다) 신소재·반도체 계열 능력

신소재·반도체 계열에서도 다른 계열과 마찬가지로 오랜 시간 반복되는 실험에 대한 인내심이 필요하다. 또한 새로운 것을 만들어 내는 분야의 특성상 기존의 것을 비판적으로 바라보는 비판적 사고와 새로운 것을 생각해내는 창의적인 사고가 필요한 분야이다. 이 분야 역시 항공, 자동차, 기계 등과 같은 분야와 융합을 많이 하기 때문에 융합적 학문연구에 대한 열린 자세가 필요하다.

라) 신소재·반도체 계열 및 유사학과

반도체· 세라믹공학과	반도체공학과 세라믹공학과 나노반도체공학과 양자상및소자전공
섬유공학과	섬유공학부 섬유패션공학 텍스타일시스템공학 유기재료공학과
신소재공학과	응용소재공학과 화학신소재학과 나노소재화학전공 미래전략신소재공학전공
재료공학과	나노융합학과 재료금속공학전공 보석귀금속재료학과 전자재료과학전공

출처 : 고1, 2학년 담임교사를 위한 진로진학지도 가이드북 대구시교육청

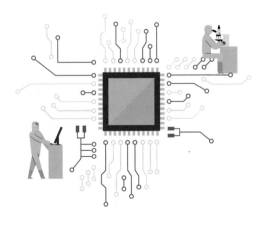

단원을 마치며 ✦

　자신이 어떤 계열인지를 아는 것은 앞으로의 수업 선택, 동아리 과정, 봉사활동 등 학교 생활 전반에 영향을 미친다. 이렇듯 자신이 지닌 성향과 능력, 관심사가 어떤 계열과 맞는지를 살펴보는 것은 매우 중요한 일이라고 할 수 있다. 앞선 장에서 여러 가지 진로 검사를 통해서 그리고 계열과 관련된 설명을 통해서 자신에게 어떤 계열이 맞는지를 알아보는 시간을 가졌다. 이를 통해 자신이 인문, 사회, 자연, 공학, 교육, 의생명 계열, 예체능 중 하나에 관심이 있다는 것을 알게 될 것이다. 이것은 여러분의 고등학교 생활에 직면하는 여러 가지 선택에서 많은 영향을 미칠 것이다.

　이제부터는 이 로드맵을 세련되게 하는 것이 필요한 시간이다. 자신이 어떤 계열인지를 알게 되었으면 실행에 옮겨야 할 시간이다. 자신이 선택한 계열에 맞게 교과목을 선택하고 관련된 동아리 활동을 하며 봉사활동과 진로탐색활동 역시 이와 연계되면 아주 좋을 것이다. 이러한 모든 것이 균형을 이룰 때에 비로소 자신이 원하는 대학에 진학을 시도해 볼 수 있는 기회가 생기는 것이다. 소위 '학종'이라고 불리는 학생부 종합전형에서 요구하는 자기주도성, 전공적합성 등을 이제 학교 활동을 통해서 보여주어야 한다.

　학교에서 하는 모든 활동은 학교생활기록부라는 곳에 기재가 된다. 담임선생님들을 비롯하여 각 수업을 담당하신 교과선생님, 동아리 선생님 등이 여러분의 활동을 보고 학교생활기록부에 관찰한 내용을 기록하신다. 바로 이 학교생활기록부가 대학 진학에 있어서 가장 중요한 부분이다.

다음 장에서는 이 학교생활기록부와 관련된 이야기를 하고자 한다. 학교생활기록부는 엄연히 선생님들이 기록을 하는 부분이기는 하지만 이 기록의 대상을 바로 학생들의 학업과 관련된 활동과 비교과 활동(자율활동, 동아리활동, 봉사활동, 진로활동 등)이다. 즉 학생부를 기록하는 것은 선생님들이지만 이러한 기록의 원천에는 학생들의 활동이 담겨 있다는 것이다. 따라서 자신의 학교생활기록부가 자신의 대학 진학에 도움이 되기 위해서는 이 학생부에 적혀야 할 것이 무엇인지를 알고 시작을 하는 것이 좋다. 즉 일종의 세련된 로드맵이 필요하다는 것이다.

다음 장에서는 계열별로 여러분이 고등학교 생활을 하는 동안 학교생활기록부가 자신에게 유리하게 적용되기 위해서는 어떤 요소들이 학교생활기록부에 기재가 되어야 하는지 알아볼 것이다. 이를 위해서 학교생활기록부가 어떻게 구성되어 있는지를 살펴본 후에 자신의 계열에 맞게 학교생활기록부를 활용하기 위해서는 어떠한 활동이나 교과목을 선택하면 자신이 희망하는 대학에서 유리하게 작용할 수 있을지를 이야기한다. 또한 어떤 비교과 영역을 채워두어야 같은 성적이라도 조금 더 좋은 학교에 갈 수 있는지에 대한 전략과 같은 것을 제시한다. 즉 다음 장은 자신의 학교생활기록부를 브랜딩하기 위해서는 어떠한 분야에 노력을 해야 할지를 조사한다. 아무쪼록 앞장의 내용이 여러분들의 진로를 결정하는 데에 있어서 큰 도움이 되었으면 한다.

2.

합격 학생부
로드맵

합격 학생부 로드맵

가. 학생부종합전형에 대하여

1) 그림으로 보는 학생부종합전형

    수시모집에서 학생부교과전형과 함께 가장 높은 비율로 학생을 선발하는 전형은 바로 '학생부종합전형'이다. 학생들의 3년간 누적 기록이 담긴 학교생활기록부 내용을 바탕으로 성장 및 발전 과정을 평가하며, 대학별로 저마다 고유의 평가 기준을 갖추고 있다. 지원 가능한 모든 대학을 분석하여 개별적으로 접근하는 것이 가장 좋겠지만, 입시 준비하는 교사, 학생, 학부모의 입장에서는 먼저 전체 흐름을 이해할 필요가 있다.

학생부종합전형 공통 평가요소 및 평가항목

 학업역량 대학 교육을 충실히 이수하는 데 필요한 수학 능력

1. 학업성취도
고교 교육과정에서 이수한 교과의 성취수준이나 학업 발전의 정도

2. 학업태도
학업을 수행하고 학습해 나가려는 의지와 노력

3. 탐구력
지적 호기심을 바탕으로 사물과 현상에 대해 탐구하고, 문제를 해결하려는 노력

 진로역량 자신의 진로와 전공(계열)에 관한 탐색 노력과 준비 정도

1. 전공(계열) 관련 교과 이수 노력
고교 교육과정에서 전공(계열)에 필요한 과목을 선택하여 이수한 정도

2. 전공(계열) 관련 교과 성취도
고교 교육과정에서 전공(계열)에 필요한 과목을 수강하고 취득한 학업성취 수준

3. 진로 탐색 활동과 경험
자신의 진로를 탐색하는 과정에서 이루어진 활동이나 경험 및 노력 정도

 공동체역량 공동체의 일원으로서 갖춰야 할 바람직한 사고와 행동

1. 협업과 소통능력
공동체의 목표를 달성하기 위해 협력하며, 구성원들과 합리적인 의사소통을 할 수 있는 능력

2. 나눔과 배려
상대방을 존중하고 이해하여 원만한 관계를 형성하며, 타인을 위하여 기꺼이 나누어 주고자 하는 태도와 행동

3. 성실성과 규칙준수
책임감을 바탕으로 자신의 의무를 다하고, 공동체의 기본 윤리와 원칙을 준수하는 태도

4. 리더십
공동체의 목표 달성을 위해 구성원들의 상호작용을 이끌어가는 능력

출처: NEW 학생부종합전형 공통 평가요소 및 평가항목, 건국대·경희대·연세대·중앙대·한국외대

위 그림은 2022년 2월에 발표된 「NEW 학생부종합전형 공통 평가요소 및 평가 항목(건국대·경희대·연세대·중앙대·한국외대)」 자료 중 일부다. 특정 대학에서 공통으로 활용하는 내용을 토대로 학생부종합전형 전체를 해석하는 것은 무리일지도 모른다. 하지만 평가자 입장에서 학생부종합전형을 바라보는 관점을 대변하고 있다. 따라서 해당 내용을 정확히 해석하고 이해한다면 학교생활기록부를 준비하는 데 많은 도움을 받을 것이다.

여기서 학생부종합전형 평가의 핵심 줄기는 '학업역량', '진로역량', '공동체역량'의 3가지다. 2018년 2월에 발표된 「학생부종합전형 공통 평가요소 및 평가항목(건국대·경희대·서울여대·연세대·중앙대·한국외대)」 자료에서는 '학업역량', '전공적합성', '인성', '발전가능성'의 4가지 평가요소를 활용하였다. 하지만 학생부 항목 및 내용 축소, 자기소개서 및 교사 추천서 폐지 등의 변화로 대학에 제공되는 정보가 줄었고, 고교학점제 도입이라는 학교 현장의 변화를 반영하고자 새로운 평가 요소가 도입되었다.

2) 평가 요소 알아보기 ('학업역량', '진로역량', '공동체역량'을 중심으로)

가) 학업역량

학업역량은 '대학 교육을 충실히 이수하는 데 필요한 수학 능력'을 말한다. 대부분 교과 등급은 학업역량이라고 생각하기 쉽지만 단순한 등급 수치만으로 학생을 평가하는 것은 위험성을 갖고 있다. 그래서 교과의 성취도뿐만 아니라 세부 능력 및 특기사항(수업 과정에서의 탐구활동, 수행평가), 교내대회(수상경력), 동아리활동, 독서활동, 봉사활동 등을 함께 확인한다.

(※ 수상경력, 자율동아리, 봉사활동(개인), 독서활동상황 등은 2024학년도 대입부터 미반영)

학업역량의 세부 평가항목은 '학업성취도', '학업태도', '탐구력'으로 구분된다. 앞의 그림에서 학업성취도(고교 교육과정에서 이수한 교과의 성취수준이나 학업 발전의 정도), 학업태도(학업을 수행하고 학습해 나가려는 의지와 노력), 탐구력 (지적 호기심을 바탕으로 사물과 현상에 대해 탐구하고, 문제를 해결하려는 노력) 의 정의를 살펴보았다.

이제 항목별 세부 평가 내용을 알아보자.

학업성취도	학업태도	탐구력
· 종합적 학업능력 · 추세적 발전 정도 · 희망 전공과의 연계	· 자발적 학습 의지 · 자기 주도적 노력 · 적극적인 태도와 열정	· 지식 확장을 위한 노력 · 구체적인 성과 · 열의와 지적 관심

'학업성취도' 항목에서는 '종합적 학업능력', '추세적 발전 정도', '희망 전공과의 연계'를 평가한다. 3년간의 종합적 학업성취도를 확인하고, 학년이나 학기에 따른 성적의 변화를 체크하며, 희망 전공 분야 관련 과목에 대한 개별적인 평가를 바탕으로 학업역량을 파악한다.

'학업태도' 항목에서는 '자발적 학습 의지', '자기 주도적 노력', '적극적인 태도와 열정'을 평가한다. 교과 수업에 능동적인 태도와 열정으로 참여하는지 확인하고, 새로운 정보와 지식을 얻기 위해 자기주도성을 바탕으로 노력하는지 체크하며, 명확한 목적의식을 바탕으로 배우고자 하는 의지를 바탕으로 학업역량을 파악한다.

'탐구력' 항목에서는 '지식 확장을 위한 노력', '구체적인 성과', '열의와 지적 관심'을 평가한다. 수업 중 궁금증을 풀어보거나 역량을 기르기 위해 학교 프로그램으로 관심을 확장해나갔는지 확인하고, 탐구 과정을 통해 구체적인 산출물을 만들었는지 체크하며, 활동 과정에서의 학문적 열정이나 지적 관심을 바탕으로 학업역량을 파악한다.

나) **진로역량**

진로역량은 '자신의 진로와 전공(계열)에 관한 탐색 노력과 준비 정도'를 말한다. 이전에 '전공적합성'이라는 표현을 썼을 때는 전공과 직접적인 관련이 높은 활동에만 비중을 두는 다소 좁은 경향성이 문제점으로 드러났다. 그래서 전공 대신 진로로 개념을 확장함으로써 대학의 전공 맞춤형 활동을 강조하기보다 학생의 장래 희망과 관련된 다양한 활동과 경험에 더욱 초점을 두고 있음을 알 수 있다.

진로역량의 세부 평가항목은 '전공(계열) 관련 교과 이수 노력', '전공(계열) 관련 교과 성취도', '진로 탐색 활동과 경험'으로 구분된다. 앞의 그림에서 전공(계열) 관련 교과 이수 노력(고교 교육과정에서 전공(계열)에 필요한 과목을 선택하여 이수한 정도), 전공(계열) 관련 교과 성취도(고교 교육과정에서 전공(계열)에 필요한 과목을 수강하고 취득한 학업 성취 수준), 진로 탐색 활동과 경험(자신의 진로를 탐색하는 과정에서 이루어진 활동이나 경험 및 노력 정도)의 정의를 살펴보았다.

이제 항목별 세부 평가 내용을 알아보자.

전공(계열) 관련 교과 이수 노력	전공(계열) 관련 교과 성취도	진로 탐색 활동과 경험
· 과목 선택의 적절성과 이수 과목 수 · 위계에 따른 선택과목 (일반/진로) 이수 여부 · 관련 과목 이수를 위한 추가 노력	· 전공(계열) 관련 과목 성취수준 · 전공(계열) 관련 동일 교과 내 선택과목 (일반/진로) 성취수준	· 관심 분야나 흥미와 관련한 활동과 경험 · 전공(계열) 관련 탐색 활동과 경험

'전공(계열) 관련 교과 이수 노력' 항목에서는 '과목 선택의 적절성과 이수 과목 수', '위계에 따른 선택과목(일반/진로) 이수 여부', '관련 과목 이수를 위한 추가 노력'을 평가한다. 지원 전공(계열) 관련 과목 수와 이수 단위를 확인하고, 진로·적성에 따라 관련 진로선택과목을 이수했는지 체크하며, 학교에서 미개설된 과목을 수강하는 자기주도적 탐색 과정(공동교육과정, 소인수 수업, 온라인 보충 이수 학습 활용 등)을 바탕으로 진로역량을 파악한다.

'전공(계열) 관련 교과 성취도' 항목에서는 '전공(계열) 관련 과목 성취수준', '전공(계열) 관련 동일 교과 내 선택과목 (일반/진로) 성취수준'을 평가한다. 전공(계열) 관련 교과 이수 과목의 교과 성취를 확인하고, 동일 교과 내 일반선택과목의 석차등급과 진로선택과목의 성취도를 비교한 종합적인 교과 성취수준을 바탕으로 진로역량을 파악한다.

'진로 탐색 활동과 경험' 항목에서는 '관심 분야나 흥미와 관련한 활동과 경험', '전공(계열) 관련 탐색 활동과 경험'을 평가한다. 학교 교육에서 활동과 경험을 통한 성장과 성취를 확인하고, 교과 활동이나 창의적 체험활동에서 전공(계열)에 대한 관심을 가지고 탐색한 경험을 바탕으로 진로역량을 파악한다.

다) 공동체역량

공동체역량은 '공동체의 일원으로서 갖춰야 할 바람직한 사고와 행동'을 말한다. 예전에는 '인성'과 '발전가능성'이라는 측면으로 나누어 평가했었다. 하지만 개인적 차원의 의미가 많이 부각 되는 '인성' 항목과 학업역량 및 전공적합성과 중복되는 측면이 많았던 '발전가능성' 항목을 없애고, 공동체 차원으로 평가의 범위를 확장하고자 '공동체역량'으로 명칭을 통합하여 변경했다.

공동체역량의 세부 평가항목은 '협업과 소통능력', '나눔과 배려', '성실성과 규칙준수', '리더십'으로 구분된다. 앞의 그림에서 협업과 소통능력(공동체의 목표를 달성하기 위해 협력하며, 구성원들과 합리적인 의사소통을 할 수 있는 능력), 나눔과 배려(상대방을 존중하고 이해하여 원만한 관계를 형성하며, 타인을 위하여 기꺼이 나누어 주고자 하는 태도와 행동), 성실성과 규칙준수(책임감을 바탕으로 자신의 의무를 다하고, 공동체의 기본윤리와 원칙을 준수하는 태도), 리더십(공동체의 목표 달성을 위해 구성원들의 상호작용을 이끌어가는 능력)의 정의를 살펴보았다.

이제 항목별 세부 평가 내용을 알아보자.

협업과 소통 능력	나눔과 배려	성실성과 규칙준수	리더십
· 서로 돕고 함께 행동하는 모습 · 공동 과제 수행 및 완성 경험 · 공감과 수용	· 나눔의 실천과 생활화 · 양보와 배려 · 상대방에 대한 이해와 존중	· 책임감과 성실 · 공동체가 정한 규칙준수	· 계획과 실행의 주도성 · 인정과 신뢰

'협업과 소통능력' 항목에서는 '서로 돕고 함께 행동하는 모습', '공동 과제 수행 및 완성 경험', '공감과 수용'을 평가한다. 수업 및 활동 과정에서 주도성을 갖고 적극적으로 참여하는지 확인하고, 새롭거나 자신의 역량을 발휘하여 성과 및 산출물을 만들어내는지 체크하며, 기존의 경험을 바탕으로 사고의 확장이 나타나는지를 바탕으로 공동체역량을 파악한다.

'나눔과 배려' 항목에서는 '나눔의 실천과 생활화', '양보와 배려, '상대방에 대한 이해와 존중'을 평가한다. 다양한 공동체 활동 경험에서 나눔을 실천하고 자발적으로 참여했는지 확인하고, 공동체가 함께 성장할 수 있도록 이타적인 노력을 보였는지 체크하며, 상대방에 대한 존중과 배려를 바탕으로 공동체역량을 파악한다.

'성실성과 규칙준수' 항목에서는 '책임감과 성실', '공동체가 정한 규칙준수'를 평가한다. 교내 활동에서 자신이 맡은 역할에 최선을 다하려고 노력한 경험이 있는지 확인하고, 자신이 속한 공동체가 정한 규칙과 규정을 준수하고 있는지를 바탕으로 공동체역량을 파악한다.

  '리더십' 항목에서는 '계획과 실행의 주도성', '인정과 신뢰'를 평가한다. 공동체의 목표를 달성하기 위해 계획하고 실행을 주도한 경험이 있는지 확인하고, 구성원들의 인정과 신뢰를 바탕으로 참여를 이끌어 조율한 경험이 있는지를 바탕으로 공동체역량을 파악한다.

나. 학교생활기록부의 이해

1) 학교생활기록부란?

학교생활기록부는 학생부종합전형 평가에서 핵심 자료이다. 교사의 입장에서 관찰 및 평가한 학생들의 3년간 모습이 고스란히 담겨 있기 때문이다. 더욱이 학생의 변화와 성장 및 발전 과정이 자세하게 나타나기에 평가자의 입장에서 학생의 모습을 충분히 그려볼 수 있는 근거가 되기도 한다. 최근 교사 추천서 제도가 폐지되고, 자기소개서를 제출하는 대학 숫자가 줄어든 만큼 학교생활기록부가 지니는 무게가 더해져 가고 있다.

2) 학교생활기록부 나눠보기

학교생활기록부에는 한 학생에 대한 정보가 A부터 Z까지 모두 담겨 있다. '인적·학적 사항'부터 '출결상황', '수상경력', '자격증 및 인증 취득상황', '창의적체험활동', '교과학습발달상황', '독서활동상황', '행동특성 및 종합의견' 순서로 구성되어 있다. 여기서 창의적체험활동은 흔히 '자동봉진'이라 불리는 '자율활동', '동아리활동', '진로활동', '봉사활동'으로 나뉘며, 교과학습발달상황은 학기별 '교과 성적', '세부능력 및 특기사항', '개인별 세부능력 및 특기사항'으로 나뉘어 기록된다.

지금부터 '2022학년도 학교생활기록부 기재요령(교육부)'에 제시된 내용을 바탕으로 항목별 구성을 살펴보자.

가) 인적·학적 사항

학생의 기초 정보와 학적 변동에 대한 정보가 기록된다.

학생정보	성명 :　　　　　　　성별 :　　　　　　　주민등록번호 : 주소 :
학적사항	년　　　월　　　일　　○○중학교 제3학년 졸업 　　년　　　월　　　일　　□□중학교 제1학년 입학
특기사항	

나) 출결상황

연간 수업일수, 결석·지각·조퇴·결과, 개근 및 결석 사유 등이 기록된다.

학년	수업일수	결석일수			지각			조퇴			결과			특기사항
		질병	미인정	기타	질병	미인정	기타	질병	미인정	기타	질병	미인정	기타	
1														

다) 수상경력

고등학교별로 매년 초에 작성하는 '학교 교육계획서'에 기반한 교내대회의 수상 내용만 기록되며, 교외 대회는 어떠한 것도 기록되지 않는다.

학년 (학기)	수상명	등급(위)	수상연월일	수여기관	참가대상(참가인원)
1					
2					

라) 자격증 및 인증 취득상황

국가기술자격증, 국가자격증, 국가 공인을 받은 민간자격증 및 학교 교육계획에
따라 이수한 국가직무능력표준 이수 상황이 기재된다.

자격증 및 인증 취득상황

구분	명칭 또는 종류	번호 또는 내용	취득연월일	발급기관
자격증				

국가직무능력표준 이수상황

학년	학기	세분류	능력단위 (능력단위코드)	이수시간	원점수	성취도	비고

마) 창의적체험활동

* 자율활동: 교내에서 진행되는 각종 행사와 활동이 기록된다.

* 동아리활동: 정규 동아리와 자율 동아리 활동 내용이 기록되며, 자율 동아리는
동아리명과 소개 글을 30자 이내로 작성한다.

* 진로활동: 진로 수업 시간 중 활동, 교내 및 개인이 진행하는 진로 관련 활동이
기록된다.

* 봉사활동: 봉사활동의 일자, 장소, 내용, 시간 등이 기록된다.

학년	창의적 체험활동상황		
	영역	시간	특기사항
	자율활동		
	동아리활동		(자율동아리)
	진로활동		희망분야 ※ 상급학교 미제공

학년	봉사활동 실적				
	일자 또는 기간	장소 또는 주관기관명	활동 내용	시간	누계시간

바) 교과학습발달상황

* 공통 과목, 일반 선택 과목: 단위수, 원점수, 과목평균, 표준편차, 성취도, 수강자수, 석차등급이 기록된다.

* 진로 선택 과목: 단위수, 원점수, 과목평균, 성취도, 수강자수, 성취도별 분포비율이 기록된다.

* 체육·예술: 교과별 성적, 성취도가 기록된다.

* 과목별 세부능력 및 특기사항: 수업 중 학습 과정, 태도, 활동, 학업능력 등이 기록된다.

* 개인별 세부능력 및 특기사항: 영재교육, 발명 교육, 수업량 유연화에 따른 학교 자율적 교육활동 등이 기록된다.

학기	교과	과목	단위수	원점수/과목평균 (표준편차)	성취도 (수강자수)	석차등급	비고
이수단위 합계							
과목	세부능력 및 특기사항						

진로 선택 과목

학기	교과	과목	단위수	원점수/과목평균 (표준편차)	성취도 (수강자수)	석차등급 분포비율	비고
이수단위 합계							
과목	세부능력 및 특기사항						

체육·예술

학기	교과	과목	단위수	성취도	비고
이수단위 합계					
과목	세부능력 및 특기사항				

'도서명(저자명)'으로만 기록되며 특기사항은 입력할 수 없다.

학년	과목 또는 영역	독서 활동 상황

교사의 관찰에 의한 학생의 행동, 학습, 인성 등의 내용을 변화와 성장에 초점을 맞춰 기재된다. 대학에 제출하는 교사 추천서가 폐지되었기 때문에 1, 2학년 담임교사의 기록은 추천서 역할을 한다.

학년	행동특성 및 종합의견

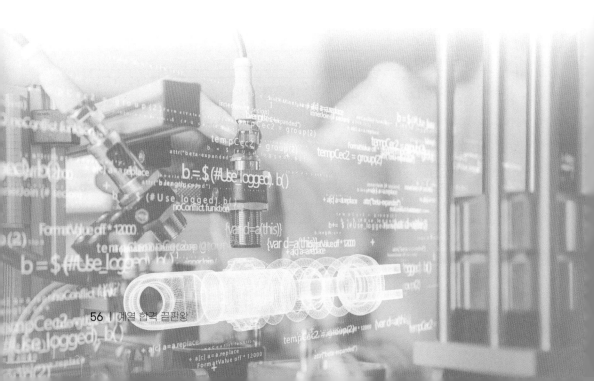

**수상
경력**

- 학기별 1개의 대회를 통해 자신의 장점과 역량이 명확하게 드러나도록 한다.
- 대회에 참가하게 된 동기와 준비 과정에서의 의미 있는 경험에 중점을 둔다.

핵심 Tip

+ 지원 학과 관련 학업역량 및 진로역량을 보여주는 수상을 할 수 있도록 수상을
  위한 준비, 과정, 결과를 자기소개서나 면접에서 반드시 어필하라.

**자율
활동**

- 스스로 활동을 계획하고 적극성을 갖고서 실천으로 옮기는 모습을 보인다.
- 자신의 역할이 분명하게 드러나고, 자기주도성을 바탕으로 성장과 발전하는
  모습이 나타난다.

핵심 Tip

+ '학교'보다는 '개인'의 성취와 역할을 드러내자.

+ 임원이 아니라면 '리더십'보다는 '내 역할'이 분명하게 드러나도록 하자. 위한
  준비, 과정, 결과를 자기소개서나 면접에서 반드시 어필하라.

**동아리
활동**

- 동아리를 선택한 이유와 자신의 역할이 분명하게 나타난다.
- 동아리 내에서의 활동 경험과 노력을 바탕으로 변화의 모습을 드러낸다.

핵심 Tip

+ 교과와 관련된 동아리를 통해 학업역량을 보여라.

+ 전공 동아리가 아니라면 자신의 역할, 기여도, 산출물을 구체적으로 보여라.

**봉사
활동**

- 분명한 목표 의식을 갖고서 지속적으로 꾸준히 참여한다.
- 봉사의 동기가 분명하며 진정성을 갖고 활동에 임한다.

핵심 Tip

+ 봉사 시간보다는 참여 동기, 진정성, 지속성이 중요하다.

+ 코로나 이후, 교내 봉사에 충실한 모습이 좋은 평가로 연결될 수 있다.

진로 활동

- 자기주도성의 바탕 위에 자신의 꿈을 찾아가기 위한 노력 과정이 드러난다.
- 활동을 통해 느끼고 깨달으며 변화되는 모습이 구체적으로 나타난다.

핵심 Tip

+ 3년간 일관된 진로가 아니라면 반드시 진로 변경 사유를 설명하라.
+ 진로 행사 중의 적극성, 행사 이후의 연계·발전·심화 학습이 중요하다.

독서 활동 상황

- 교과 관련 탐구활동과 연계하여 심화 학습으로 연결 지을 수 있는 책을 읽는다.
- 독서를 기반으로 한 다양한 활동을 통해 내적 성장의 기회를 갖는다.

핵심 Tip

+ 독서로 시작해서 독서로 끝난다. (수업, 활동, 발표, 토론, 보고서, 실험 등)
+ 다방면에 관심(인문학, 융합, 철학, 사회과학, 자연과학, 예술, 윤리 등)

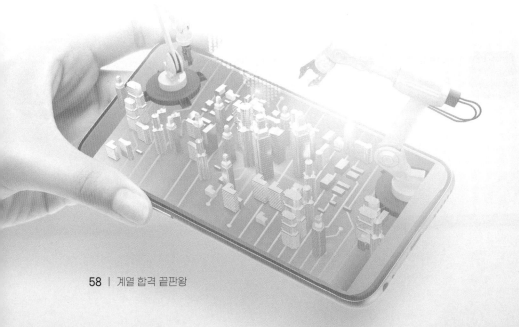

다. 공학계열 합격 로드맵

1) 들어가는 글

공학계열은 '과학적 지식을 습득하고, 실험 및 실습의 병행을 통해 창의력과 응용력 같은 고등정신 능력을 길러 정확한 판단력과 실천력을 겸비한 과학기술 분야의 인재를 양성'하는 분야다. 관련 학과는 기계공학과, 자동차공학과, 항공우주공학과, 철도공학과, 조선해양공학과, 전기전자공학과, 컴퓨터공학과, 정보통신공학과, 정보보안공학과, 토목공학과, 건축공학과, 도시공학과, 건축학과, 화학공학과, 생명공학과, 원자력공학과, 고분자공학과, 산업공학과, 소방공학과, 반도체공학과, 신소재공학과, 환경공학과, 의료공학과 등이 있다. 대입에서는 '학과별로 모집하는 전형'과 '공학계열로 선발하여 대학 생활(주로 1학년 말) 중에 세부 전공을 선택'하는 전형이 있다.

2) 합격 학생부의 특징

가) 자율활동

- 학기 초, 학급 내에서 친구의 적응을 돕고 대화와 관심을 바탕으로 마음이 열릴 수 있도록 노력한다. 한 학급을 함께 살아가는 구성원으로서의 책임감이 돋보인다.
- 학생회나 학급의 임원을 맡아 공동체의 변화와 발전에 기여하고자 하는 마음을 통해 리더십과 책임감을 동시에 보여줄 수 있다. 학급 구성원을 하나로 모아 이끄는 과정에서 희생정신과 봉사심이 나타난다.
- 학교 주요 행사에서 실무진으로 활동하고, 전체 계획을 숙지한 후 체계적으로 운영될 수 있도록 하는데 기여한다. 안전에 대한 경각심을 갖고서 행사의 원활한 진행을 돕는다.

- 학년부 또는 학급 개별 프로그램을 통해 단위학교의 개별 특색을 드러내는 동시에 학생의 역량과 성취를 함께 보여줄 수 있다. 특정 교과의 우수성을 어필하거나 예술 또는 융합적 측면을 통해 창의적인 인재로서의 모습도 드러낸다.

나) 동아리활동

- 수학, 물리, 화학, 환경, 생명과학 관련 동아리 활동을 진행하며 과학기술이 가진 양면성을 이해하고, 자연과 인간에게 이로움을 제공하는 방안을 찾기 위해 노력한다.
- 도서관, 주민센터, 공부방, 지역아동센터 등을 방문하여 과학 실험 재능기부 활동을 지속하며 과학 지식을 활용하는 나눔 봉사를 실천한다.

다) 봉사활동

- 수학, 과학, 의학 동아리와 연계하여 학습 멘토링 봉사 및 재능기부 활동을 진행함으로써 사람을 이해하고 나눔을 실천하는 활동에 적극성을 보인다.
- 수학 및 과학에 대한 깊이 있는 이해를 바탕으로 멘토 역할에 충실하며, 논리적 사고력과 추론 능력을 발휘하여 다양한 문제를 효율적으로 해결하는 방법을 공유한다.
- 환경 단체와 연계한 봉사활동을 진행하며 지역 하천과 철새를 보호하고, 공학 기술을 적용한 친환경 제품을 사용하여 지역 환경을 개선하고 유지하는 노력을 지속한다.

라) 진로활동

- 과학과 수학에 대한 이론적 배경을 바탕으로 실험과 연구를 거듭하는 과정에서 공학자로서의 소양을 지속적으로 쌓아간다.
- 독서를 기반으로 과학 호기심을 해결하기 위한 심화 학습을 진행하며 관심 분야에의 전문성을 갖추어나가는 과정이 돋보인다.

- 거시적인 관점에서 과학을 이해하고, 실험 및 연구를 통해 프로젝트 활동을 진행하여 결과를 도출해내는 역량을 보여준다.
- 대학에서 진행하는 오픈 캠퍼스, 과학실험캠프, 공학 캠프에 참가하여 과학 지식을 탐구하고 공학도로서 갖추어야 할 역량을 내면화하고자 노력한다.

마) 수상경력

- 과학 탐구 토론대회, 과학 탐구 발표대회에서의 수상이 두드러지며, 장기간의 프로젝트를 계획하여 문제 상황을 분석하고 실험을 병행하여 결론을 이끄는 능력이 우수하다.
- 발명아이디어콘테스트, 융합과학경진대회, 발명품대회, 수학구조물경진대회 등을 통해 생활 주변에서 창의성을 기반으로 수학, 과학 지식을 활용하는 방안을 고민하고 있음이 드러난다.

바) 독서활동상황

- 과학 영재학급, 과학 교실, 이공계탐구교실 등과 연계하여 실험 및 탐구하는 과정에서 과학 도서를 활용하는 사례가 자주 나타난다.

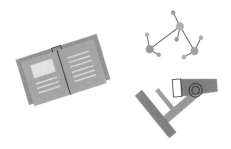

라. 공학계열 학과별 주요 사례

학생부종합전형으로 합격한 학생들의 최근 3개년 누적 데이터를 바탕으로 3가지 평가 요소인 학업역량, 진로역량, 공동체역량과 연관성이 높은 항목별 내용과 기재 예시를 확인해본다. 또한 단위학교 교육과정 상의 차별화와 특성이 명확하게 드러나는 '학교 특색 프로그램'과 '수업량 유연화에 따른 학교 자율적 교육과정'의 사례를 살펴보며 최근의 변화 흐름을 파악해보자. 이를 통해 학생이 재학 중인 고등학교에 대한 이해를 높이는 동시에 충분한 신뢰를 바탕으로 학교생활기록부를 관리할 수 있을 것이다.

1) '학업역량', '진로역량' 관련 주요 활동

3가지 평가 요소 중 학업역량, 진로역량과 연관성이 높은 활동은 학교생활기록부의 '수상경력', '자율활동', '진로활동, 동아리활동', '독서활동상황', '과목별 세부능력 및 특기사항'에 기록된다. 이제 항목별로 내용을 살펴보자.

가) 수상경력

유형에 따른 수상명과 학기별 1개씩 선택 가능한 조합을 기재 예시로 나타냈다.

계열	수상명
수학·과학	과학전람회, 발명아이디어대회, 과학글쓰기대회, 과학창의력대회
학술·탐구	수학프로젝트발표대회, 영재학급산출물대회, R&E발표대회, 과학학술제

기재 예시

- 🖉 1학년 1학기: 창의적문제해결아이디어대회
- 🖉 1학년 2학기: 표창장(성실)
- 🖉 2학년 1학기: 수학주제탐구발표대회
- 🖉 2학년 2학기: 과학탐구실험대회
- 🖉 3학년 1학기: 미래인재상

⁘ 제시된 '기재 예시'는 '유형에 따른 수상명'과 중복되지 않는 조합으로 구성함

나) 자율활동

유형에 따른 활동 프로그램과 자율활동 특기사항을 기재 예시로 나타냈다.

구분	내용
행사활동	수학여행, 대학탐방, 국토순례, 교내체육대회, 학교축제, 강연, 체험전
창의적특색활동	학년특색활동, 학급특색활동, 과학중점학교, 영어중점학교, 예술작품감상

⊹ 표에 제시된 자율활동 프로그램 내용은 모든 계열에 동일하게 적용된다.

기재 예시

✎ 졸업생 초청 특강에 참여하여 '내 삶에 있어 성공의 절반은 간관계로부터 나왔다.'라는 말씀에 담긴 메시지를 깊이 고민함. 대인 관계가 미친 긍정적인 부분을 생각해보는 한편, 관심 분야인 컴퓨터 프로그래밍과 연관 지어 '관계를 설명하는 인간의 심리 속에도 알고리즘이 존재할 것이다.'라고 가정한 후, 이를 알아보고자 '관계의 본심(크릴포드 나스, 코리나 옌)'을 찾아 읽음. 다양한 감정 상황을 컴퓨터가 인간의 역할을 대체하여 답하고 관계를 형성해나가는 프로그램 속에서도 실제와 유사한 결론이 도출되는 과정을 경험함. 뇌와 심장을 갖고 있지 않더라도 프로그램 속 알고리즘을 바탕으로 인간관계의 형성 과정과 결과를 컴퓨터로 유도할 수 있음을 알게 되었다고 함. 또한 그 속에 담긴 알고리즘을 도식화하여 게시물로 제작한 후, 각 교실에 게시하여 정보 나눔 활동으로 연결함.

다) 진로활동

모집 단위에 따른 진로 희망 분야와 진로활동 사례 및 특기사항을 기재 예시로
나타냈다.

구분		내용
컴퓨터	진로희망	네트워크관리자, 데이터베이스개발자, 웹마스터, 인공지능전문가
	활동 사례	교내 컴퓨터 도우미, 정보보안 체험활동, 안드로이드 OS 개발
전기·전자	진로희망	산업안전원, 반도체공학기술자, 전기감리기술자, 조명기사
	활동 사례	과학 탐구 동아리 대회, 공대 비전 멘토링, 과학축전 참가
건축·토목	진로희망	토목안전환경기술자, 건설연구원, 건설코디네이터
	활동 사례	이공계 탐구교실, 도시 광산 재활용 보고서 작성
환경·에너지	진로희망	환경공학기술자, 바이오에너지연구원, 환경컨설턴트
	활동 사례	청소년 과학 탐구대회, 신재생 에너지 체험

기재 예시

✎ 컴퓨터공학과와 소프트웨어학과에 진학하고자 하는 친구들과 모둠을 구성한
후, 대학탐방(2021.10.20.-2021.10.22.) 일정을 논의함. 컴퓨터소프트웨어학
과를 방문하여 '교수님 인터뷰' 담당을 맡아 사전 연락을 진행하고, 인터뷰 대
본을 미리 작성하여 연습하는 적극성을 보임. 실제 교수님과의 인터뷰 과정을
통해 프로그래밍 과정에서의 유의점과 프로그래머로서 갖추어야 할 자질 및
미래 전망 등을 듣고, 자신의 직업관을 고민해봄. 사회 발전을 위한 프로그램
제작하려는 진로 목표를 구체화하는 한편, 작업 과정에서 팀원들 간의 협력이
최우선으로 고려되어야 할 사항임을 생각했다고 함. 이후 '조엘 온 소프트웨어
(조엘 스폴스키)'를 읽으며 협업의 중요성을 알게 되었고, 효율성을 갖추기 위
해 구체적인 업무 명세를 작성함으로써 공동의 목표를 공유하고, 상호 협조적
인 관계를 지속할 수 있음을 깨달았다고 함.

라) **동아리활동**

　모집 단위에 따른 정규 및 자율 동아리 종류와 동아리활동 특기사항을 기재 예시로 나타냈다.

구분	정규 및 자율 동아리
컴퓨터	프로그래밍 개발반, 로봇 만들기반, 빅데이터반, 인공지능반, 발명반, 전산부
전기·전자	수리논술반, 생활수학탐구반, 과학실험반, 소프트웨어반, 3D프린터반
건축·토목	건축 동아리, 건축 모형 제작 동아리, 설계 도면 제작 동아리
천문·우주	천체 동아리, 우주소년단, 오존홀 탐구반, 지구과학 동아리
환경·에너지	지질연구 동아리, 자외선 연구반, 불화수소연구반, 신소재탐구반

기재 예시

✎ (프로그래밍 언어반) 다양한 프로그래밍 언어를 배우며 전공 이해도를 높이고 직접 앱을 제작해보고자 동아리 활동에 참여함. 선배들의 도움을 적극적으로 활용하여 자신의 부족한 점을 보완하고자 노력하는 학생임. 파이썬의 개념과 원리를 스스로 익히며 코딩 과정을 거쳤고, '누구나 쉽게 따라하는 인공지능(이용권)'을 읽으면서 자바, 깃허브, 씨플플 등의 언어로 관심이 확장되었다고 함. 이후 자바와 안드로이드 스튜디오를 활용하여 '코로나 동선 앱'을 제작해보았고, 벡터 클래스와 재귀함수를 사용하여 '지뢰 찾기 게임'을 만들어보는 등 자신이 배운 지식을 내면화하여 프로그램 제작 활동으로 연결하는 모습에서 지식 활용하고 응용하는 역량이 우수함을 알 수 있었음.

마) **독서활동상황**

전공 분야에 따른 도서명과 저자명을 기재 예시로 나타냈다.

구분	도서명(저자명)
공통 (공학계열)	같기도 하고, 아니 같기도 하고(로얼드 호프만), 과학혁명의 구조(토마스 쿤)
컴퓨터	뇌를 자극하는 알고리즘(박상현), 인터넷 해킹과 보안(김경곤)
전기·전자	전기전자공학 개론(스탠 기빌리스코), 알기 쉬운 회로이론(정정일)
건축·토목	건축가가 되는 길(로저 루이스), 교양 있는 엔지니어(새뮤얼 C. 플러먼)
천문·우주	우리는 모두 별에서 왔다(윤성철), 웰컴 투 더 유니버스(닐 타이슨)
환경·에너지	미래사회와 신소재(박상준), 미래의 에너지(에머리 로빈스)
생물	이중 나선(제임스 왓슨), 미래혁명이 시작된다(홍순기 외)
화학	열역학 개념의 해설(여상도), 화학으로 이루어진 세상(K. 메데페셀헤르만)

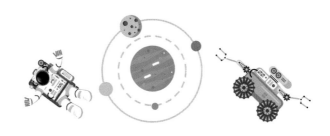

바) ▶ **과목별 세부능력 및 특기사항**

교과목에 따른 주요 활동 키워드와 과목별 세부능력 및 특기사항을 기재 예시
로 나타냈다.

구분	키워드
수학	실생활 문제해결, 수학 주제 발표, 프로그래밍 언어, 수학 R&E
영어	영어 칼럼 읽기, 영문 기사 스크랩 및 요약, 영어 발표, 영어 에세이 작성
과학	에너지 전환, 가설 검증, 폐휴대폰 처리, 중력가속도실험, 아두이노, 바이러스
사회	기술의 발전과 사회 변화, 건전한 비판 의식, 미래 사회

기재 예시

✎ 수학Ⅰ: 명제 단원의 '수학적 귀납법'을 배우면서 컴퓨터공학과의 연관성에 호
기심을 가져 '프로그래머, 수학으로 생각하라(유키 히로시)'를 읽음. 수학적 귀
납법에 근거하여 소프트웨어에서 재귀함수를 만드는 것이 팩토리얼 함수임
을 알게 되었다고 함. 수학 원리와 사고방식이 프로그래밍과 유의미한 연관성
을 가지며, 수학의 논리를 따라 학습하는 과정이 코딩을 익히는 과정이라는 생
각을 가졌다고 함. 또한 특정 명제를 수학적 귀납법으로 증명하기 위해 접근할
때, 증명 순서와 아이디어 도출을 알고리즘 제작에 비유하여 설명하는 창의성
이 돋보임. 이후 시간복잡도와 빅오 표기법에 대한 심화 학습을 진행하였고,
알고리즘 효율성 판단 척도를 이해함으로써 전공을 깊이를 더해가는 능력이
우수함.

3가지 평가 요소 중 공동체역량과 연관성이 높은 활동은 학교생활기록부의 '자율활동', '봉사활동', '행동특성 및 종합의견'에 기록된다. 이제 항목별로 내용을 살펴보자.

가) 자율활동

유형에 따른 활동 프로그램과 자율활동 특기사항을 기재 예시로 나타냈다.

구분	내용
적응활동	1인 1역할, 멘토-멘티, 사제동행, 또래상담
자치활동	총학생회, 학급 임원, 자기주도학습 관리, 학급문집 제작, 학급문고 관리

⌖ 표에 제시된 자율활동 프로그램 내용은 모든 계열에 동일하게 적용된다.

기재 예시

✎ 학급 반장(2021.03.02.-2022.02.28.)으로서 구성원들이 자신의 역할을 정확히 인지하고 행동으로 옮길 수 있도록 옆에서 챙기는 엄마 같은 리더십이 돋보임. 학급특색활동으로 진행하는 '1인 1역할'에 소극적인 친구에게 먼저 개별 상담을 요청한 후, 불편해하는 마음이나 실천에 있어 어려운 점을 경청하는 모습을 보임. 반장이 대신하거나 역할을 교체하는 등 일반적으로 쉽게 생각할 수 있는 방법을 선택하는 것이 아니라 개인이 선택한 부분에 대한 책임은 스스로 지면서도 함께 해나가는 과정에 의미를 두고자 노력함. 반장과의 소통을 통해 합의점을 찾아 혼자서 제 역할을 해내는 모습으로 변화되는 과정을 보며 학생이 지닌 리더로서의 역할이 제대로 발휘되고 있음을 느낌.

나) **봉사활동** (2019학년도 1학년부터 봉사활동 특기사항은 학교생활기록부 미기재)

모집단위에 따른 봉사활동 내용을 기재 예시로 나타냈다.

모집단위	내용
컴퓨터	인근 초등학교 3D 프린터 활용 체험활동 도우미
전기·전자	지역아동센터 과학실험 봉사활동, 복지관 과학 수업 도우미
건축·토목	전통시장 환경 개선 활동, 도시 관련 NGO 활동, 해비타트
천문·우주	도서관 주말 과학 체험 부스 도우미
환경·에너지	국립공원 환경 정화 활동, 철새 먹이주기 활동, 에너지 절약 캠페인

다) **행동특성 및 종합의견**

평가 요소에 따른 키워드와 행동특성 및 종합의견을 기재 예시로 나타냈다.

모집단위	내용
공동체역량	리더십, 책임감, 봉사, 솔선수범, 희생, 경청, 공감, 소통, 협력, 공동체 의식
학업역량	지적 호기심, 문헌 활용, 추론, 문제해결력, 열정, 과제수행, 심화 학습
진로역량	진로 목표, 진로 프로그램 참여, 과제 탐구, 독서 연계, 사회 기여 및 공헌

╌ 표에 제시된 행동특성 및 종합의견의 주요 키워드는 모든 계열에 동일하게 적용된다.

기재 예시

✎ 스스로 목표한 것을 이룰 때까지 밤을 새워가며 집중하고 노력하는 학생으로 자기 주도성을 바탕으로 한 탐구 의지가 높음. 컴퓨터 프로그래밍에 대한 관심이 많고, 실력 또한 우수하여 교내 정보 교사나 컴퓨터 담당 실무원에 버금가는 컴퓨터 관련 지식과 프로그램 제작 능력을 지니고 있음. 코딩 과정에서 의문점이 생기면 동아리 선배나 정보 교사와의 문답 과정을 통해 문제 상황을 해결하는 능동적인 자세가 돋보이며, 전공 관련 서적이나 학술 발표 자료를 찾아 읽으며 지식을 내재화하려는 노력을 지속함. 특히 프로그래밍과 수학, 과학 교과 내용을 연계하여 학습함으로써 교과 역량과 전공 적합성을 두루 갖추는 우수한 인재로서의 모습을 보임.

　학교 교육계획서에 반영된 창의적체험활동(자율활동, 동아리활동, 봉사활동, 진로활동)은 학교라는 공간에서 운영되는 모든 교육적 활동을 의미한다. 특히 동아리 지도교사의 영향력이 높은 '동아리활동', 학교별 차이가 거의 없고 대입에서 영향력이 낮은 '봉사활동', 진로 관련 교과 수업이나 개인별 진로를 위한 노력이 드러나는 '진로활동'과는 달리 '자율활동'은 각 고등학교의 교육과정 운영 계획의 차이가 가장 두드러지게 차이 나는 영역이다. 학교의 주도하에 다른 학교와의 차별성이 드러나는 특색있는 프로그램을 구성함으로써 소속 학생들의 역량을 최대한으로 끌어내고 적극적인 참여를 유도할 수 있다. 이를 바탕으로 개별 학생들의 '자율활동 특기사항' 경쟁력을 갖출 수 있다.

　아래의 내용은 실제 운영 사례를 바탕으로 학교 특색활동을 '인성', '진로', '인문사회', '자연과학' 영역으로 나눈 것이다. 영역별 대표적인 프로그램 내용과 특징 및 '자율활동 특기사항' 기재 예시를 살펴보자.

가) 인성

1인 3기

· **음악**: 1학년 전체 학생들을 대상으로 관심 있는 악기를 1가지 선택한 후, 음악 교과 시간이나 자율활동 시간을 활용하여 악기를 다뤄보고 실력을 높이는 시간을 갖는다.

· **미술**: 생활 미술을 실천하기 위해 학년특색활동 프로그램을 구성하여 연간 4회 이상 미술이 포함된 활동 계획을 수립한다. 복도에 갤러리 워크를 진행하며 서로의 작품을 공유한다.

· **체육**: 1~2학년 학생들을 대상으로 학교스포츠클럽을 운영함으로써 꾸준히 운동하며 스스로 체력을 키울 수 있도록 한다.

동아리 전시회

· 1년간 진행해온 정규 동아리와 자율 동아리 활동 과정에서 제작된 산출물을 각 교실에 전시하고, 동아리 대표 큐레이터를 선정하여 작품 제작 동기, 과정, 결과, 의미 등을 설명하는 기회를 제공한다. 모든 동아리원들이 참여하는 ALL-IN-ONE 작품도 최소 1점 이상 포함하여 학생들 간의 소통과 협력을 기른다.

기재 예시

✎ 1년 동안의 동아리 성과를 공유하기 위한 '동아리 전시회'에 '우주 속으로' 동아리 일원으로 참가함. 항공우주와 관련된 문헌 연구 및 화학 실험 결과를 정리하여 게시물로 제작함. '호모 스페이스쿠스(이성규)'를 읽고 화성까지 유인 탐사선을 보낸다는 사실에 흥미를 지닌 후, 토의 주제로 안건을 제안하였고, 모든 부원이 개인 의견을 발표하도록 기회를 부여하는 모습에서 목표 의식을 공유하기 위한 리더십을 확인함. '글로벌 우주탐사 현황 및 전망'을 주제로 한 문헌을 읽으며 세부 목차별로 요약할 부분을 배정하였고, 전체 내용을 취합하고 편집하여 보고서 책자를 제작하는 헌신적인 모습이 돋보임.

나) 진로

독서 프로젝트

· 독서 나무를 운영하여 지속적인 독서 활동을 장려한다. 자신의 진로나 대입과 연결한 독서 목록을 작성하고, 나무에 열매가 열리듯 누적 기록을 열매로 표현하여 나무에 붙임으로써 실천 과정을 시각적으로 확인하도록 한다. 독서 영역을 세분화하여 열매 색깔에 차이를 두며, 여러 번 읽거나 연계 독서의 경우 열매의 크기에 차이를 두어 학생들의 관심을 높인다.

진로 스피치

· 학급 내에서 진로가 비슷한 친구들을 그룹으로 분류한 후, 진로 관련 학과 소개, 취업 과정, 직업 전망, 자질, 선택한 이유 등을 여러 도구를 활용하여 발표한다. 질의응답 시간을 가지면서 직업에 대한 궁금증을 해소하고, 다양한 직업 세계에 대한 이해 폭을 넓히는 기회로 삼는다. 그룹원 전체가 각자의 역할을 맡아 모두 발표에 참여할 수 있도록 한다.

전문가 초청 특강

· 학생들의 진로 선택에 있어 선호도가 높은 직업 전문가를 초청하여 경험과 노하우가 담긴 강연을 들으며 진로를 구체화하고, 자신의 비전과 직업관을 공고히 다지는 기회로 삼는다. 학교에 따라 독서와 연계하여 진로 분야에서 좋은 책을 쓰신 저자를 모시고 책에 담긴 이야기를 나누고, 문답 과정을 통해 지식의 교류와 지혜를 공유하는 기회로 삼는다.

기재 예시

✎ 신재생 에너지에 대한 외연을 확장 시키고자 '기후 변화와 에너지'를 주제로 진행된 '온라인 전문가 초청 특강'에 참여함. 사전에 강사 정보를 찾아보며 관련 저서를 찾았고, '신재생 에너지와 미래 생활'을 미리 정독하며 공감대를 형성하기 위해 노력하는 모습에서 학생의 관심과 열정을 느낄 수 있었음. 강의 중간에 원자력발전이 신재생 에너지가 될 수 있냐고 질문하는 등 관심 분야에 대한 정확한 정보를 바탕으로 강사와 호흡하는 모습을 보임. 이후 '신재생 에너지는 지구를 왜 지킬 수 없는가?'라는 영상을 시청하며 신재생 에너지만으로 친환경이 진행될 수 없음을 알게 되었다고 함. '침묵의 봄(레이첼 카슨)'을 함께 읽으며 신재생과 원자력이 갖는 양면성을 바탕으로 두 에너지원이 양립하는 방안을 고민해봤다고 함. 관련 문헌 4편을 탐독하며 전공 영역의 시야를 넓히고자 노력하는 모습에서 에너지연구원이 갖추어야 할 탐구 역량을 엿볼 수 있었음.

사회 참여 프로젝트

· 오늘날의 사회가 직면하고 있는 문제를 주제로 정한 후, 모둠 토의와 고민의 시간을 거쳐 실제 행동으로 옮기는 활동이다. 사회 시사 이슈를 소재로 하기에 사회 문제나 현상에 대한 깊은 고찰이 가능하며, 토의·토론 과정을 통해 다양한 방법으로 사람들과의 관계를 형성하고 변화를 위한 노력을 알릴 수 있다. 환경, 인권, 문화, 경제, 역사, 정치 등의 문제를 다루며 프로젝트를 진행한다.

독서 신문 제작

· 모둠별로 공통 관심사를 다룬 한 편의 작품을 함께 읽은 후, 각 개인의 감상을 기사, 만화, 광고, 안내 등의 다양한 방법으로 표현한다. 기획 회의 과정을 통해 신문의 형식, 내용, 헤드라인, 첨부 사진을 정하고, 편집 회의를 거치면서 신문에 기재할 순서, 지면 구성 등을 결정하여 독서신문을 완성한다. 학교의 특수성에 따라 개인별로 진행하거나 여러 권의 책을 활용해도 된다.

시 쓰기 프로젝트

· 국어 교과 시간을 활용하여 주 1회 시 쓰기와 관련된 활동을 진행한다. 시 습작부터 시작하여 시에 관한 관심을 높이고, 좋아하는 대상이나 분야를 이미지로 나타낸 후, 짧은 시로 표현해보면서 시를 쓰는 활동에 흥미를 갖게 한다. 이후 다양한 주제를 활용하여 10여 편 이상의 시를 쓴 뒤, 개인별 시집을 제작하고, 우수 작품은 시선집으로 엮어 발표회를 갖는다.

✎ 사회 이슈를 주제로 토론을 진행하며 바람직한 방향성을 찾아가는 것을 목적으로 진행된 '사회 참여 프로젝트'에 참여함. 인간 생활이 편리해짐에 따라 그림자처럼 따라오는 환경 문제의 심각성을 깨닫고, 지역 사회를 출발점으로 하는 '기후 위기 비상 행동'을 주제로 프로젝트를 진행함. '탄소 배출량을 줄이는 방법'을 토의 주제로 선정하여 'SNS를 활용한 언택트 걷기 캠페인'을 진행하자는 의견을 모았고, 단위학교에서 시작하여 인근 학교 및 지역 단체의 참여를 유도함으로써 1,000명 이상이 참여하는 활동으로 확장되는 결과를 얻음. SNS가 지닌 장점을 충분히 활용함으로써 관공서를 통한 홍보 효과를 끌어내자는 아이디어를 제안한 측면에서 창의적인 사고를 엿볼 수 있었음. 생각을 행동으로 옮기는 진취적인 모습을 통해 세상을 변화시킬 수 있는 충분한 역량이 있음을 확인함.

라) 자연과학

수학·과학 소모임

· 자연, 공학, 의학 계열 진학을 희망하는 학생들이 비슷한 진로인 친구들과 2~5명 정도의 학급별 소모임을 구성한다. 동일 전공보다는 계열로 묶이는 경우가 많으므로 모든 학생을 아우를 수 있는 넓은 범위에서의 주제를 선정한 후, 과제 탐구, 실험, 문헌 연구, 아이디어 회의 등을 진행한다. 학생들 수준에서의 결과물이나 산출물을 완성한 후, 창의적체험활동 시간을 활용하여 모둠별 발표를 실시하고 피드백을 제공한다.

빅데이터 챌린지

· 4차 산업혁명의 도래로 디지털 기록의 총체인 빅데이터를 활용도는 기하급수적으로 늘어났으며, 새로운 서비스와 제품 제작, 정책 도입 및 문제점 예측 등 다양한 분야에서 활용하게 되었다. 이러한 현상에 대응하여 빅데이터 분석 기술을 활용한 프로그램 개발, 침해사고의 흐름 분석 및 대응 방안 도출, AI를 활용한 사이버보안 빅데이터 활용 방안 등의 활동을 통해 미래사회를 대비하는 준비된 인재의 모습을 확인한다.

발명 아이디어

· 진로 계열과 관계없이 창의성이 중시되는 미래사회에 맞추어 1인 1아이디어를 목표로 발명 활동을 실시한다. 평소 실생활에서의 불편한 요소를 찾아보거나 진로와 관련된 미래 기술 정보를 학습하며 자신만의 아이디어를 도출하는 경험을 한다. 가능하다면 3D 모델링이나 3D 프린터를 활용하여 결과물을 얻을 수 있도록 하며, 제작 과정을 셀프 영상으로 제작하여 연말에 학년 단위로 영상회를 진행한다.

기재 예시

✎ 산에 인접한 학교의 지형적 특성으로 인해 해충이 빈번하게 발생하는 문제점을 해결하고자 '네 손으로 잡는 해충 퇴치기' 제작을 목표로 '발명 아이디어' 활동을 진행함. 수업 및 자기주도학습 시, 모기에 물린 경험이 많았기에 '모기 퇴치기'를 만들기 위한 아이디어 회의를 주도함. 작은 상자 속에 모기를 유인하는 'UV-LED 파장'과 '옥탄올'을 활용함으로써 퇴치 확률을 높이는 방향을 제시함. 함께 내장된 전기 파리채에 아두이노 코딩을 접목하여 전원 조작이 가능하도록 구성함. 설계를 바탕으로 제품을 만드는 과정에서 전압이 일정하지 않은 상황이 발생하였으나 축전기를 접목하여 해결하는 유연한 사고를 보여줌. 선행 지식을 바탕으로 발명과 연관 짓는 모습에서 공학도로서 자질을 확인함.

﹢ 학교 특색활동은 단위학교의 교육과정 및 학생들의 특성에 따라 다양하게 구성될 수 있으며, 자신의 진로와 연관되거나 개별 역량을 충분히 발휘할 수 있는 활동을 선택하는 것이 좋다.

수업량 유연화에 따른 학교 자율적 교육과정

2019년 교육부에서 발표한 '고교서열화 해소 및 일반고 교육역량 강화 방안'에서 1단위(고등학교의 주당 수업 시수에서 1시간에 해당)를 기준으로 총 17회의 수업 중 1회에 한하여 학교의 재량으로 운영할 수 있다고 발표했다. 여기서 총 17회 중 1회의 수업은 단위학교가 해당 교과 내 또는 타 교과와의 융합형 프로젝트 수업, 동아리 활동 연계 수업, 과제 탐구 수업 등을 자율적인 교육과정으로 편성하여 운영할 수 있음을 말한다.

교육부에서 제시하는 자율적 교육과정 운영의 예시를 살펴보면 다음과 같다.

구분	내용
진로집중형	진로 설계·체험, 고등학교 1학년 대상 진로 집중학기제 운영 시간
학습몰입형	교과별 심화 이론, 과제 탐구 등 심층적 학습 시간 운영
보충수업형	학습 결손, 학습 수준 미흡 학생 대상 보충수업
동아리형	학습동아리 연계 운영, 교과에 관한 학생 주도적 학습 시간 운영
프로젝트형	교과 융합학습 등 주제 중심의 프로젝트 수업 직업 체험 프로젝트 등 운영

이러한 '수업량 유연화에 따른 학교 자율적 교육활동'은 관련 내용을 해당 과목의 '세부능력 및 특기사항(세특)' 또는 '개인별 세부능력 및 특기사항(개세특)'에 입력할 수 있는데, 특정 과목의 세부능력 및 특기사항으로 한정하기 어려운 경우에는 개인별 세부능력 및 특기사항에 입력할 수 있다는 점에 주목할 필요가 있다.

최근 학생부의 상향 평준화의 분위기와 교사별 수업 재구성을 통해 교과별 세부능력 및 특기사항은 여러 측면에서 비슷한 수준으로 기재되고 있으며, 학생의 새로운 면이나 다양성을 드러내기에는 어려움이 존재한다. 하지만 2020학년도부터 '학교생활기록부 기재요령'에 '수업량 유연화에 따른 학교 자율적 교육활동'을 '개인별 세부능력 및 특기사항'에 기록할 수 있는 근거가 명시됨으로써 학교별로 자율적 교육과정 운영의 차별화에 주력하고 있는 모습이다.

학교에서 구성한 자율적 교육활동에 따라 학생들이 활용할 수 있는 교과가 달라지고, 개인별로 보여줄 수 있는 모습이 차별화될 수 있음에 주목할 필요가 있다. 위의 교육부에서 제시한 5가지 유형 또는 그 이외의 다양한 유형으로 운영될 수 있으나 현실적인 측면에서 다음의 2가지 유형이 주로 활용되고 있음을 참고하자.

구분	내용	내용
주제 중심 프로젝트	2개 이상의 교과목	해당 교과목들의 수업 내용을 융합
진로 연계 심화 탐구	단일 교과목	창의적 체험활동(자율, 동아리, 진로)과 연계

대주제 코로나19로 인해 변화되는 미래사회의 모습

과목명	소주제	세부 활동
독서	· 코로나19로 인한 4차 산업혁명의 과속화 ('클라우스 슈밥의 위대한 리셋'을 읽고)	주제 토론
확률과 통계	· 코로나19 확진자 및 사망자의 연관성	확률과 통계
영어 II	· 코로나19 국제 코호트 연구 회의	대본 작성
운동과건강	· 코로나19로 인한 스포츠용품 시장의 성장	카드 뉴스 제작
미술	· 언택트 전시 관람 방법	안내 영상 제작
화학 I	· 코로나19 백신의 생산, 보관, 유통	보고서 및 기사 분석
생명과학 I	· mRNA 백신이 작용하는 원리	보고서 작성
사회·문화	· 코로나19로 인한 가족 간의 관계 강화	설문 조사
중국어	· 코로나19 이후 달라진 중국 소비 패턴 변화	통계 자료 분석
심리학	· 감염병 은폐의 심리학	연구 자료 분석
프로그래밍	· 국가별 코로나19 확진자 누적 현황	그래프 그리기

✢ 표에 언급된 과목별 소주제와 세부 활동은 모든 계열에서 같은 내용으로 제시되었다.

기재 예시

✎ '코로나19로 인해 변화되는 미래사회의 모습'을 주제로 진행된 수업량 유연화에 따른 학교 자율적 교육과정(2021.07.05.–2021.07.16.)에서 사회·문화와 심리학 과목의 융합 활동을 진행함. 사회·문화 시간에 '코로나19로 인한 가족 간의 관계 강화'를 주제로 SNS 설문 조사를 기획함. 학급 구성원들의 가족들을 대상으로 이루어진 문항을 분석하여 가족끼리 함께하는 시간이 증가함으로써 '끼리 문화'가 늘어나고 '가족 결속력'이 강화되고 있다는 결론을 도출함. 설문을 구성하고 내용을 분석하는 모습에서 데이터 처리 역량을 확인함. 이후 건강하지 못한 가족 결속력 발생에 초점을 맞추어 심리학 시간에 '감염병 은폐의 심리학'과 연관된 문헌 자료를 읽음. 가족에 대한 타인의 평가나 낙인 효과에 대한 두려움으로 가족 결속력이 역설적으로 높아진다는 내용을 포함하여 PPT 자료를 제작함. 문헌 속 내용의 숨은 의미까지 찾으려고 노력하는 과정을 통해 꼼꼼하게 분석하는 태도를 볼 수 있었음.

마. 합격 로드맵을 위한 체크리스트

앞에서 학생부종합전형의 평가 요소와 학교생활기록부의 항목별 이해를 바탕으로 공학계열 합격 로드맵을 통해 합격 학생부의 특징을 살펴봤다. 또한 공학계열 학과별 주요 사례를 알아보며 관련 활동과 기재 예시까지 구체적으로 확인하였다. 이제부터는 '나의 학교생활기록부'를 만들기 위한 준비가 필요한 시점이다. 핵심 부분을 요약하여 체크리스트를 제작했으니 학교생활기록부를 만들어가는 준비 과정부터 최종 작성까지 수시로 점검하며 마무리하기를 바란다.

		O	X
자율 활동	임원을 맡은 경험이 있는가?		
	임원 경험이 없다면 자신의 역할이 분명하게 드러나는 활동이 있는가?		
	학교보다 개인의 성취와 역할이 드러나는 활동을 했는가?		
	자기주도성과 실천적인 자세가 나타나는가?		
	학년 특색활동 또는 학급 특색활동에서의 차별화가 보이는가?		
	진로와 연계되는 동시에 개인의 자질과 역량이 함께 드러나는가?		
동아리 활동	동아리를 선택한 이유와 자신의 역할이 분명하게 나타나는가?		
	동아리 활동 경험과 노력 과정에서 변화의 모습이 보이는가?		
	교과와 관련된 동아리에서 학업역량을 보여주는 사례가 있는가?		
	전공 동아리에서 심화 탐구나 실험, 토론 등의 활동 경험이 있는가?		
	전공 동아리가 아니라면 구체적인 역할, 기여도, 산출물이 있는가?		
	동아리가 바뀐 경우라면 새로운 동아리를 선택한 동기를 언급했는가?		

		O	X

봉사
활동

봉사의 동기가 분명하고 진정성이 나타나는가?

분명한 목표 의식을 갖고서 봉사활동에 임했는가?

목적성(내용, 장소)을 지닌 봉사에 지속적으로 꾸준히 참여했는가?

봉사 시간에 연연하기보다는 내실 있는 봉사에 주력했는가?

교내 봉사(도우미, 멘토링 등)에 충실한 모습으로 참여했는가?

진로(의학, 교육, 사회복지 등) 관련 봉사 경험이 있는가?

진로
활동

3년간 일관된 진로를 지니고 있는가?

진로가 바뀐 경우, 진로 변경 계기와 사유를 설명하고 있는가?

자기주도성의 바탕 위에 꿈을 찾아가기 위한 노력 과정이 보이는가?

진로 관련 활동을 통해 깨달은 점과 변화되는 모습이 구체적인가?

진로 행사를 위한 사전 준비, 과정에서의 적극성이 보이는가?

행사 이후, 연계 및 심화 학습을 통해 발전적인 모습이 나타나는가?

수상
경력

학기별 1개의 대회를 통해 자신의 장점과 역량이 명확하게 드러나는가?

대회 참가 동기와 준비 과정에서 경험에 의미를 부여할 수 있는가?

지원 학과 관련 학업역량 및 진로역량을 보여주는 수상이 있는가?

수상을 위한 준비, 과정, 결과에 자신의 모습이 구체적으로 보이는가?

독서
활동
상황

교과 탐구활동과 연계하여 심화 학습으로 연결 짓는 책을 읽었는가?

독서 기반 활동 과정을 통해 내적 성장의 기회를 가졌는가?

수업, 활동, 발표, 토론, 보고서, 실험 등에 독서가 녹아 있는가?

인문학, 철학, 사회과학, 자연과학, 예술, 윤리 등에 관심이 많은가?

		O X
교과 성적	전공 관련 교과 성적이 상승 또는 유지되고 있는가?	
	진로 선택 과목에서 학업역량과 진로역량이 드러나는가?	
	소인수과목, 심화과목, 공동교육과정, 클러스터 등에 참여했는가?	
	특정 교과의 성적이 7~9등급이거나 포기한 과목이라는 느낌을 주는가?	
과목별 세부 능력 및 특기사항	2015 개정 교육과정에서 강조하고 있는 과목별 핵심역량이 드러나는가?	
	수업 참여, 태도, 활동, 성취, 변화 등에 대한 교사의 평가가 있는가?	
	협력학습, 수행평가, 과제수행 중 학업역량과 공동체역량이 보이는가?	
	독서, 토론, 실험, 탐구, 진로 연계 활동에서 개별 우수성이 나타나는가?	
개인별 세부 능력 및 특기사항	영재교육 이수 내용과 발명교육 수료 내용이 정확히 기록되어 있는가?	
	수업량 유연화에 따른 학교 자율적 교육과정 내용이 명시되어 있는가?	
	융합적 요소, 탐구 역량 및 학생 개별 역량이 서술되어 있는가?	
	세특과 중복되거나 특정 교과의 세특으로 보이는 부분은 없는가?	
행동 특성 및 종합의견	교사의 관찰을 바탕으로 서술된 추천서로서의 가치가 나타나는가?	
	장점 중심으로 서술되었고, 단점은 발전가능성과 함께 언급되었는가?	
	1학년 때, 자기주도성, 진로를 위한 노력, 공동체역량이 포함되었는가?	
	2학년 때, 학업역량, 진로의 구체성 및 발전, 공동체역량이 포함되었나?	

⋇ 체크리스트에 포함된 내용이 학교생활기록부를 만들어나가는 데 있어 모든 것을 담고 있는 것은 아니다. 학교생활기록부를 구성해 나갈 때, 방향성을 찾기 위한 보조 도구 역할만 한다.

단원을 마치며 ✦

대입에 관심을 갖고 강의를 찾아 듣거나 자료를 읽다 보면 자주 접하는 말이 있다. "학생부종합전형의 핵심은 학생의 모습을 바탕으로 작성된 학교생활기록부를 '학업역량', '계열적합성', '인성', '발전가능성'이라는 요소로 평가한다."는 것이다. 물론 올해부터는 '계열적합성'이 '진로역량'으로 확대되었고, '인성'과 '발전가능성'은 '공동체역량'으로 통합하여 변경되었다. 위의 용어들은 듣는 이에 따라 이해 정도가 다르므로 보다 세부적인 설명이 필요하며, 이를 도와주고자 '계열별 합격 학생부 로드맵'을 통해 단계적 접근을 시도하였다.

'학생부종합전형에 대하여'라는 이야기를 통해 평가자의 입장에서 바라보는 평가 요소와 평가항목별 평가 내용을 알아보며 학생부가 지니는 의미와 학교생활 과정에서 학생이 갖추어야 할 자질과 역량을 확인하였다.

'학교생활기록부의 이해'라는 이야기를 통해 교사에 의해 작성되는 학교생활기록부의 항목이 평가 요소와 어떻게 연결되는지 이해한 후, 비교과 영역(자율활동, 동아리활동, 봉사활동, 진로활동, 수상경력, 독서활동상황)의 주요 내용과 특징을 알고, '핵심 Tip'을 통해 학생부종합전형을 위한 전략을 수립하는 데 도움을 받았다.

'계열 합격 로드맵'이라는 이야기를 통해 관련 학과를 알고, 대입 합격 학생부를 분석한 데이터를 종합하여 특징을 이해하였고, 다양한 사례에서 나타나는 비교과 영역 내용의 공통점을 살펴보며 각 계열 합격자들의 주요 활동과 교사의 평가를 확인할 수 있었다.

82 | 계열 합격 끝판왕

'계열 학과별 주요 사례'라는 이야기를 통해 학생부종합전형으로 합격한 학생들의 최근 3개년 누적 데이터를 3가지 평가 요소(학업역량, 진로역량, 공동체역량)와 연관성이 높은 항목별 내용과 기재 예시를 확인하였다. 유형에 따른 수상명, 활동 프로그램, 진로 희망 분야 및 활동 사례, 정규 및 자율 동아리 종류, 전공 분야에 따른 도서명과 저자명, 교과목에 따른 주요 활동 키워드, 모집 단위에 따른 봉사활동 내용, 평가 요소에 따른 키워드를 통해 자신의 상황에 맞추어 적용하는 계획을 세워볼 수 있다.

　또한 교육과정 우수 학교 사례를 참고하여 학교의 주도하에 다른 학교와의 차별성이 드러나는 특색 있는 프로그램을 소개하고, 주요 내용 및 특징을 반영한 기재 예시를 통해 본인이 소속된 고등학교의 교육과정과 연관 지어 생각해보는 기회를 얻었다. 하지만 학생부 상향평준화 분위기와 교사별 수업 재구성을 통해 교과별 세부능력 및 특기사항이 여러 측면에서 비슷한 수준으로 기재되고 있음을 확인하기도 했다. 이에 학생의 새로운 면이나 다양성을 드러내기에 어려움이 존재하는 문제를 개선하고자 2020년부터 활성화되고 있는 '수업량 유연화에 따른 학교 자율적 교육과정' 운영 사례를 담은 도표와 기재 예시를 보며 '개인별 세부능력 및 특기사항'에서 다양한 역량을 보여줄 수 있는 부분을 고민할 필요가 있다.

　마지막으로 '합격 로드맵 제작을 위한 체크리스트'를 활용하여 '나의 학교생활기록부'를 만들기 위한 준비 과정부터 최종 작성 순간까지 수시로 점검하며 완성도를 높이는 데 활용할 계획을 세우도록 안내하였다.

다양한 분석 및 대응 전략이 존재하겠지만 이 책에서 전하는 출구전략은 바로 '교과 선택 및 수업'이다. 기존에는 교과와 비교과의 조화가 강조되었다. 하지만 앞으로는 대입 평가에서 비교과의 비중이 줄어드는 반면, 교과의 비중은 상대적으로 늘어날 수밖에 없다. 교과의 핵심은 과목 선택, 수업 참여, 내신 관리, 세특을 통한 학생의 역량을 보여주는 것이다. 이를 위해 최우선으로 고려해야 할 사항은 교과 선택이다.

다음 장에서는 '계열별 교과 선택'을 위한 방법을 소개한다. 진로와 대입을 위한 과목을 선택하기에 앞서 교육과정의 중요성을 이해하고, 달라진 수능 체제를 고려한 과목 선택이 필요한 이유도 알아볼 것이다. 학과에 대한 이해를 필두로 개별 학생의 성향과 특성을 고려한 과목 선택의 예시를 살펴보며 본인의 현재 상황과 소속 고등학교의 교육과정의 연결 고리를 찾기 위해 노력하자.

최선의 교과 선택으로 최고의 대입 준비를 해나가는 여러분을 응원한다!

3

교과 선택

교과 선택

가. 교과 선택 개괄

2015 개정 교육과정에 따라 2, 3학년 때 자신의 진로와 본인이 대학에서 전공하고자 하는 학과에 맞춰서 선택과목들을 연계하여 선택해야 한다.

2학년 학생들은 이미 1학년 때 이 과정을 거쳐 자신이 선택한 교과목을 1학기에 수강을 하고 있고, 이제 3학년 때 배울 과목에 대해 다시 현명한 선택의 과정과 고민을 해야 한다. 자신의 진로와 적성에 맞춰 정확한 선택을 하는 것이 매우 중요하기 때문에 효과적으로 과목을 선택하는 방법에 대해 안내하고자 한다.

각자의 진로와 대학입시에 맞춰 과목을 제대로 선택하려면 우선으로 교육과정에 대해 알고 있어야 한다.

출처 : 2015개정교육과정 교육과정의 이해-울산진학정보센터

위의 표는 2023~2024학년도 입시와 관련이 있는 2015 개정 교육과정에서의 고등학교 편제이다. 기본적으로 교과는 보통교과와 전문교과로 나누어지고, 보통교과는 다시 공통과목과 선택과목으로 나누어져 있다. 1학년 때 학습한 과목들은 공통과목에 해당하고, 2학년 때부터 선택과목들 안에서 여러분들의 적성과 흥미에 맞춰 과목들을 선택해야 한다. 선택과목은 일반선택과목과 진로선택과목들로 나누어져 있어 현명한 선택과정이 필요하다.

구분		교과(군)	과목	단위수	원점수/과목평균(표준편차)	성취도(수강자 수)	석차 등급
공통 과목		국어	국어	4	83/65.9(15.5)	A(155)	3
일반 선택 과목	기초	수학	수학 I	4	94/69.5(23)	A(155)	3
	탐구	사회	세계사	4	91/70.2(19.9)	A(112)	3
		과학	물리학 I	4	80/71(17.7)	A(67)	4
	생활·교양	한문	한문 I	4	72/61.9(13.4)	A(26)	4
	체육·예술	체육	운동과 건강	2	-	B	-
진로 선택 과목		과학	물리학 II	4	61/49.5	B(25)	A(32.4%)B(30.9%)C(36.7%)
교양 교과(군)		교양	철학	1			P

보통교과 과목별 평가 예시

1, 2학년 학생들이 선택하는 공통과목과 일반선택과목은 석차등급이 학교생활기록부에 기재되지만 진로선택과목은 등급이 아닌 성취수준비율만 학교생활기록부에 기재되어 대학별 성적 반영 방식에 따라 유불리가 생길 수 있다. 따라서 이에 대한 새로운 접근 방식이 필요하다.

이제 여러분이 선택해야 할 일반선택과목과 진로선택과목을 아래에서 살펴보도록 하자. 먼저 본인의 학교 교육과정에 맞춰 자신의 진로와 계열에 따라 선택해야 할 과목들을 살펴본다. 특히 아래 제시된 국어, 수학, 영어, 탐구과목 중에 본인에게 가장 맞는 교과목들을 골라야 하는데 1학년 학생들은 2학년 때 배울 과목뿐만이 아니라 3학년 때 배울 교과목들에 대해서도 같이 고민하면서 신중하게 선택해야 한다.

고등학교 보통 교과 교과목 구성

기초

교과 (군)	공통 과목	선택 과목	
		일반 선택	진로 선택
국어	국어	화법과 작문, 독서, 언어와 매체, 문학	실용 국어, 심화 국어, 고전 읽기
수학	수학	수학 I , 수학 II , 미적분, 확률과 통계	기본 수학, 실용 수학, 인공지능 수학, 기하, 경제 수학, 수학과제 탐구
영어	영어	영어 회화, 영어 I , 영어 독해와 작문, 영어 II	기본 영어, 실용 영어, 영어권 문화, 진로 영어, 영미 문학 읽기
한국사	한국사		

탐구

교과 (군)	공통 과목	선택 과목	
		일반 선택	진로 선택
사회(역사/ 도덕 포함)	통합사회	한국지리, 세계지리, 세계사, 동아시아사, 경제, 정치와 법, 사회·문화, 생활과 윤리, 윤리와 사상	여행지리, 사회문제 탐구, 고전과 윤리
과학	통합과학 과학탐구 실험	물리학 I , 화학 I , 생명과학 I , 지구과학 I	물리학 II , 화학 II , 생명과학 II , 지구과학 II , 과학사, 생활과 과학, 융합과학

체육·예술

교과 (군)	공통 과목	선택 과목	
		일반 선택	진로 선택
체육		체육, 운동과 건강	스포츠 생활, 체육 탐구
예술		음악, 미술, 연극	음악 연주, 음악 감상과 비평 미술 창작, 미술 감상과 비평

교과 (군)	공통 과목	선택 과목			
		일반 선택		진로 선택	
기술·가정		기술·가정, 정보		농업 생명 과학, 공학 일반, 창의 경영, 해양 문화와 기술, 가정과학, 지식 재산 일반, 인공지능 기초	
제2외국어		독일어 I 프랑스어 I 스페인어 I 중국어 I	일본어 I 러시아어 I 아랍어 I 베트남어 I	독일어 II 프랑스어 II 스페인어 II 중국어 II	일본어 II 러시아어 II 아랍어 II 베트남어 II
한문		한문 I		한문 II	
교양		철학, 논리학, 심리학, 교육학, 종교학, 진로와 직업, 보건, 환경, 실용 경제, 논술			

　그럼 선택과목을 현명하게 고르는 것이 왜 중요할까? 수시에서 학생부교과전형은 문·이과 구분 없이 학생이 이수한 국영수사과 성적 중심으로 반영이 되므로 일반선택과 진로선택과목을 어떻게 선택해서 어떤 결과가 나왔는지가 수시지원에 있어서 중요한 포인트다.

　학생부종합전형에서는 자연계열의 경우 전공과 관련된 수학, 과학 교과 선택을 어떻게 선택했느냐가 매우 중요하고 인문사회계열 역시 희망학과에 맞는 전공 적합성에 따라 고등학교 시기에 어떤 과목을 이수했는지가 더욱 중요하기 때문에 과목선택을 하는 데 있어 반드시 현명하고 신중하게 선택해야 한다.

학생부 교과 전형		학생부 종합 전형
· 문이과 구분 없이 학생이 이수한 국, 영, 수, 사/과 성적 중심으로 반영 · 일반선택(석차등급), 진로선택(성취도) 과목 신중히 선택		· 교과성적, 학업역량 중요 · 자연계열-전공과 관련된 수학, 과학 교과 선택 필요 · 인문사회계열-희망학과의 전공적합성에 따라 해당과목 이수

※ 학생부 교과 전형의 경우 2023 입시에서 전 과목을 반영하는 대학은 13개 있다.

따라서 학교에서 안내하는 교육과정 편제표를 찾아보고, 선택과목에 대해 고민해보는 과정을 반드시 거쳐야 한다.

이렇듯 자신의 진로에 따른 과목선택의 중요성은 아무리 강조해도 지나치지 않는다. 이 부분과 관련하여 아래의 내용을 꼭 확인해 보길 바란다.

— 1. 자신이 희망하는 전공과 진로에 맞는 교과 선택 매우 중요
— 2. 어떤 교과를 선택했느냐? / 못 들었나? 안 들었나?
— 3. 진로선택과목 성취 평가 실시에 따른 내신 반영 유불리
— 4. 자신이 선택한 교과목을 수시와 정시에서 어떻게 활용할 것인가?
— 5. 선택한 교과목과 연계하여 어떤 활동을 하였는가?

다음으로, 과목을 선택하기 위해서는 2022학년도 대입부터 달라진 수능 체제도 고려해야 한다. 아무래도 자신이 수능에서 선택하려고 하는 교과목들을 선택하는 것이 내신을 준비하면서 수능까지 대비하는데 유리하다.

영역	2022학년도 이후 수능 범위	비고
국어	공통 : 독서, 문학 선택 : 화법과 작문, 언어와 매체 중 택 1	
수학	공통 : 수학Ⅰ, 수학Ⅱ 선택 : 확률과 통계, 미적분, 기하 중 택 1	
영어	영어Ⅰ, 영어Ⅱ	절대평가
한국사	한국사	절대평가
탐구	사회·과학 계열 구분 없이 택2 * 사회 : 9과목, * 과학 : 8과목(과학Ⅰ·Ⅱ)	
제2외국어 /한문	9과목 중 택1 (독일어Ⅰ, 프랑스어Ⅰ, 스페인어Ⅰ, 중국어Ⅰ, 일본어Ⅰ, 러시아어Ⅰ, 아랍어Ⅰ, 베트남어Ⅰ, 한문Ⅰ)	절대평가

또한, 주요 대학들이 수능 과목을 지정해 놓았기 때문에 자신이 정말로 가고자하는 대학에서 어떤 과목들을 지정해 놓았는지를 살펴보는 것도 과목 선택하는데 있어서 중요한 요소 중의 하나가 될 것이다. 특히 자연계열은 다수의 대학이 수학과 탐구과목에서 특정과목을 지정하고 있기 때문에 신경을 써야 한다.

수학　미적분, 기하 중 택 1

가천대, 가톨릭대, 강원대, 건국대, 경북대, 경성대, 경희대, 계명대, 고려대,
공주대, 광운대, 국민대, 단국대, 대구가톨릭대, 대구한의대, 덕성여대, 동국대,
동국대(경주), 동덕여대, 동아대, 동의대, 목포대, 부산대, 상지대, 서강대,
서울과학기술대, 서울대, 서울시립대, 서원대, 성균관대, 세종대, 숙명여대, 순천대,
숭실대, 아주대, 연세대, 연세대(미래), 영남대, 울산대, 원광대, 이화여대, 인제대,
인하대, 전남대, 전북대, 제주대, 조선대, 중앙대, 차의과학대, 충남대, 충북대,
한국교원대, 한국항공대, 한림대, 한양대, 한양대(ERICA), 홍익대(59개 대)

탐구　과학

가천대, 가톨릭대, 강릉원주대, 강원대, 건국대, 건양대, 경북대, 경상대,
경성대, 경희대, 계명대, 고려대, 고려대(세종), 고신대, 광운대, 국민대, 단국대,
대구가톨릭대, 대구한의대, 덕성여대, 동국대, 동국대(경주), 동덕여대, 동아대,
부산대, 상지대, 서강대, 서울과학기술대, 서울대, 서울시립대, 성균관대,
성신여대, 세종대, 숙명여대, 순천대, 숭실대, 아주대, 연세대, 연세대(미래),
영남대, 우석대, 울산대, 원광대, 을지대, 이화여대, 인제대, 인천대, 인하대,
전남대, 전북대, 제주대, 조선대, 중앙대, 차의과학대, 충남대, 충북대,
한국교원대, 한국기술교대, 한림대, 한양대, 한양대(ERICA), 홍익대(62개 대)

　서울대는 2021년 7월, 2024학년도 전형안을 예고하였는데 그중 2015 교육과정
에 따른 전공 연계 교과 이수 과목을 제시하였다. 이에 교육과정과 이수 과목의
중요성이 더욱 부각될 것이므로 이수 과목 선택에 신중을 기해야 한다.

　서울대가 제시한 전공 연계 교과 이수 과목은 학생이 희망하는 학과에서 전공
을 공부하는 데 도움이 되는 과목들을 제시한 것이다. 모집단위별 핵심 권장과목
은 학생이 희망하는 전공 분야의 학문적 기초 소양을 쌓을 수 있는 필수 연계

과목이며, 권장과목은 모집단위 수학을 위해 교육과정에서 배우기를 추천하는 과목이기 때문에 가급적 이를 고려하여 과목선택을 하는 것이 필요하겠다.

또한, 전공 연계 교과 이수 과목은 지원자격과 무관하지만 모집단위별 권장 과목의 이수 여부는 수시모집 서류평가 및 정시모집 교과평가에 반영된다고 서울대는 설명하고 있으므로 과목선택을 하는 데 있어 반드시 고려해야 할 요소이다.

많은 학생들이 전공 연계 교과 이수 과목의 수강자 수가 적어서 교과 성취도에서 낮은 등급이 나오는 경우를 생각하여 선택을 하지 않는 경우가 있다. 하지만, 소인수 과목이나 과목 난이도가 높은 과목을 이수하는 학생은 대학에서 학생의 도전정신과 학문 분야에 대한 호기심을 긍정적으로 평가하여 도전하지 않은 학생에 비해 더 좋게 바라본다는 사실을 반드시 생각하여 과목선택을 해주길 바란다.

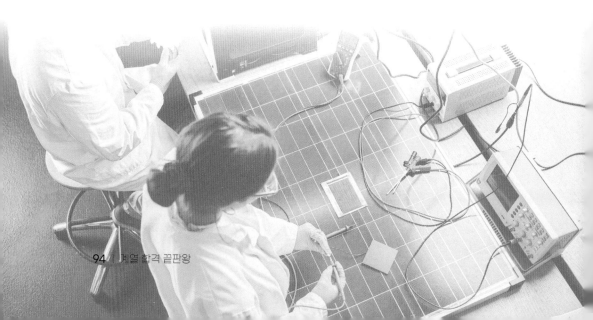

•• 2024 서울대 모집단위별 전공 연계 교과이수 과목 ••

모집단위	핵심 권장과목	권장과목
경제학부		미적분, 확률과 통계
수리과학부	미적분, 확률과 통계, 기하	
통계학과	미적분, 확률과 통계, 기하	
물리·천문학부-물리학전공	물리학II, 미적분, 기하	확률과 통계
물리·천문학부-천문학전공	지구과학 I , 미적분, 기하	지구과학II, 물리학II, 확률과 통계
화학부	화학II, 미적분	확률과 통계, 기하
생명과학부	생명과학II, 미적분	화학II, 확률과 통계, 기하
지구환경과학부	물리학II 또는 화학II 또는 지구과학II, 미적분	확률과 통계, 기하
간호대학		생명과학 I , 생명과학II
공과대학-광역	미적분, 확률과 통계	기하
건설환경공학부	미적분, 기하	확률과 통계
기계공학부	물리학II, 미적분, 기하	확률과 통계
재료공학부	미적분, 기하	물리학II, 화학II, 확률과 통계
전기·정보공학부	물리학II, 미적분	확률과 통계, 기하
컴퓨터공학부	미적분, 확률과 통계	
화학생물공학부	물리학II, 미적분, 기하	화학II 또는 생명과학II
건축학과		미적분
산업공학과	미적분	확률과 통계
에너지자원공학과	물리학II, 미적분, 기하	확률과 통계
원자핵공학과	물리학II, 미적분	
조선해양공학과	물리학 I , 미적분, 기하	확률과 통계
항공우주공학과	물리학II, 미적분, 기하	지구과학II, 확률과 통계
농경제사회학부		미적분, 확률과 통계
식물생산과학부	생명과학II	화학II, 미적분, 확률과 통계, 기하
식품·동물생명공학부	화학II, 생명과학II	
응용생물화학부	화학II, 생명과학II	미적분, 확률과 통계, 기하

모집단위	핵심 권장과목	권장과목
조경·지역시스템공학부	미적분, 기하	물리학II, 확률과 통계
바이오시스템·소재학부	미적분, 기하	물리학II 또는 화학II
지리교육과		한국지리, 세계지리, 여행지리
수학교육과	미적분, 확률과 통계, 기하	
물리교육과	물리학II	미적분, 확률과 통계, 기하
화학교육과	화학II	미적분, 확률과 통계, 기하
생물교육과	생명과학II	화학II, 미적분, 확률과 통계
지구과학교육과	지구과학I	지구과학II, 미적분, 확률과 통계, 기하
식품영양학과	화학II, 생명과학II	
의류학과		화학II, 생명과학II 또는 확률과 통계
수의예과	생명과학II	미적분, 확률과 통계
약학계열	화학II, 생명과학II	미적분, 확률과 통계
의예과	생명과학I	생명과학II, 미적분, 확률과 통계, 기하

과목을 선택하는 데는 설명한 내용 외에도 개인적인 상황에 따라 여러 가지 변수들이 있을 수 있다. 책에서는 과목을 선택할 때 고려해야 하는 사항 중 일부분만 이야기하고 있기 때문에 반드시 가정에서 부모님과 이야기를 나눠보고 궁금한 부분은 학교에서 선생님들과도 깊은 상담을 나눠보는 시간을 충분히 가져야 한다.

나. 공학계열 교과 선택 방법

1) 계열 소개

공학계열은 기술적 문제를 대상으로 하는 학문으로 문제를 발견하고 이에 대한 기술적 해결책을 제시하는 학문이라고 정의할 수 있다.

즉, 공학은 인간의 삶의 질을 향상시키기 위하여 과학적 지식과 기술을 이용하여 인간에게 유용한 제품을 만드는 학문이다.

공학이 수학이나 물리학의 도움을 받아 발전했지만 과학은 아니다. 과학은 자연현상을 발견하고 이해하는 학문 분야지만 공학은 과학을 통해 발견하고 이해하게 된 자연 원리를 인간을 위해 응용하는 학문 분야이다.

2) 전공학과 및 관련학과(일부)

건축공학	건축설비공학과, 건축토목공학부, 건설공학부, 건축시스템공학과, 인간환경융합공학부
기계공학	기계설계공학과, 기계시스템공학과, 기계융합공학과, 자동화시스템과, 지능로봇과
신소재공학	나노신소재공학과, 신소재응용과, 화학신소재학과, 에너지·융합소재공학부
화학공학	화학공학과, 고분자공학과, 생명화학공학과, 화공생명학과
전자공학	전자전기공학과, 스마트전자과, 디지털디스플레이공학전공, 시스템반도체공학과

| 컴퓨터공학 | 멀티미디어공학과, 컴퓨터시스템공학과, IT융합공학부, 융합컴퓨터·미디어학부 |
| 환경공학 | 지구환경과학과, 환경보건학과, 환경생명공학과, 환경시스템공학과, 환경학과 |

출처: 대구광역시교육청 진로진학상담가이드북

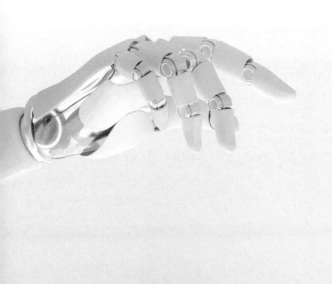
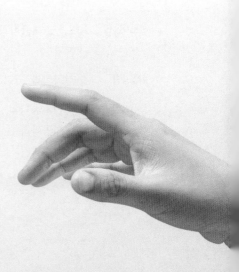

▶▲◀
(1) 공학계열 - 건축공학과

(가) 건축공학과는 어떤 학과일까요?

건축공학과는 국가기간산업인 건설 분야의 건축전문인을 양성하는 것을 목표로 한다. 특히 건축구조, 건축환경/설비, 건축재료 및 건축 시공 분야의 과학적이고 논리적인 지식을 습득하여 이 분야의 지식을 통합할 수 있는 능력을 함양한 유능한 전문건설인력 양성을 목표로 한다.

(나) 어떤 학생에게 어울릴까요?

기초 과학 분야의 기본지식이 있어야 하고 건축학과와 마찬가지로 미적 감각이 있으면 도움이 된다. 건축공학과에서는 건축물을 보다 쾌적하고 편리하게 하기 위해 필요한 설계와 시공을 배우게 되므로 건축뿐만 아니라 기계 분야에 대한 지식과 흥미도 많이 필요하다.

관련 자격	대학에서 배우는 이수 교과목
· 건축기사, 건설안전기사 · 도시계획기사 · 건축설비기사	건축개론, 건축제도, 동역학, 구조역학, 재료역학, 건축재료공학, 건축구조, 건축시공, 건축설비, 건설기술, 건설경영, 건축공학설계 등

(다) 어떤 학생이 선택하면 좋을까요?

★ 과학적이고 공학적 문제해결 능력이 뛰어나다.
★ 건축에 대한 호기심과 공간 지각 능력이 뛰어나다.
★ 부실공사가 생기는 이유에 대해 궁금증을 가지고 있다.
★ 건물이 어떻게 지어지는지에 대해 궁금증을 가지고 있다.
★ 다양한 시각을 가진 다양한 사람들과 이야기 나누는 것을 좋아한다.

(라) 졸업 후에 진로는 어떻게 되나요?

💡 건설회사, 엔지니어링 회사, 설계사무소(환경, 구조 및 설비 분야), 환경 및 설비 관련 회사, 감리 및 CM(Construction Management)회사, 건설안전 및 진단회사, 건설 관련 연구소 또는 건축직 공무원

(출처 : 서울시교육청 2015 개정교육과정 선택과목 안내서, 대구교육청 진로진학상담가이드북, 세종시교육청 전공적성개발 길라잡이)

(마) 건축공학과를 희망하는 학생들의 과목 선택(예시)

전공 적합성과 연관 있는 교과목은 **진하게** 표시함

기초

교과 (군)	공통 과목	선택 과목	
		일반 선택	진로 선택
국어	국어	**화법과 작문**, 독서, **언어와 매체**, 문학	실용 국어, 심화 국어, 고전 읽기
수학	수학	**수학Ⅰ**, **수학Ⅱ**, **미적분**, **확률과 통계**	기본 수학, **실용 수학**, 인공지능 수학, **기하**, 경제 수학, **수학과제 탐구**
영어	영어	**영어 회화**, 영어Ⅰ, **영어 독해와 작문**, 영어Ⅱ	기본 영어, 실용 영어, 영어권 문화, 진로 영어, 영미 문학 읽기
한국사	한국사		

탐구

교과 (군)	공통 과목	선택 과목	
		일반 선택	진로 선택
사회(역사/ 도덕 포함)	통합사회	**한국지리**, **세계지리**, 세계사, 동아시아사, **경제**, 정치와 법, **사회·문화**, 생활과 윤리, 윤리와 사상	여행지리, **사회문제 탐구**, 고전과 윤리
과학	통합과학 과학탐구 실험	**물리학Ⅰ**, **화학Ⅰ**, **생명과학Ⅰ**, **지구과학Ⅰ**	**물리학Ⅱ**, **화학Ⅱ**, 생명과학Ⅱ, **지구과학Ⅱ**, 과학사, **생활과 과학**, 융합과학

교과 (군)	공통 과목	선택 과목	
		일반 선택	진로 선택
체육		체육, 운동과 건강	스포츠 생활, 체육 탐구
예술		음악, 미술, 연극	음악 연주, 음악 감상과 비평 미술 창작, 미술 감상과 비평

생활·교양

교과 (군)	공통 과목	선택 과목	
		일반 선택	진로 선택
기술·가정		**기술·가정**, 정보	농업 생명 과학, **공학 일반**, 창의 경영, 해양 문화와 기술, 가정과학, 지식 재산 일반, 인공지능 기초
제2외국어		독일어 I 일본어 I 프랑스어 I 러시아어 I 스페인어 I 아랍어 I 중국어 I 베트남어 I	독일어 II 일본어 II 프랑스어 II 러시아어 II 스페인어 II 아랍어 II 중국어 II 베트남어 II
한문		한문 I	한문 II
교양		철학, 논리학, 심리학, 교육학, 종교학, 진로와 직업, 보건, **환경**, 실용 경제, 논술	

※ 주의 **반드시 언급한 과목만을 선택할 필요는 없음(단순 예시임)**

건축공학과는 건축학에 대한 기초적인 이해와 더불어 건축 방법, 안전성, 환경 등에 대한 관심을 필요로 하기 때문에 수학, 사회, 과학, 기술가정과 관련하여 과목선택을 하는 것이 유리하다. 친환경 건축에 대한 관심과 실제 건축 공간을 경험하고 분석적으로 바라볼 줄 아는 안목을 바탕으로 수학, 사회, 과학 교과에서 학업능력을 제시할 필요가 있다.

▶▲◀
(2) 공학계열 - 기계공학과

(가) 기계공학과는 어떤 학과일까요?

기계공학은 힘과 운동에 관한 자연현상을 이론 및 실험적인 방법으로 이해하고 인간 생활에 유용한 기계제품을 설계하며 생산하는 과정을 연구하는 학문이다. 그러므로 기계공학 전공 과정에서는 먼저 수학적인 바탕 위에서 물리현상의 원리를 이해하도록 하기 위한 관련된 지식을 가르친다. 또한, 파악된 원리를 공학적으로 산업 현장에서도 응용할 수 있는 제반기술을 가르치고 있다. 세계적인 관점에서 살펴볼 때 기계공학은 산업의 중추적인 역할을 맡고 있으며, 특히 우리나라와 같이 선진국으로 부상하려는 위치에 있는 국가에서는 산업의 생산성 향상과 경쟁력 강화에 있어서 기계공학은 매우 핵심적인 위치에 있다. 기계공학은 중소기업의 부품생산에서 대기업의 기계 플랜트 구성에 이르기까지 그 중요성이 강조되고 있다.

(나) 어떤 학생에게 어울릴까요?

기계공학적 지식과 기술의 응용범위가 무궁무진한 만큼 기계뿐만 아니라 자동차, 전기, 전자 등에도 흥미가 있고 탐구심이 많은 학생에게 좋다. 기계공학의 기본이 되는 수학과 물리학에 대한 이해가 필수이며 기계에 대한 작동원리 등을 탐구하고 분석하는 자세가 요구된다.

관련 자격	대학에서 배우는 이수 교과목
· 기계설비기사, 　메카트로닉스기사 · 생산자동화기사 · 냉동공조기계기사	전기전자공학개론, 유체역학, 고체역학, 동역학, 컴퓨터프로그래밍, 기계진동, 마이크로프로세서 실습, 로봇공학실습, 메카트로닉스실험 등

(다) 어떤 학생이 선택하면 좋을까요?

★ 기계가 움직이는 원리가 궁금하다.
★ 고장난 전자제품을 보면 분해해보고 싶다.
★ 평소에 창의적이며 기발한 아이디어를 많이 생각해 낸다.
★ 물건을 만드는 것을 좋아하며 수학적이고 논리적인 성향을 가지고 있다.

(라) 졸업 후에 진로는 어떻게 되나요?

기업체 기계공학의 비중이 큰 자동차회사, 항공회사, 철강, 조선·발전·플랜트 설비를 다루는 중공업 관련, 전기, 전자, 반도체, 통신, 화공, 금속, 토목, 건축, 섬유 회사 등의 제품설계, 연구 개발과 생산 및 구매, 판매 업무, 정부출연연구소, 변리사, 변호사, 교육기관 등

(출처 : 서울시교육청 2015 개정교육과정 선택과목 안내서, 대구교육청 진로진학상담가이드북,
세종시교육청 전공적성개발 길라잡이)

(마) 기계공학과를 희망하는 학생들의 과목 선택(예시)

전공 적합성과 연관 있는 교과목은 **진하게** 표시함

기초

교과 (군)	공통 과목	선택 과목	
		일반 선택	진로 선택
국어	국어	**화법과 작문**, 독서, **언어와 매체**, 문학	실용 국어, 심화 국어, 고전 읽기
수학	수학	**수학Ⅰ, 수학Ⅱ, 미적분, 확률과 통계**	기본 수학, 실용 수학, 인공지능 수학, **기하**, 경제 수학, **수학과제 탐구**
영어	영어	**영어 회화**, 영어Ⅰ, **영어 독해와 작문**, 영어Ⅱ	기본 영어, 실용 영어, 영어권 문화, 진로 영어, 영미 문학 읽기
한국사	한국사		

교과 (군)	공통 과목	선택 과목	
		일반 선택	진로 선택
사회(역사/ 도덕 포함)	통합사회	한국지리, 세계지리, 세계사, 동아시아사, 경제, 정치와 법, 사회·문화, 생활과 윤리, 윤리와 사상	여행지리, **사회문제 탐구**, 고전과 윤리
과학	통합과학 과학탐구 실험	**물리학 I , 화학 I , 생명과학 I , 지구과학 I**	**물리학 II , 화학 II**, 생명과학 II , 지구과학 II , 과학사, **생활과 과학, 융합과학**

교과 (군)	공통 과목	선택 과목	
		일반 선택	진로 선택
체육		체육, 운동과 건강	스포츠 생활, 체육 탐구
예술		음악, 미술, 연극	음악 연주, 음악 감상과 비평 미술 창작, 미술 감상과 비평

교과 (군)	공통 과목	선택 과목	
		일반 선택	진로 선택
기술·가정		**기술·가정, 정보**	농업 생명 과학, **공학 일반**, 창의 경영, 해양 문화와 기술, 가정과학, 지식 재산 일반, 인공지능 기초
제2외국어		독일어 I 일본어 I 프랑스어 I 러시아어 I 스페인어 I 아랍어 I 중국어 I 베트남어 I	독일어 II 일본어 II 프랑스어 II 러시아어 II 스페인어 II 아랍어 II 중국어 II 베트남어 II
한문		한문 I	한문 II
교양		철학, 논리학, 심리학, 교육학, 종교학, 진로와 직업, 보건, **환경**, 실용 경제, 논술	

※ 주의 **반드시 언급한 과목만을 선택할 필요는 없음(단순 예시임)**

기계공학과는 일상생활 속에서 기계의 작동 원리와 매커니즘, 인간 생활에 유용한 기계의 발명 등에 대해 관심을 필요로 하기 때문에 수학, 과학, 기술가정 관련 교과목들과 관련하여 과목선택을 하는 것이 유리하다. 일상생활 속의 기계 작동 원리에 대한 관심을 제시하고 에너지기술, 나노기술, 스포츠과학기술 등 새로운 기계공학 기술에 대한 관심을 바탕으로 수학, 물리 교과에서 학업능력을 제시할 필요가 있다.

▶▲◀
(3) 공학계열 - 신소재공학과

(가) 신소재공학과는 어떤 학과일까요?

신소재공학의 학문영역은 기본적인 재료의 물리적, 화학적 성질의 이해, 고유기능성, 제품으로의 응용 및 평가와 함께 NT(Nano Technology), BT(Bio Technology), ET(Eco Technology), IT(Infomation Technology) 등 신소재의 미세구조 해석, 제조, 공정 등을 다루는 학문 분야이다. 이를 위하여 신소재 공학과는 전문 지식과 기술, 특히 첨단 고급학문의 이해와 선진기술 개발 등을 수행하는 고급 전문 인력의 양성을 위하여 설립되었다.

(나) 어떤 학생에게 어울릴까요?

소재 및 재료는 기초 과학과 응용과학의 성격이 결합된 것이므로 화학, 물리, 수학 등의 과목에 대한 이해는 기본적으로 필요하다. 따라서 이들 교과목에 흥미가 있는 학생에게 유리한 전공이라 할 수 있다. 또한, 각종 실험과 실습을 하는 과정이 많으므로 분석적 사고력이 있으면 좋다.

관련 자격	대학에서 배우는 이수 교과목
· 금속재료산업기사 · 표면처리산업기사 · 비파괴 검사기사, 　반도체설계산업기사	재료공학원리, 재료물리화학, 재료공학개론, 재료역학개론, 비철합금의 조직과 물성, 주조공학, 표면공학 등

(다) 어떤 학생이 선택하면 좋을까요?

★ 창의적이고 실험정신이 뛰어나다.

★ 주변 사물에 과학적 호기심이 많다.

★ 한국을 주도하는 철강업계의 리더가 되고 싶다.

★ 물리와 화학에 흥미가 있고 더 심화 된 과정을 배우고 싶다.

★ 미래의 신소재개발에 대해 궁금하고 부품 소재에 관심이 많다.

(라) 졸업 후에 진로는 어떻게 되나요?

반도체, 디스플레이, 에너지, 자동차 등의 산업 분야 및 금속, 철강, 세라믹의 소재 산업 분야, 공기업, 공무원

(출처 : 서울시교육청 2015 개정교육과정 선택과목 안내서, 대구교육청 진로진학상담가이드북,
세종시교육청 전공적성개발 길라잡이)

(마) 신소재공학과를 희망하는 학생들의 과목 선택(예시)

전공 적합성과 연관 있는 교과목은 **진하게** 표시함

기초

교과 (군)	공통 과목	선택 과목	
		일반 선택	진로 선택
국어	국어	**화법과 작문**, 독서, **언어와 매체**, 문학	실용 국어, 심화 국어, 고전 읽기
수학	수학	**수학Ⅰ**, **수학Ⅱ**, **미적분**, **확률과 통계**	기본 수학, 실용 수학, 인공지능 수학, **기하**, 경제 수학, **수학과제 탐구**
영어	영어	**영어 회화**, 영어Ⅰ, **영어 독해와 작문**, 영어Ⅱ	기본 영어, 실용 영어, 영어권 문화, 진로 영어, 영미 문학 읽기
한국사	한국사		

탐구

교과 (군)	공통 과목	선택 과목	
		일반 선택	진로 선택
사회(역사/ 도덕 포함)	통합사회	한국지리, 세계지리, 세계사, 동아시아사, 경제, 정치와 법, 사회·문화, 생활과 윤리, 윤리와 사상	여행지리, **사회문제 탐구**, 고전과 윤리
과학	통합과학 과학탐구 실험	**물리학Ⅰ**, **화학Ⅰ**, **생명과학Ⅰ**, **지구과학Ⅰ**	**물리학Ⅱ**, **화학Ⅱ**, 생명과학Ⅱ, 지구과학Ⅱ, 과학사, **생활과 과학**, 융합과학

교과 (군)	공통 과목	선택 과목	
		일반 선택	진로 선택
체육		체육, 운동과 건강	스포츠 생활, 체육 탐구
예술		음악, 미술, 연극	음악 연주, 음악 감상과 비평 미술 창작, 미술 감상과 비평

생활·교양

교과 (군)	공통 과목	선택 과목	
		일반 선택	진로 선택
기술·가정		**기술·가정, 정보**	농업 생명 과학, **공학 일반**, 창의 경영, 해양 문화와 기술, 가정과학, 지식 재산 일반, 인공지능 기초
제2외국어		독일어 I　　일본어 I 프랑스어 I　러시아어 I 스페인어 I　아랍어 I 중국어 I　　베트남어 I	독일어 II　　일본어 II 프랑스어 II　러시아어 II 스페인어 II　아랍어 II 중국어 II　　베트남어 II
한문		한문 I	한문 II
교양		철학, 논리학, 심리학, 교육학, 종교학, 진로와 직업, 보건, **환경**, 실용 경제, 논술	

※ 주의 **반드시 언급한 과목만을 선택할 필요는 없음(단순 예시임)**

　신소재공학은 다양한 소재에 대한 관심뿐만 아니라 새로운 과학 기술을 빠르게 받아들이고 인지할 수 있는 능력 또한 필요하기에 수학, 과학, 기술가정 교과목들과 관련하여 과목선택을 하는 것이 유리하다. 자신의 일상생활 주변에서 물질을 이루는 재료가 어떻게 생성되고 어떤 종류가 있는지에 대한 관찰과 탐구가 필요하다. 또한, 실생활에서 사용되고 있는 다양한 소재에 대한 원리를 잘 이해하고 응용할 수 있는 역량이 요구된다. 이에 수학, 물리, 화학 교과에서 학업능력을 제시할 필요가 있다.

▶▲◀
(4) 공학계열 - 화학공학과

(가) 화학공학과는 어떤 학과일까요?

화학공학은 일상생활에서 다루게 되는 다양한 물질(고체, 액체, 기체)을 제조·가공하여 고부가가치 제품으로 변형시키거나, 혼합·반응·분리·정제 등을 통하여 인류 생활을 윤택하게 하는 학문 분야라고 할 수 있다. 이러한 인류 문명의 발전에 기여하고 있는 화학공학은 21세기로 접어들면서 바이오와 나노기술의 접목, 기존의 화석연료를 대체할 첨단 에너지원의 개발 등에 대한 필요성으로 그 역할이 확대되고 있다. 과학 기술 환경의 변화 흐름에 맞추어 화학공학과는 국가 기술경쟁력의 증강을 위해 새로운 지식 창출과 창조적 인력양성을 준비하는 학과이다.

(나) 어떤 학생에게 어울릴까요?

화학적 이론과 실험을 바탕으로 하기에 기본적으로 화학에 흥미가 있고 제품생산과 관련된 장치 등을 제도, 설계하기 위해서 물리와 수학에 대한 흥미와 재능이 있으면 좋다.

관련 자격	대학에서 배우는 이수 교과목
· 화공기사, 화학분석기사 · 화공산업기사, 산업안전기사 · 위험물산업기사, 화약류제조기사 · 화약류관리기사, 농화학기사	공업수학, 공업물리화학, 공업유기화학, 화공열역학, 화공기초실험, 유기재료, 무기재료, 유체역학, 반응공학, 단위조작, 분석화학, 물리화학, 무기화학, 생화학, 전기화학 등

(다) 어떤 학생이 선택하면 좋을까요?

★ 화학공장 시설을 어떻게 만드는지 궁금하다.
★ 지속적인 연구와 실험에 필요한 끈기가 있다.
★ 스마트폰, TV, 자동차 등의 재료를 어떻게 대량생산하는지 궁금하다.
★ 자동차 연료, 태양전지, 연료전지 등의 에너지를 어떻게 만드는지 궁금하다.
★ 실험실습 시 약품, 가스 등의 해독물질을 접할 때 필요한 세심한 주의력과 판단력이 있다.

(라) 졸업 후에 진로는 어떻게 되나요?

💡 전기/전자 분야, 석유/화학 분야, 신소재/재료 분야, 환경/에너지 분야, 바이오/
의공학 분야 등의 산업 현장 및 기업체 연구소, 국가연구소, 기술 공무원

(출처 : 서울시교육청 2015 개정교육과정 선택과목 안내서, 대구교육청 진로진학상담가이드북,
세종시교육청 전공적성개발 길라잡이)

(마) 화학공학과를 희망하는 학생들의 과목 선택(예시)

전공 적합성과 연관 있는 교과목은 **진하게** 표시함

기초

교과 (군)	공통 과목	선택 과목	
		일반 선택	진로 선택
국어	국어	**화법과 작문**, 독서, **언어와 매체**, 문학	실용 국어, 심화 국어, 고전 읽기
수학	수학	**수학Ⅰ, 수학Ⅱ, 미적분, 확률과 통계**	기본 수학, 실용 수학, 인공지능 수학, **기하**, 경제 수학, **수학과제 탐구**
영어	영어	**영어 회화**, 영어Ⅰ, **영어 독해와 작문**, 영어Ⅱ	기본 영어, 실용 영어, 영어권 문화, 진로 영어, 영미 문학 읽기
한국사	한국사		

탐구

교과 (군)	공통 과목	선택 과목	
		일반 선택	진로 선택
사회(역사/ 도덕 포함)	통합사회	한국지리, 세계지리, 세계사, 동아시아사, 경제, 정치와 법, 사회·문화, 생활과 윤리, 윤리와 사상	여행지리, **사회문제 탐구**, 고전과 윤리
과학	통합과학 과학탐구 실험	**물리학Ⅰ, 화학Ⅰ, 생명과학Ⅰ**, 지구과학Ⅰ	**물리학Ⅱ, 화학Ⅱ, 생명과학Ⅱ**, 지구과학Ⅱ, 과학사, 생활과 과학, 융합과학

교과 (군)	공통 과목	선택 과목	
		일반 선택	진로 선택
체육		체육, 운동과 건강	스포츠 생활, 체육 탐구
예술		음악, 미술, 연극	음악 연주, 음악 감상과 비평 미술 창작, 미술 감상과 비평

생활·교양

교과 (군)	공통 과목	선택 과목	
		일반 선택	진로 선택
기술·가정		**기술·가정**, 정보	농업 생명 과학, **공학 일반**, 창의 경영, 해양 문화와 기술, 가정과학, 지식 재산 일반, 인공지능 기초
제2외국어		독일어 I　　일본어 I 프랑스어 I　　러시아어 I 스페인어 I　　아랍어 I 중국어 I　　베트남어 I	독일어 II　　일본어 II 프랑스어 II　　러시아어 II 스페인어 II　　아랍어 II 중국어 II　　베트남어 II
한문		한문 I	한문 II
교양		철학, 논리학, 심리학, 교육학, 종교학, 진로와 직업, 보건, **환경**, 실용 경제, 논술	

※ 주의 **반드시 언급한 과목만을 선택할 필요는 없음(단순 예시임)**

　화학공학과는 석유화학과 같은 기존의 전통적인 화학공학 분야뿐만 아니라 정보통신, 바이오, 환경, 차세대 에너지, 친환경 산업 등과 관련하여 관심과 이해를 필요로 한다. 그러므로 수학, 과학, 기술가정 교과목들과 관련하여 과목선택을 하는 것이 유리하다. 친환경 에너지 및 화장품 산업과의 관련성에 대한 관심과 고민을 바탕으로 수학과 물리 및 화학 교과에서 학업능력을 제시할 필요가 있다.

▶▲◀
(5) 공학계열 - 전자공학과

(가) 전자공학과는 어떤 학과일까요?

전자공학과에서는 고도로 산업화 된 정보화 시대에 필수적이라 할 수 있는 전자정보, 반도체, 통신, 컴퓨터 분야에 대한 교육과 연구를 수행하고 있다. 주요 교육 및 연구 분야로는 통신공학, 자동제어, 컴퓨터공학, 의용생체, 회로 및 시스템, 신호처리, 반도체, VLSI 설계 등이 있다. 전자공학 전반에 걸쳐 철저한 이론과 개념을 정립할 수 있는 교과목을 제공하고, 창의적인 설계 능력을 배양할 수 있도록 실험 실습을 강화된다. 공학 교육 인증(ABEEK)프로그램을 실시하며 현장실습을 통한 산업체와의 연계 교육 프로그램도 실시하고 있다.

(나) 어떤 학생에게 어울릴까요?

빠르게 발전하고 있는 전기 및 전자 분야의 특성을 이해하고 항상 새로운 것에 호기심과 열정이 있는 학생들에게 적합한 전공이다.

관련 자격	대학에서 배우는 이수 교과목
· 변리사, 전자기사, 전기기사 · 정보통신기사, 방송통신기사 · 무선설비기사, 전파통신기사 · 정보처리기사, 전자계산기기사, 반도체설계기사 등	회로이론, 전자기학, 전자회로, 전자장, 디지털신호처리, 제어공학, 컴퓨터프로그래밍언어, 설계프로젝트 통신이론, 전자응용 설계, 반도체소자공학, 센서공학, 집적회로 등

(다) 어떤 학생이 선택하면 좋을까요?

★ 수학과 물리를 좋아하고 로봇을 설계하고 제어해보고 싶다.
★ 이동통신 또는 무선통신에 관심이 있고 전자공학 관련 다양한 자격증을 취득하여 전자공학 전문가가 되고자 한다.
★ 컴퓨터프로그래밍, 디지털시스템, 임베디드 시스템 등 다양한 실험을 통해 직접 설계하고 디자인하고 만들어 보고자 한다.

(라) 졸업 후에 진로는 어떻게 되나요?

💡 통신 분야, 전자 분야, 반도체 분야의 국가기관연구소나 각종 기업체의 연구소, 개발현장

(출처 : 서울시교육청 2015 개정교육과정 선택과목 안내서, 대구교육청 진로진학상담가이드북,
세종시교육청 전공적성개발 길라잡이)

(마) 전자공학과를 희망하는 학생들의 과목 선택(예시)

전공 적합성과 연관 있는 교과목은 **진하게** 표시함

기초

교과 (군)	공통 과목	선택 과목	
		일반 선택	진로 선택
국어	국어	**화법과 작문**, 독서, **언어와 매체**, 문학	실용 국어, 심화 국어, 고전 읽기
수학	수학	**수학Ⅰ, 수학Ⅱ, 미적분, 확률과 통계**	기본 수학, 실용 수학, 인공지능 수학, **기하**, 경제 수학, **수학과제 탐구**
영어	영어	**영어 회화**, 영어Ⅰ, **영어 독해와 작문**, 영어Ⅱ	기본 영어, 실용 영어, 영어권 문화, 진로 영어, 영미 문학 읽기
한국사	한국사		

탐구

교과 (군)	공통 과목	선택 과목	
		일반 선택	진로 선택
사회(역사/ 도덕 포함)	통합사회	한국지리, 세계지리, 세계사, 동아시아사, 경제, 정치와 법, 사회·문화, 생활과 윤리, 윤리와 사상	여행지리, **사회문제 탐구**, 고전과 윤리
과학	통합과학 과학탐구 실험	**물리학Ⅰ, 화학Ⅰ, 생명과학Ⅰ, 지구과학Ⅰ**	**물리학Ⅱ, 화학Ⅱ**, 생명과학Ⅱ, 지구과학Ⅱ, 과학사, **생활과 과학, 융합과학**

교과 (군)	공통 과목	선택 과목	
		일반 선택	진로 선택
체육		체육, 운동과 건강	스포츠 생활, 체육 탐구
예술		음악, 미술, 연극	음악 연주, 음악 감상과 비평 미술 창작, 미술 감상과 비평

생활·교양

교과 (군)	공통 과목	선택 과목	
		일반 선택	진로 선택
기술·가정		**기술·가정, 정보**	농업 생명 과학, **공학 일반**, 창의 경영, 해양 문화와 기술, 가정과학, 지식 재산 일반, 인공지능 기초
제2외국어		독일어 I　　일본어 I 프랑스어 I　러시아어 I 스페인어 I　아랍어 I 중국어 I　　베트남어 I	독일어 II　　일본어 II 프랑스어 II　러시아어 II 스페인어 II　아랍어 II 중국어 II　　베트남어 II
한문		한문 I	한문 II
교양		철학, 논리학, 심리학, 교육학, 종교학, 진로와 직업, 보건, **환경**, 실용 경제, 논술	

※ 주의 **반드시 언급한 과목만을 선택할 필요는 없음(단순 예시임)**

　전자공학과는 통신, 컴퓨터, 자동제어 등에 대한 이해와 관심뿐만 아니라 일상생활 속의 전자공학적 요소들에 관심을 가지고 분석해보려는 노력이 필요하기에 수학, 과학, 기술가정 교과목들과 관련하여 과목선택을 하는 것이 유리하다. 컴퓨터와 같은 기계를 다루는 데에 흥미가 필요하고 컴퓨터 언어에 대한 관심과 활용 능력을 바탕으로 수학, 물리학, 화학 교과에서 학업능력을 제시할 필요가 있다.

▶▲◀
(6) 공학계열 - 컴퓨터공학과

(가) 컴퓨터공학과는 어떤 학과일까요?

컴퓨터공학은 실생활과 밀접한 필수 분야임과 동시에 무한한 성장 가능성이 열려 있는 살아있는 공학이다. 21세기에는 거의 모든 분야가 컴퓨터공학과 결합되게 되고 이에 따라 새로운 업종, 직업, 서비스 등이 생기고 있다. 미래의 정보기술을 선도하는 컴퓨터공학과는 과학 기술, 사회, 경제, 문화, 예술 등 다양한 분야에서 발전의 원동력 역할을 하고 있는 컴퓨팅 기술을 연구하고 있다. 컴퓨터공학과 학생들은 컴퓨터 설계와 소프트웨어 개발, 동영상/그래픽 멀티미디어 처리, 초고속 인터넷 및 웹 기술, 컴퓨터 보안 기술, 인공지능, 자동화 기술 분야의 핵심적인 교과목들을 이수함으로써 기초학문에 바탕을 둔 실무능력을 갖춘 전문가로 육성된다.

(나) 어떤 학생에게 어울릴까요?

컴퓨터 하드웨어와 다양한 응용소프트웨어에 대한 관심과 흥미가 높아야 하며 공학 및 과학에 근거한 논리적 추리력과 창의력도 필요하다.

관련 자격	대학에서 배우는 이수 교과목
· 정보처리기사, 리눅스 마스터 · 네트워크 관리사, OCJP, LPIC · MCSE, CCNA, OCP · 미디어콘텐츠제작전문가, 게임프로그래밍전문가 등	디지털공학, 소프트웨어공학, 프로그래밍언어, 논리회로, 컴퓨터구조, 알고리즘, 멀티미디어, 마이크로프로세서, 컴퓨터실험, 설계프로젝트, 컴퓨터 네트워크, 웹프로그래밍 등

(다) 어떤 학생이 선택하면 좋을까요?

> ★ 분명한 목표와 미래에 대한 비전을 가지고 있다.
> ★ 어려운 문제에 도전하여 목표를 성취할 수 있는 능력이 있다.
> ★ 통계, 물리 등에 대한 기본지식과 기초 전기전자공학에 대한 지식도 가지고 있다.
> ★ 프로그래밍하는 것이 재미가 있고 편리성과 기능성이 뛰어난 앱을 개발하고 싶다.

(라) 졸업 후에 진로는 어떻게 되나요?

컴퓨터 관련 대기업, 외국 기업, 벤처 기업과 금융계, 공공기관, 국가출연연구소 등에서 프로그래머 및 시스템 전문가 진출, 정보통신, 인터넷, 정보보안, 전자상거래 등의 분야를 비롯하여 웹, 게임, 디지털방송, 멀티미디어, 애니메이션, 그래픽스, 가상현실 관련 분야 진출

(출처 : 서울시교육청 2015 개정교육과정 선택과목 안내서, 대구교육청 진로진학상담가이드북,
세종시교육청 전공적성개발 길라잡이)

(마) 컴퓨터공학과를 희망하는 학생들의 과목 선택(예시)

전공 적합성과 연관 있는 교과목은 **진하게** 표시함

기초

교과 (군)	공통 과목	선택 과목	
		일반 선택	진로 선택
국어	국어	**화법과 작문**, 독서, **언어와 매체**, 문학	실용 국어, 심화 국어, 고전 읽기
수학	수학	**수학 I , 수학 II , 미적분, 확률과 통계**	기본 수학, **실용 수학, 인공지능 수학, 기하**, 경제 수학, **수학과제 탐구**
영어	영어	**영어 회화**, 영어 I , **영어 독해와 작문**, 영어 II	기본 영어, 실용 영어, 영어권 문화, 진로 영어, 영미 문학 읽기
한국사	한국사		

교과 (군)	공통 과목	선택 과목	
		일반 선택	진로 선택
사회(역사/ 도덕 포함)	통합사회	한국지리, 세계지리, 세계사, 동아시아사, 경제, 정치와 법, 사회·문화, 생활과 윤리, 윤리와 사상	여행지리, **사회문제 탐구**, 고전과 윤리
과학	통합과학 과학탐구 실험	**물리학Ⅰ, 화학Ⅰ, 생명과학Ⅰ, 지구과학Ⅰ**	**물리학Ⅱ, 화학Ⅱ**, 생명과학Ⅱ, 지구과학Ⅱ, 과학사, **생활과 과학, 융합과학**

체육·예술

교과 (군)	공통 과목	선택 과목	
		일반 선택	진로 선택
체육		체육, 운동과 건강	스포츠 생활, 체육 탐구
예술		음악, 미술, 연극	음악 연주, 음악 감상과 비평 미술 창작, 미술 감상과 비평

생활·교양

교과 (군)	공통 과목	선택 과목	
		일반 선택	진로 선택
기술·가정		**기술·가정**, 정보	농업 생명 과학, **공학 일반**, 창의 경영, 해양 문화와 기술, 가정과학, 지식 재산 일반, **인공지능 기초**
제2외국어		독일어Ⅰ 일본어Ⅰ 프랑스어Ⅰ 러시아어Ⅰ 스페인어Ⅰ 아랍어Ⅰ 중국어Ⅰ 베트남어Ⅰ	독일어Ⅱ 일본어Ⅱ 프랑스어Ⅱ 러시아어Ⅱ 스페인어Ⅱ 아랍어Ⅱ 중국어Ⅱ 베트남어Ⅱ
한문		한문Ⅰ	한문Ⅱ
교양		철학, 논리학, 심리학, 교육학, 종교학, 진로와 직업, 보건, **환경**, 실용 경제, 논술	

컴퓨터공학과는 인공지능, 로봇, 산업 자동화 등에 대한 이해와 관심 외에도 컴퓨터 언어에 대한 관심과 활용을 필요로 하기 때문에 수학, 과학, 기술가정 교과목들과 관련하여 과목선택을 하는 것이 유리하다. 문제 해결을 위한 논리적 사고와 분석력, 정확한 판단력이 필요하고 컴퓨터 언어에 대한 관심과 활용 능력, 소프트웨어의 활용 및 개발에 대해 관심과 고민을 바탕으로 수학, 물리, 정보 교과에서 학업능력을 제시할 필요가 있다.

▶▲◀ (7) 공학계열 - 환경공학과

(가) 환경공학과는 어떤 학과일까요?

환경공학과는 국가의 지속 가능한 성장과 개발을 주도할 환경전문가로서의 폭넓은 자질을 함양시키는 것이 교육목표이다. 생산성 향상과 환경 친화성을 조화시킬 수 있는 통합 기초교육과 세부적인 환경문제를 진단하고 해결할 수 있는 응용기술을 교육한다. 학부과정에서는 공학 전반을 이해할 수 있는 공학의 기초이론, 사회기반과 생산현장을 파악할 수 있는 시스템 및 공정의 공학적 응용이론을 교육 제공한다. 환경의 세부 영역인 상수 및 하수, 상업 용수 및 폐수, 토양 및 지하수, 일반 혹은 산업 폐기물, 대기오염물질 등의 모니터링, 처리·복원·사전예방 등과 관련된 첨단 복합 기술의 개발·설계·시공 및 운전 등을 습득할 수 있는 교육프로그램을 제공한다. 특히, 대학원 과정을 통해 수질 관리, 수처리, 고도처리, 대기오염, 폐기물, 환경복원 등을 담당할 세부 영역의 전문가를 육성하고자 한다.

(나) 어떤 학생에게 어울릴까요?

환경에 대한 관심과 사명감이 있어야 하며 지적 호기심이 많고 체계적이고 합리적이며 종합적인 사고를 가진 학생에게 적합하다.

관련 자격	대학에서 배우는 이수 교과목
· 대기환경기사, 수질환경기사 · 토양환경기사, 소음진동기사 · 폐기물처리기사 · 자연생태복원기사	환경과학개론, 환경생물학, 생태학개론, 지구환경입문, 수질분석, 폐기물분석, 대기오염관리, 폐수처리실습, 환경관리학, 환경정책학 등

(다) 어떤 학생이 선택하면 좋을까요?

★ 문득 우리가 마시는 물이 정말 깨끗한지 의문이 든다.
★ 환경 전반을 이해할 수 있는 폭넓은 시야를 가지고 있다.
★ 소음이나 악취가 참을 수 없어 이것을 없애는 방법을 고민해본 적이 있다.
★ 평소 버려지는 음식물이나 폐기물이 어디로 운반되어 가는지 물어본 적이 있다.

(라) 졸업 후에 진로는 어떻게 되나요?

대기업 엔지니어링 및 건설사, 환경관련 공사 및 연구소, 지방 및 중앙정부 기관

(출처 : 서울시교육청 2015 개정교육과정 선택과목 안내서, 대구교육청 진로진학상담가이드북,
세종시교육청 전공적성개발 길라잡이)

(마) 환경공학과를 희망하는 학생들의 과목 선택(예시)

전공 적합성과 연관 있는 교과목은 **진하게** 표시함

기초

교과 (군)	공통 과목	선택 과목	
		일반 선택	진로 선택
국어	국어	**화법과 작문**, 독서, **언어와 매체**, 문학	실용 국어, 심화 국어, 고전 읽기
수학	수학	**수학 I, 수학 II, 미적분, 확률과 통계**	기본 수학, **실용 수학**, 인공지능 수학, **기하**, 경제 수학, **수학과제 탐구**
영어	영어	**영어 회화**, 영어 I, **영어 독해와 작문**, 영어 II	기본 영어, 실용 영어, 영어권 문화, 진로 영어, 영미 문학 읽기
한국사	한국사		

교과 (군)	공통 과목	선택 과목	
		일반 선택	진로 선택
사회(역사/ 도덕 포함)	통합사회	**한국지리**, **세계지리**, 세계사, 동아시아사, **경제**, 정치와 법, 사회·문화, 생활과 윤리, 윤리와 사상	**여행지리**, **사회문제 탐구**, 고전과 윤리
과학	통합과학 과학탐구 실험	**물리학 I**, **화학 I**, **생명과학 I**, **지구과학 I**	**물리학 II**, **화학 II**, **생명과학 II**, **지구과학 II**, 과학사, **생활과 과학**, **융합과학**

교과 (군)	공통 과목	선택 과목	
		일반 선택	진로 선택
체육		체육, 운동과 건강	스포츠 생활, 체육 탐구
예술		음악, 미술, 연극	음악 연주, 음악 감상과 비평 미술 창작, 미술 감상과 비평

교과 (군)	공통 과목	선택 과목	
		일반 선택	진로 선택
기술·가정		**기술·가정**, 정보	농업 생명 과학, **공학 일반**, 창의 경영, 해양 문화와 기술, 가정과학, 지식 재산 일반, 인공지능 기초
제2외국어		독일어 I　　　일본어 I 프랑스어 I　　러시아어 I 스페인어 I　　아랍어 I 중국어 I　　　베트남어 I	독일어 II　　　일본어 II 프랑스어 II　　러시아어 II 스페인어 II　　아랍어 II 중국어 II　　　베트남어 II
한문		한문 I	한문 II
교양		철학, 논리학, 심리학, 교육학, 종교학, 진로와 직업, 보건, **환경**, 실용 경제, 논술	

※ 주의 **반드시 언급한 과목만을 선택할 필요는 없음(단순 예시임)**

환경공학과는 환경의 과학적 측면뿐만 아니라 사회, 경제, 문화 등과 환경과의 관련성에 관심을 가지고 이해하려는 노력을 필요로 하기 때문에 수학, 사회, 과학, 기술가정 교과목들과 관련하여 과목선택을 하는 것이 유리하다. 환경 관련 활동 사례를 제시할 필요가 있고 인간과 자연의 공존, 환경의 지속 가능성에 대한 관심과 이해를 바탕으로 수학 및 사회, 과학 교과에서 학업능력을 제시할 필요가 있다.

지금까지 여러분들의 선택과목에 대한 고민을 해결할 방법에 대해 팁을 제공해주었다. 선택과목을 고르는 데 있어서 우선으로 고려해야 할 부분은 세 가지이다. '나와 어울리는가?', '내가 얼마나 관심이 있는가?', '내가 현재 어떤 위치에 있는가?' 이다. 즉, 자신의 적성과 흥미 및 성적 수준을 고려해서 본인에게 잘 맞는 것을 고르는 것이 가장 기본이며 현명한 선택의 방법이 될 것이다.

단원을 마치며

2015 개정교육과정에 따라 자신의 진로와 본인이 대학에서 전공하고자 하는 학과에 맞춰 교과선택을 하는 것은 매우 중요한 부분이다. 지금까지 자신의 진로와 적성에 맞춰 효과적으로 과목 선택하는 방법에 대해 계열별·학과별로 소개를 하였다.

최근 건국대·경희대·연세대·중앙대·한국외대는 공동연구를 통해 'new 학생부종합전형 공통 평가요소 및 평가항목'을 발표하였다. 기존의 평가항목이었던 학업역량, 전공적합성, 인성, 발전가능성이 학업역량, 진로역량, 공동체역량으로 재구성되었다. 이 중 진로역량에서 자신의 진로와 전공(계열)에 관한 탐색 노력과 준비 정도를 파악하는 데 있어 고교 교육과정에서 전공(계열)에 필요한 과목을 적절하게 선택하였는지가 매우 중요하다는 것을 또 한 번 확인할 수 있다.

학생부종합전형 공통 평가요소 및 평가항목

 학업역량 대학 교육을 충실히 이수하는 데 필요한 수학 능력

1. 학업성취도	2. 학업태도	3. 탐구력
고교 교육과정에서 이수한 교과의 성취수준이나 학업 발전의 정도	학업을 수행하고 학습해 나가려는 의지와 노력	지적 호기심을 바탕으로 사물과 현상에 대해 탐구하고, 문제를 해결하려는 노력

 진로역량 자신의 진로와 전공(계열)에 관한 탐색 노력과 준비 정도

1. 전공(계열) 관련 교과 이수 노력	2. 전공(계열) 관련 교과 성취도	3. 진로 탐색 활동과 경험
고교 교육과정에서 전공(계열)에 필요한 과목을 선택하여 이수한 정도	고교 교육과정에서 전공(계열)에 필요한 과목을 수강하고 취득한 학업성취 수준	자신의 진로를 탐색하는 과정에서 이루어진 활동이나 경험 및 노력 정도

 공동체역량 공동체의 일원으로서 갖춰야 할 바람직한 사고와 행동

1. 협업과 소통능력	2. 나눔과 배려
공동체의 목표를 달성하기 위해 협력하며, 구성원들과 합리적인 의사소통을 할 수 있는 능력	상대방을 존중하고 이해하여 원만한 관계를 형성하며, 타인을 위하여 기꺼이 나누어 주고자 하는 태도와 행동
3. 성실성과 규칙준수	4. 리더십
책임감을 바탕으로 자신의 의무를 다하고, 공동체의 기본 윤리와 원칙을 준수하는 태도	공동체의 목표 달성을 위해 구성원들의 상호작용을 이끌어가는 능력

출처: NEW 학생부종합전형 공통 평가요소 및 평가항목, 건국대·경희대·연세대·중앙대·한국외대

결국, 자기 주도적 진로설계 과정에서 학생의 과목선택이 중요해지는 교육과정의 변화를 반영한 연구 결과라 앞으로 과목선택의 중요성은 평가요소로서 더 큰 영향력을 미칠 것이다.

그리고 학업역량, 진로역량, 공동체역량을 확인할 수 있는 중요한 활동 중 하나는 바로 학생 개인이 주도적으로 실시한 탐구활동이다. 탐구활동이란 어떤 대상에 관해 지적 호기심을 두어 깊고 폭넓게 탐구할 수 있는 능력을 의미하는데 최근 탐구활동 평가에서 대학은 교실수업을 통한 성장 과정에 주목한다. 교과 수업 내용에 대해 연계적 질문이나 새로운 문제해결 방법을 찾고자 노력했는지, 자신의 진로와 관련하여 어떤 수업을 수강하였고, 수업에서 이루어지는 다양한 탐구활동에 자발적으로 참여하였는지, 수업에서 가진 궁금증을 풀어보고 싶거나 자신의 역량을 기르기 위해 학교의 어떤 프로그램으로 관심을 확장해 나갔는지를 종합적으로 판단한다. 결국, 학생부종합전형을 준비하는 학생들에게 탐구활동이 미치는 영향력은 크기 때문에 다음 장에서는 과제탐구를 어떻게 준비하고 어떻게 수행할 것인가에 대해 알아보고자 한다.

4

과제탐구

과제탐구

가. 과제탐구의 의미

1) 두려움에서 벗어나야 답이 보인다.

대학은 연구자를 길러내기 위해 학생들을 선발한다. 연구자가 될 자질과 역량을 갖춘 사람을 선발하여 연구자로 키우는 곳이다. 특히, 대학에서는 연구 동기, 연구 질문, 연구 방법, 질문에 대한 결론, 후속 활동의 5단계 중 연구 방법이 정교해진다. 따라서 대학이 고등학생들에게 관심을 갖고 평가하는 것은 얼마나 대단한 연구를 했는가가 아니다.

대학은 학생의 연구가 어떠한 계기로 시작을 하게 되었을까를 통해 학생의 지적 호기심과 논리성을 파악한다. 그리고 결론을 짓는 방법을 통해서 학생의 리더십과 소통 능력, 분석력 등을 평가하게 된다. 후속 활동은 학생이 지닌 연구자로서의 자질을 평가할 수 있다. 연구방법은 어느 정도 타당성이 있는가 정도로 해석된다. 호기심 해결과 창의적인 주제선정은 평가자들에게 좋은 평가를 받을 수 있다.

탐구 활동에서 어떤 주제로 탐구할 것인가 고민하게 된다. 주제선정의 문제다. 내가 궁금한 것들을 정리해 보고, 그중에서 설문 조사나 간단한 과학실험 같은 고등학생이 할 수 있는 방법으로 알아낼 수 있는 참신한 주제를 고른다면 본인의 훌륭한 자질과 역량을 보여줄 수 있는 탐구보고서를 작성할 수 있다.

탐구 활동의 시작은 정교함이 아니다. 탐구 활동은 호기심 해결과 창의적인 아이디어에서 시작한다.

2) 과제탐구 목적

대입 공정성 강화 방안에 따라 대입에 반영되는 서류 항목과 분량이 축소되었다. 평가되는 학생부의 항목이 줄었고, 자기소개서는 폐지되었다. 학생들의 입시 부담감을 줄였다고 하지만 오히려 학생의 역량을 보여줄 내용이 축소되었다고 할 수 있다.

이에 대한 학생의 역량을 보여줄 방안으로 탐구 활동을 추천한다. 탐구활동이란 교과수업을 통해 진행되는 프로젝트나 수행평가 등을 활용해 자료를 조사하고 주제를 선정해 탐구하고, 발표, 결과물을 내는 일련의 활동을 말한다.

현재의 학생부종합전형에서는 교과성적, 교과별 세부능력 및 특기사항과 선택 과목의 영향력이 상대적으로 높아질 것으로 여겨진다.

과목 선택이나 세부능력 및 특기사항은 교과 성적에 아직 반영되지 못한 학생의 역량이나 강점을 보여줄 수 있다. 관심 분야의 과목이나 어렵더라도 대학 공부에 필요한 과목을 선택하고, 수업을 잘 소화했다면 좋은 평가를 받을 수 있다.

거기에 교과 수업 안에서 이뤄지는 과제탐구 활동을 활용해 보자. 학교 안에서 수업시간 혹은 그 연장선에서 주제를 찾아 자료를 조사해 발표하고 산출물을 내는 형태의 프로젝트 활동을 통해 탐구보고서를 작성해보자. 그 과정에서 학생들이 작성한 자기 평가서나 동료 평가서, 조사 및 발표 활동을 요약하거나 결과물을 담은 포스터, 또는 소감문, 보고서 등은 세부능력 및 특기사항에 학생의 역량을 잘 보여줄 수 있는 자료가 된다.

나. 과제탐구 단계

　　과제탐구 과정은 분야에 따라 약간의 차이는 있지만, 일반적으로 다음과 같은 방식을 취한다. 연구주제를 선정하고 다음으로 주제에 대한 관련 이론 및 선행연구를 조사한다. 그리고 연구문제를 설정한 후 연구문제에 대한 답을 구하거나 검증을 위한 연구방법을 결정한다. 연구방법이 결정되면 데이터 및 관련 자료를 수집해 자료를 분석하고 해석하여 결과를 도출한 결론 및 제언으로 마무리한다.

1) 연구주제

　　과제탐구의 첫 단계는 연구의 주제를 선정하는 것이다. 연구주제는 개인적 경험, 호기심, 관심, 흥미로부터 출발하고, 사회적 시의성을 갖는 주제도 괜찮다.

가) 연구주제 탐색 방법

　　연구주제는 일상생활에 있어 문제의식을 가지고 조사 가능한 주제를 구체적으로 찾아야 한다. 주제를 찾을 때는 나와 관련된 주제부터 접근하는 것이 좋다. 내가 좋아하는 교과에서 시작하여 호기심 해결이나 심화된 연구주제를 선택한다면 나의 학업역량을 보여주기 좋을 것이다. 그리고 평소 흥미를 갖게 된 것들이 무엇인지 생각을 해보고 관련된 주제를 확장하는 것도 좋은 방법이다. 나의 진로와 연계된 관련 분야를 찾아서 주제를 확장한다면 전공 적합성을 표현할 수 있다.

　　그러면 좋은 연구주제란 무엇일까?

　　평소에 관심을 가지고 있는 주제이거나, 나의 진로와 관련성이 높은 주제, 고등학교 수준에서 연구하고 문제해결이 가능한 주제, 그리고 연구할 만한 가치가 있는 주제가 될 것이다.

(1) 내가 좋아하는 교과에서 관심 분야 주제를 찾아보자.

　좋아하는 교과의 단원을 보면서 주제를 확장해가는 방법이 있다. 국가 교육과정 정보센터(NCIC)에서 2015 교육과정 과목별 내용 체제를 확인하고 단원별 주제를 확장해 보자.

국가교육과정 정보센터 활용

국가교육 정보원 사이트에 접속하여 교육과정 원문 및 해설서를 살펴보자

예) 통합사회

[3. 사회 변화와 공존]

(7) 문화와 다양성

이 단원은 "다양한 문화권의 특징은 무엇이며, 문화 다양성을 어떻게 유지해야 할까?"라는 핵심 질문의 답을 찾아가는 과정으로, 이 단원에서는 문화의 형성과 교류를 통해 나타나는 다양한 문화권과 다문화 사회를 이해하기 위해서는 바람직한 문화 인식 태도가 필요함을 파악하고자 한다.

[10통사07-01] 자연환경과 인문환경의 영향을 받아 형성된 다양한 문화권의 특징과 삶의 방식을 탐구한다.

[10통사07-02] 문화 변동의 다양한 양상을 이해하고, 현대사회에서 전통문화가 갖는 의의를 파악한다.

[10통사07-03] 문화적 차이에 대한 상대주의적 태도의 필요성을 이해하고, 보편 윤리의 차원에서 자문화와 타문화를 성찰한다.

[10통사07-04] 다문화 사회에서 나타날 수 있는 갈등을 해결하기 위한 방안을 모색하고, 문화적 다양성을 존중하는 태도를 갖는다.

(가) 학습 요소

문화권, 문화 변동, 문화 상대주의, 보편 윤리, 다문화 사회

(나) 성취기준 해설

[10통사07-01]에서 문화권은 문화적 특성이 유사하게 나타나는 지표 공간을 의미하는데, 문화권의 형성에 영향을 주는 요인으로 자연환경은 기후와 지형을, 인문환경은 종교와 산업에 초점을 두어 다룬다. 그리고 자연환경과 인문환경의 영향을 받아 형성된 다양한 문화권의 특징과 삶의 방식은 비교 문화의 관점에서 고찰하도록 한다.

[10통사07-02]에서는 문화 병존, 문화 융합, 문화 동화 등 문화 변동의 다양한 양상을 구체적인 사례를 통해 다루도록 하며, 현대사회에서 전통문화가 갖는 의의와 더불어 전통문화를 창조적으로 계승·발전시키기 위한 방안에 대해서도 언급한다.

[10통사07-03]에서는 지역에 따라 문화적 차이가 나타나는 맥락을 파악하게 함으로써 문화 상대주의의 필요성을 인식할 수 있도록 하며, 자문화와 타문화를 보편 윤리 차원에서 성찰함으로써 극단적 문화 상대주의로 흐르지 않도록 경계한다.

[10통사07-04]에서는 다문화 사회의 갈등 해결 방안을 다룰 때, 다문화 사회의 갈등만을 부각하기보다는 긍정적 측면도 함께 다루면서 다문화 사회의 모습을 다룰 수 있도록 한다. 그리고 다문화 사회의 갈등 해결 방안은 문화 다양성의 존중과 관련지어 모색하도록 한다.

탐구 주제 및 활동(예시) 🚩

· 문화권별로 정치, 경제, 종교 등의 측면에서 어떤 특징이 나타나고 있는지를 조사하고, 이를 세계지도에 나타낸다.(성취기준 [10통사07-01])

· 과거 다양한 문화권에서 민족과 종교의 공존을 지향한 사례(서아시아와 남아시아 등)를 조사하고, 해당 지역의 현재 사회에서 찾아볼 수 있는 다양한 문화에 대해 발표한다. (성취기준 [10통사07-01])

· 각 지역에 나타난 문화 경관 사례(강화도의 성공회 성당 등)를 문화 변동 양상과 관련지어 분석한다. (성취기준 [10통사07-02])

· 다문화 사회의 갈등을 해소하기 위한 다양한 관점을 드러내는 글을 분석하게 한 후, 어떤 관점이 미래 한국 사회의 통합에 가장 바람직한지를 논술한다.(성취기준 [10통사07-03], [10통사07-04])

· 우리나라가 다문화 사회로 변화하면서 달라진 점(외국 음식점, 다문화 지원 정책, 광고 등)을 조사하여 이러한 변화가 가져온 긍정적 측면과 부정적 측면을 비교한다.(성취기준 [10통사07-04])

(2) 내가 흥미롭게 생각하는 관심사를 찾아보자.

내 주변에서부터 시작하는 관심 있는 연구주제나 주변에서 접할 수 있는 관심 있는 키워드를 통해 연구주제를 찾아보자. 빅카인즈(https://www.bigkinds.or.kr)에서 관심 있는 키워드 입력을 통해 뉴스 기사를 찾아보자.

빅카인즈 활용

나의 관심 뉴스를 검색할 수 있다.

오늘의 이슈 및 오늘의
키워드를 확인할 수 있다.

키워드를 통해 주제를 확장해 볼 수 있다.

(3) 진로 분야에 대한 관심사를 찾아보자.

자신의 진로에 대한 정확한 정보를 확인하고 관련된 키워드를 찾아 워크넷
(https://www.work.go.kr)에서 진로에 관련된 정보를 찾아보자.

워크넷 활용

워크넷에 접속해보자.

자신의 직업과 진로에 대한 정보를 확인해보자.

직업인 인터뷰를 통해 자신의 미래를 계획해보자.

학과소개 영상을 확인하고 본인의 학과에 대한 선배와 멘토의 이야기를 들어보자.

나) 연구주제의 확장

연구주제를 확장해 무엇을 할 것인가? 그리고 탐구 주제의 키워드를 구체화하고 키워드 간의 관계를 확인하면서 주제를 구체화하는 방법에 대해 알아보자.

주제에 대한 기본 정보는 인터넷포털 정보검색을 통해 확인할 수 있다.

연구주제는 내가 관심 있는 키워드에서 시작되며, 처음부터 완벽한 형태로 나타내기 어렵다. 연구주제는 키워드로 설명되지 않고 키워드를 통해 나타나는 여러 가지의 현상을 표현한다. 하지만 관심 키워드에 대한 정보 역시 매우 단편적이기 때문에 다양한 도구를 활용하여 정보를 충분히 수집해야 한다. 이때 사용되는 방법이 인터넷을 통한 정보검색이다.

인터넷 정보검색의 경우 다양한 정보를 확인할 수 있지만, 부정확한 내용과 정보일 경우 탐구보고서를 작성하기에 어려울 수 있으니 관심 키워드에 대한 단순한 정보 확장에만 활용하는 것으로 한다. 좋은 정보검색 능력은 연구주제를 결정하거나 본문을 작성하기 위한 정보검색에도 직접적인 영향을 준다.

다) 관심 키워드에 대한 정보의 확장

브레인스토밍은 키워드에 대해 생각할 수 있는 모든 정보를 편견 없이 수집할 수 있는 좋은 활동이다. 특히 혼자만의 정보보다는 다른 사람의 정보를 확인하는 과정에서 정보가 확장된다. 자신이 생각하지 못한 다양한 정보를 통해 연구주제 선정에 직접적으로 도움이 된다. 정보 확장을 위해 많은 사람과 브레인스토밍을 해 보자.

라) 확장된 정보의 정리

아이디어는 갑자기 떠오르지 않으며 설령 떠오르더라도 양질의 아이디어를 찾기 어렵다. 거듭되는 시행착오로 효율성이 떨어지고 시간적인 소모도 많을 수 있다. 하지만 창의적인 아이디어 발상은 훈련과 학습을 통해 얻어낼 수 있다.

마인드맵은 다양하게 모은 정보를 관계성을 고려하여 나뭇가지처럼 재정리하는 활동이다. 브레인스토밍이 키워드와 관련된 다양한 정보를 수집하는 활동이라면, 마인드맵은 모은 정보를 정리하는 활동이다. 브레인라이팅은 다수가 함께 하는 아이디어 창출 작업에서 각자의 의견을 글로 표현하여 소수의 의견도 반영할 수 있도록 하는 방법이며, 체크리스트법은 사전에 준비된 항목을 바탕으로 질문에 집중된 답을 얻을 수 있는 방법이다. 이와 같이 정보를 정리하는 방법에는 여러 가지가 있으므로 상황에 맞는 방법을 선택하여 아이디어를 모은다. 이렇게 정리된 내용을 포함할 수 있는 제목이 연구주제가 되고, 탐구보고서의 목차가 된다.

마인드맵	마인드맵은 자신의 생각을 종이 위에 지도 그리듯이 이미지화시켜 창의적인 아이디어를 얻는 발상법
브레인스토밍	일정한 주제에 관하여 팀원의 자유스러운 발언을 통해 아이디어를 수집하여 해결점을 찾아가는 방법
브레인라이팅	라이팅(Writing)을 이용하여 침묵 속에서 진행되어 개인사고 발상을 최대한 살릴 수 있는 집단 발상법
체크리스트법	사전에 체크 할 사항을 준비하여 그것에 집중적으로 생각하는 아이디어 발상법

아이디어 발상법

(1) 브레인스토밍(Brainstorming) ●

(가) 브레인스토밍이란?

일정한 주제에 관하여 팀원의 자유로운 발언을 통해 아이디어를 수집하여 해결점을 찾아가는 방법이다. 브레인스토밍(Brainstorming)은 두뇌(Brain)와 폭풍(Storming)의 합성어로 두뇌에 폭풍이 몰아치듯이 아이디어를 제시한다는 뜻이다. 브레인스토밍은 개인보다 팀별로 사용되는 아이디어를 창출하는 기법으로 문제에 대한 대안적인 해결안과 개선을 위한 아이디어를 찾기 위해 주로 사용된다. 집단의 효과를 살리고 아이디어의 연쇄반응을 불러 일으켜 많은 수의 아이디어를 생성할 수 있다. 한 사람보다 다수가 제기한 아이디어가 많으며 수가 많아질수록 질적으로 우수한 아이디어가 나올 가능성이 높다는 것을 전제로 한다.

(나) 브레인스토밍의 중요 원칙

· 자신의 의견이나 타인의 의견에 대해서 일체의 판단이나 비판을 의도적으로 금지
· 아이디어를 내는 동안에는 평가해서는 안되며 아이디어가 다 나올 때까지 평가 보류
· 아이디어의 질보다 양이 중요하며 최대한 많은 양의 아이디어 발굴
· 아이디어를 결합하거나 개선하여 제3의 아이디어로 발전

(다) 브레인스토밍 진행 방법

· 일반적으로 4~8명이 회의를 진행하며 10명이 넘어갈 경우에는 회의가 어려워질 수 있음
· 되도록 다른 분야의 사람들이 모이는 것이 이상적임
· 서로 평등한 위치에서 회의 진행(상호 존칭 사용)
· 사전의 회의 안건을 미리 공유하는 것이 좋음
· 서로의 얼굴이 잘 보이도록 둘러앉고 주제에 대한 구체적인 회의 진행
· 회의가 끝난 후 제시된 아이디어 중 좋은 아이디어 선택

(라) 사회자의 역할

· 주제에 대한 정확한 제시
· 회의 참가자가 자연스럽게 회의에 참여할 수 있도록 회의 전체 주관
· 소수 몇 명이 회의 분위기를 장악하지 않도록 분위기 형성
· 기록자를 지정하여 아이디어를 문서로 작성
· 충분히 주제에 대한 아이디어가 모였으면 다른 주제로 화제 전환

(2) 브레인라이팅(Brain Writing-BW기법) ●●

(가) 브레인라이팅이란?

글쓰기(Writing)를 이용하여 침묵 속에서 진행되어 개인의 사고 발상을 최대한 살릴 수 있는 집단 발상법을 말한다.

아이디어가 모이면서 발전시키고 결합하는 방식으로 새 아이디어를 낸다. 이 방법은 처음부터 끝까지 침묵한 상태에서 실시하며 각 참가자들이 아이디어를 '글쓰기'라는 방법을 통해 창출하는 방법이다. 구성원들 모두 원활하게 참여할 수 있으며 모든 참가자가 아이디어를 공유할 수 있다. 브레인스토밍과는 달리 개별적으로 아이디어를 종이에 기록하기 때문에 소수의 몇 사람에게 회의가 지배되지 않는 장점이 있다.

(나) 브레인라이팅의 중요 원칙

· 브레인라이팅은 말을 하지 않고 메모를 통해 진행되기 때문에 익명성이 보장됨
· 메모로 아이디어를 교류하기 때문에 서로 간의 마찰이나 상하 계층 간의 위협이 방지됨
· 깊이 있는 발전된 아이디어 발상이 가능함(충분히 생각할 수 있는 시간 제공)
· 타인의 아이디어를 확인할 수 있으며 회의 과정 중에 아이디어가 수정, 개선됨(아이디어의 발상과 수정, 개선이 동시에 이루어짐)

(다) 브레인라이팅 진행 방법

· 단체일 경우 4~6명의 소그룹으로 세분화시킴
· 소그룹은 회의 안건이 적혀있는 워크시트(Worksheet)를 제공 받음
· 용지에 안건의 아이디어를 적고 테이블에 용지를 제출함
· 다른 사람의 아이디어에서 힌트를 얻어 아이디어를 발상하고 작성함
· 자신이 생각한 아이디어를 이미 다른 사람이 적었다면 이를 참고해서 구체화시킴

(라) 사회자의 역할

· 주제에 대한 정확한 제시
· 회의 참가자가 자연스럽게 회의에 참여할 수 있도록 회의 전체 주관
· 모든 팀원이 참여할 수 있도록 워크시트 교환 및 분배 주관
· 회의 시간 통제
· 최종적인 아이디어 정리 주관

(3) 체크리스트법(Check List Method) ●

(가) 체크리스트법이란?

사전에 체크 할 사항을 준비하여 그것에 집중적으로 생각하는 아이디어 발상법을 말한다. 시간을 단축시킬 수 있으며 체계적으로 아이디어 발상 과정을 확인하며 진행할 수 있다. 주어진 질문에 따라 사고를 전개시켜 문제의식을 습관화하는 발상법이다.

스캠퍼(SCAMPER) : 체크리스트법을 보완하여 발전시킨 형태로 사고의 영역을 사전에 제시함으로써 그 범위 안에서 창의적인 아이디어를 유도하는 아이디어 창출법)

(나) 스캠퍼(SCAMPER)의 7대 기법

대체
Substitute
● **기존의 것을 다른 것으로 대체**
예시 전기자동차 : 연료를 휘발유에서 전기로 대체

결합
Combine
● **두 가지 이상의 것들을 결합**
예시 복합기 : 복사기, 팩스기, 스캐너 결합
지우개 연필 : 지우개, 연필 결합

응용
Adapt
● **분야의 조건이나 목적에 맞게 응용**
예시 내비게이션 : 종이지도를 전자방식으로 응용

변형
Modify
● **특징이나 생김새를 변형 확대 또는 축소**
예시 아이패드 : 컴퓨터와 노트북을 간소화

다른 용도
Put to other use
● **다른 용도로 사용될 아이디어**
예시 열차 식당 : 열차를 식당으로 이용

제거
Eliminate
● **일부분을 제거**
예시 오픈카 : 지붕 제거

뒤집기
Reverse
● **뒤집어 생각하기, 역으로 배열**
예시 양말 → 장갑

(4) 마인드맵(Mind Map Method) ⦿⦿

(가) 마인드맵이란?

마인드맵은 자신의 생각을 종이 위에 지도 그리듯 이미지화시켜 창의적인 아이디어를 얻는 발상법이다. 핵심 단어와 이미지를 중심으로 거미줄처럼 사고가 확장되어 가는 과정을 나타내는 것으로 무순서, 다차원적인 특성을 가진 사람의 생각을 키워드와 이미지를 사용하여 방사형으로 가지를 쳐서 한 장의 종이에 생각을 나타내는 지도이다. 생각과 아이디어를 방사형으로 펼침으로써 사고력, 창의력 및 기억력을 높이는 방법으로 자신이 알고 있는 것을 정리하면서 아이디어를 얻을 수 있는 시각화된 브레인스토밍 방법이다.

(나) 마인드맵 작성 방법

1단계 중심이미지 그리기

· 마인드맵을 그릴 주제를 선정한 후 전체의 내용을 대변하는 이미지(그림)를 종이 가운데 그림. 색상은 세 가지 정도로 단순하게 사용함

2단계 주 가지 그리기

· 중심이 되는 이미지로부터 주 가지를 그려나가고 그 가지 위에 단어나 이미지를 그려나감

3단계 부 가지 그리기

· 주 가지(주제)에서 부 가지(소주제)로 뻗어 나가는 가지를 그리며 단어와 이미지를 그려나감

4단계 세부 가지 그리기

· 부 가지를 자세히 설명할 수 있도록 세부 가지를 만들고 그림, 글자를 혼합하여 그려나감(가짓수의 제한은 없으나 되도록 구체적으로 작성)

5단계 세부사항 첨가하기

· 주 가지, 부 가지, 세부 가지에 그림, 단어, 화살표 등을 첨부해 구체화시킴

Tip ⦿ 각 단계별로 연계성이 있어야 함

마) **연구주제의 유형**

(1) 문제점 해결과 해결방안 연구

선정된 연구주제를 되짚어가는 탐구 형태이다. 대부분 현재의 연구주제에 관련된 상황을 되짚어가는 과정에서 문제점을 파악하기 위한 비판의식을 가지고 접근한다. 비판만 하기보다는 이에 최선의 대안까지 제안하는 연구주제 유형이다.

> **예시**
>
> · 고등학교의 진로실태 및 해결방안 연구
> · 학생들의 수학 증명 기피 현상에 대한 해결방안 모색 연구
> · 장애인 인권 문제에 대한 실태와 인식 개선에 관한 연구
> · 청소년 화장품사용 실태 현황과 개선방안 및 부작용 해결에 관한 연구

(2) 비교연구

유사하거나 반대인 주제를 평행하게 설정하고 공통점과 차이점을 서로 비교한다. 이 과정에서 단순 비교만 하는 것보다 연구주제에 대한 발전적 방향을 찾기 위한 최선의 대안을 제시한다.

> **예시**
>
> · 온라인 마케팅 커뮤니티의 현황과 비교
> · 코로나 19 바이러스 백신 현황과 백신별 차이점 비교
> · 드라마(사극)와 실제 역사에 대한 비교 연구
> · 반응속도에 영향을 미치는 요인과 분석 및 교과서 실험과 SSC 실험의 비교

(3) 다른 관점에서 연구주제 확인

별도의 관찰 시점을 정하고 그 관점에서 선정한 연구주제를 분석한다. 연구주제에 대한 상세한 분석과 설명의 방법으로 접근하지만, 이 과정에서 기준은 처음의 관찰 시점으로 한정한다. 그렇기 때문에 관찰 시점을 정하는 것이 연구주제를 풀어내는 데 중요하다.

> **예시**
>
> · 교권침해 사례 분석을 통해 본 교권 확립 방안 연구
> · 언론의 공공성으로 본 종합편성채널 선정의 문제점 연구
> · 설문지 분석을 통해 본 여성 이민자를 위한 한국어 교재 분석
> · 사회적 기업의 유형 분석을 통한 RCY 봉사활동의 발전적 방향 모색
> · 수학의 심미적 요소를 중심으로 한 학생들의 흥미도 증감 연구

(4) 연구주제에 영향을 준 것에 대한 연구

특정 관점에서 연구주제를 분석할 때 연구주제에 영향을 끼친 과정의 과거에 대한 연구를 한다. 이 과정의 과거는 연구주제의 내부시점에서 이미 정해진 것으로 처음의 유형과는 다른 유형을 의미한다.

> **예시**
>
> · 고등학교 선택에 영향을 주는 요인에 관한 연구
> · 명성황후와 대원군이 고종에게 끼친 정치적 영향에 관한 연구
> · 감각 통합치료가 발달 장애 아동의 행동에 미치는 영향 연구
> · 토론 활동과 신문 스크랩 활동이 청소년에게 미치는 긍정적 영향 연구
> · 문화 콘텐츠에 영향을 미친 BTS의 마케팅 분석

가) 연구문제 설정

일반적인 연구주제, 연구 쟁점, 연구 목적, 연구문제 등은 구체적으로 명시되어야 한다. 명료한 질문형식의 표현으로 명료한 변인(독립변수, 종속변수, 매개변수, 조절변수), 변인 간의 관계로 서술해야 한다.

추출된 키워드를 바탕으로 연구문제를 설정한다.

독립 변수	조작 변수
변인 중 다른 변인들의 원인이 되거나, 실험 결과에 영향을 줄 수 있다고 판단되는 변인.	독립변인 중 가설의 참과 그릇의 여부를 알아보기 위해 의도적으로 변화시키는 변인. 어떤 모델을 세워서 현상 설명을 시도하느냐에 따라 달라질 수 있다.

키워드 간의 관계성 및 연구 모형

학생의 수면시간이 학업성적에 미치는 영향
: 성별, 나이, 학교급을 중심으로

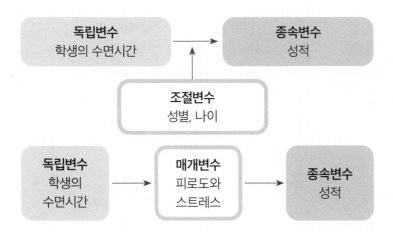

학생들의 수면시간은 남학생과 여학생에 따라 성적에 영향을 줄 것인가?
학생들의 수면시간은 학생들의 나이(중학생, 고등학생)에 따라 성적에 영향을 줄 것인가?

예) 학교폭력의 발생비율은 어떠한가?
→ 학교폭력의 발생비율은 학생의 성, 학년, 지역에 따라 다른가?

연구주제	독립변수	종속변수
대중문화가 독서에 미치는 영향을 연구	대중문화	독서
스키니진이 혈액순환에 미치는 영향에 대한 연구	스키니진	혈액순환
게임 중독이 청소년들의 폭력성에 미치는 영향	게임 중독	청소년 폭력성
카페인 섭취가 학생들 성적에 미치는 영향	카페인	성적

나) 연구가설

연구가설은 어떤 사실에 대한 설명을 미리 시사해주고, 조사연구의 방향을 제시해준다.

좋은가설

✔ 개념적으로 명확히 구성되어야 한다.
✔ 경험적 준거 대상이 있어야 한다.
✔ 특정화되어 있어야 한다.
✔ 이론적 체계에 관련되어야 한다.
✔ 사용될 기술, 방법과 관련되어야 한다.

1 1단계
연구문제 확인
· 연구가설이 필요한 연구문제 선별
· 연구문제의 변수 찾기

2 2단계
이론적 검토
· 변수 간의 상호관계 확인
· 변수 간의 역할 및 영향력 확인

3 3단계
연구가설 진술
· 변수 간의 관계 제시
· 통계적 분석이 가능한 서술문 형태로 작성

현재형 또는 미래의 서술문으로 작성한다. 변인 간의 기대되는 관계를 제시한다.

예시

· 학생들의 수면시간은 남학생과 여학생에 따라 성적에 영향을 줄 것이다.
· 학생들의 수면시간은 학생들의 나이(중학생, 고등학생)에 따라 성적에 영향을 줄 것이다.
· 자녀의 성에 따라 남자 교사의 필요성에 대한 부모의 인식은 차이가 있을 것이다
· 인터넷 중독과 또래 관계의 질은 상관이 있을 것이다.

연구주제	Wee센터(학생위기상담 종합지원서비스센터) 이용자의 프로그램 만족도에 관한 연구
연구문제	· 이용자의 개인적 특성에 따라 프로그램 이용 만족도에 차이가 있을 것인가? · 프로그램의 특성에 따라 프로그램 만족도에 차이가 있을 것인가?
연구가설	· 이용자의 개인적 특성에 따라 프로그램 이용 만족도에 차이가 있을 것이다. · 프로그램의 특성에 따라 프로그램 이용 만족도는 차이가 있을 것이다.

가) 선행연구 분석

　모든 주제탐구는 연구주제에 대한 선행연구를 검토하면서 시작한다. 연구주제에 대해 앞선 연구자는 어떠한 성과를 냈는가를 먼저 확인해야 한다. 이런 과정을 통해 탐구 보고서를 작성할 때 내용의 중복을 피할 수 있고, 연구 주제에 대한 다양한 논증적 자료를 찾을 수 있으며, 내용 구성에 참고할 수 있는 다양한 아이디어를 찾을 수도 있다. 또한, 최근까지의 연구 동향의 이해와 탐구 주제를 구체화할 수 있고, 시행착오를 줄일 수 있다.

선행연구 검토방법

· 탐구 주제의 탐구주제의 핵심 연구주제와 관련된 키워드를 추출한다.
　관련된 키워드를 추출한다.
· 키워드를 검색어로 원문정보서비스를 검색한다.
· 연구주제와 관련된 내용이 담긴 것으로 생각되는 학술논문 제목을 검토한다.
· 연구주제와 관련된 논문의 초록과 목차를 검토한다.
· 연구주제와 연결이 된다면 서론-결론-본론 순서로 읽어본다.
· 선정된 자료의 참고 문헌 및 함께 이용한 자료로 관련된 주제를 확대시켜본다.

나) 디비피아(DBPia) 활용

키워드를 활용한 디비피아 검색

1. 디비피아(www.dbpia.co.kr)에 접속한다.

2. 관심 키워드를 입력한다. (키워드는 여러 개 함께 검색해도 상관은 없으나 2개 이상은 하지 말자)

3. 해당 키워드에 대한 추천 논문이나 보고서 들이 검색된다.

4. 좌측의 주제분류를 통해 검색된 자료의 범위를 좁혀보자.

5. 주제분류에 따른 해당 영역의 자료들만 필터링 되어서 확인할 수 있다.

주제분류에 따른 주제 선정(관련 분야의 선행연구를 통한 탐구 주제 확장)

1. 디비피아(www.dbpia.co.kr) 에 접속해보자.

2. 스크롤을 통해 주제분류로 이동해 보자.

3. 해당 영역을 선택한 후 스크롤을 통해 해당 분야의 등재 학술지들을 확인해보자.

4. 관심 학술지를 선정하여 해당 학술지로 이동해보자. (학술지 발행연도와 학술단체 이름을 참고한다)

5. 학술지로 이동하면 학술지에서 가장 많이 이용된 10편의 추천 논문이 뜬다. 여기서 나의 관심사와 주제를 확장해 보자.

6. 해당 학술지의 최근 논문을 확인하고 싶다면 좌측에 발행 연별 학술지를 선택할 수 있다.

7. 최근 동향에 대해 알아보고 싶으면 최근 발간된
   학술지를 클릭해서 확인해 볼 수도 있다.

주제별 Best 논문검색을 통한 확장

1. 주제별 Best로 이동하여 관심 주제를 선정한다.

2. 주제별 TOP20 논문이 선정되는데 관심 있는
   주제를 살펴보자.

다) 추천 사이트

국내도서관

국립중앙도서관   http://www.nl.go.kr
국회전자도서관   http://dl.nanet.go.kr
한국과학기술정보연구원   http://www.kisti.re.kr
국가전자도서관   http://www.dlibrary.go.kr

사전

위키백과   https://ko.wikipedia.org
국립국어원 표준국어대사전   http://stdweb2.korean.go.kr

지식정보

RISS(학술연구정보서비스)   http://www.riss.kr
SCIENCE ON(KISTI 논문검색)   https://scienceon.kisti.re.kr/
KOLIS-Net(국가종합자료목록)   http://www.nl.go.kr/kolisnet
기초학문자료센터   https://www.krm.or.kr
한국학술지 인용 색인   https://www.kci.go.kr/kciportal
한국전통 지식포탈   http://www.koreantk.com
천문우주 지식정보   http://astro.kasi.re.kr

원문정보

디비피아   http://www.dbpia.co.kr
한국학술정보(주)   http://kiss.kstudy.com
교보문고 스콜라   http://scholar.dkyobobook.co.kr
국가정책연구포털(NCIS)   https://www.nkis.re.kr
학지사 뉴논문   http://newnonmun.com

역사/인물

	한국역사정보통합시스템	http://www.koreanhistory.or.kr
	한국사데이터베이스	http://db.history.go.kr
	조선왕조실록	http://sillok.history.go.kr

통계

	국가통계포털	http://kosis.kr
	통계지리정보서비스	http://sgis.kostat.go.kr

법률

	국회정보시스템	http://likms.assembly.go.kr
	국가법령정보센터	http://www.law.go.kr

표준/특허

	KIPRIS(특허정보넷)	http://www.kipris.or.kr

예술

	문화포털	http://www.culture.go.kr
	문화셈터	http://stat.mcst.go.kr

환경

	KONETIC (국가환경산업기술정보시스템)	http://www.konetic.or.kr

라) 연구방식

자료의 수집 방법, 자료의 특성, 자료의 분석 방법, 결과 제시 방식에 따라 양적 연구와 질적 연구를 구분한다.

질적 연구가 이루어지는 인문과학 분야의 탐구는 장의 구분을 거의 하지 않는다. 처음부터 끝까지 탐구 보고서가 서론, 본론, 결론의 형식으로 끊이지 않고 연결되어 있다. 장 구분이 되어 있다 하더라도 자연과학 탐구보고서처럼 분명하고 자세하게 나누어져 있지 않다. 질적 연구는 인류학과 민속학에서 이용하는 방법으로 변인 통제를 할 수 없다.

반면 양적 연구가 이루어지는 자연과학의 대부분과 인문사회과학의 일부 분야인 언어학, 심리학, 정치학, 행정학, 교육학, 지리학 등과 같이 분석, 실험, 통계 활용 등이 잦은 분야의 논문에서는 서론, 재료의 방법, 결과, 논의, 결론과 같이 본론의 장 구분을 분명하고 자세하게 하고 있다. 양적 연구는 심리학 특히 행동 심리학에서 사용하는 방법으로 변인 통제가 가능하고 실험실에서 주로 이루어진다.

주제 분야마다 독특한 전개 양식 사례	
수학	서론, 정의, 정리, 적용
물리학, 화학, 생물학, 생화학	서론, 재료와 방법, 결과, 고찰, 결론
지질학	서론, 지질, 중력탐사, 해석 방법, 해석, 토론, 결론
천문학	서론, 재료, 방법, 결과, 고찰, 결론
대기과학	서론, 재료, 방법, 분석, 예상 및 예상도, 결과, 고찰, 적용
전산과학	서론, 시스템에 대한 설명, 시스템 설계, 시스템 구현, 시스템 평가 및 결론
가정학	서론, 이론적 배경, 가설 설정과 연구방법론 결과, 논의, 결론
공학	서론, 장치 및 재료, 방법, 성과, 고찰
의학, 간호학	서론, 검사대상 및 방법, 결과, 고찰, 결론

(1) 양적 연구(실증적 연구방법)

양적 연구는 "보편적인 법칙에 의해 가치 중립적으로 서술되어야 한다."는 실증주의자들에 의해 발전된 연구방법이다. 가시적인 자료 분석결과를 통해 객관적인 관점에서 가설을 지지 혹은 반박하는 과정을 거치는 것이 양적 연구라 할 수 있다.

·· 양적 연구의 절차 ··

1 가설설정

· 가설 : 변수 간의 관계에 대한 잠정적인 진술
· 가설은 이론적·경험적 배경에 의해 설정

2 연구상황설정

· 가설의 경험적 결과 추론을 위해 실제 상황이나 유사 상황 설정
· 다른 변수의 영향을 배제하기 위해 인위적으로 연구상황을 설정해야 할 필요가 있음

3 자료수집

· 객관적 절차에 의해 증명 가능한 원리를 발견하는 것이 양적 연구
· 연구상황을 통해 발생하는 가시적 자료수집

4 연구상황설정

· 수집된 자료를 분석하여 가설의 참·거짓 증명

양적 연구는 가설을 설정할 때, 이미 특정 이론에 의존하기 때문에 연구가 이론에 종속될 가능성이 있다. 객관적인 관점이라고 해도 연구자가 원하는 연구 방향이 있는 경우, 객관성과 중립성을 유지한 채 연구를 진행해야 하는 어려움이 있다. 관찰이나 질문지와 같이 자료수집이 가능한 방법으로만 수행이 가능하다.

서울 지역 가구 소득별 월평균 사교육비

월평균 소득	월평균 사교육비 지출액
199만 원 이하	24만 5,600원
200만~399만 원	39만 6,400원
400만~599만 원	63만 100원
600만 원 이상	80만 7,600원

예체능을 제외한 교과(국·영·수 등) 사교육비 지출액

서울 지역 가구당 월평균 사교육비가 소득 규모에 따라 최대 3.3배나 차이가 나는 것으로 나타났다. 서울시 교육청이 배OO △△대 교수(교육학)팀에 연구 용역을 의뢰해 공개한 '서울 교육 비전 2030 보고서'를 보면, 설문조사에 참여한 서울 시내 학부모 1,760명 가운데 사교육비 지출 현황에 대해 답한 706명의 학부모 중 가구당 월평균 소득이 199만 원 이하인 가구에서 지출하는 월평균 일반 교과 사교육비 지출액은 자녀 한 명당 24만 5,600원인 것으로 나타났다. 반면, 월평균 소득이 600만 원 이상인 가구의 사교육비 지출액은 80만 7,600원으로, 199만 원 이하 가구의 3.29배나 됐다.

(2) 질적 연구(해석적 연구방법)

양적 연구에 대한 비판이 생기면서 질적 연구에 대한 필요성이 대두되었다. 인간 사회를 연구하기 위해서는 특정 이론에 얽매이지 않는 다양한 연구방법이 필요하다는 주장에서 시작되었다.

질적 연구는 연구절차의 기본 틀이 없는 특징이 있다. 질적 연구는 현상기술에 숫자보다는 언어를 많이 사용한다. 연구의 목적은 현상을 이해하기보다는 해석하는 경우가 많다. 따라서 구체적인 가설을 세우지 않고 일반적인 문제로 시작하여 인간의 경험에 대한 주관성을 인정하는 것이 특징이다.

양적 연구에 비해 질적 연구는 연구방법이 정해진 것이 없으나 일반적으로 현지 관찰법, 집단 면접법, 심층 분석법, 사례 연구법 등으로 구분할 수 있다.

현지 관찰법　자연스러운 상태에서 현상 분석 가능
집단 면접법　깊이 있는 정보의 수집 가능
심층 분석법　적은 수의 응답자로부터 자세한 정보 수집 가능
사례 연구법　특정 대상의 특징이나 문제를 종합적으로 분석 가능

질적 연구는 연구 대상, 내용, 시기에 따라 다양한 연구가 수행된다. 그리고 연구 자의 능력이 연구에 반영된다. 연구방법, 절차, 수집이 주관적으로 이루어지기 때문 에 연구자의 개인판단에 따라 연구 결과에 영향을 줄 수 있다는 지적도 있다.

예시

실업자들에 대한 면접을 통해 알 수 있었던 것은 이들이 거창한 꿈을 가지고 자신의 미래를 개척하거나 장밋빛 전망을 꿈꾸고 있는 것이 아니라는 점이었다. 그들은 자신의 처지를 정확하게 판단할 수 있을 만큼 현실적인 모습이었다. "자신이 생각하는 행복이란 무엇인가?"라는 질문에 대하여 `남들에게 손 안 벌리는 것', `애들 건강하게 잘 크고 남들이 하는 만큼 하는 것', `나중에 자식들에게 짐이 되지 않는 것', `우리끼리 화목하게 사는 것' 등 현실적인 답변을 하였다. 다만 경제적으로 다소 궁핍하고 실업 이전보다 할 수 있는 사회적 기회가 줄어든다고 하더라도 지금보다 더 나빠지지 않기를 바라고 있었다. 이렇게라도 최소한의 생활을 유지할 수만 있다면 다시 용기를 내서 미래를 개척해 볼 수 있다는 희망도 품고 있었다.
- 박철민, "현실적 위기로서의 실업과 일상생활의 재구성"

(3) 양적 연구와 질적 연구의 비교

양적 연구와 질적 연구는 어떻게 다를까?

양적 연구가 객관적 연구를 강조하는 반면 질적 연구는 일반화된 본질에 대한 연구를 하기 위해서는 총체적인 연구를 해야 한다고 강조한다. 따라서 양적 연구와 질적 연구는 서로 상호보완적 관계가 되어야 하며, 질적 연구는 양적 연구의 기초 조사 자료로 쓰이기도 한다.

·· 양적 연구와 질적 연구 비교 ··

	양적 연구	질적 연구
연구 목적	• 일반적 원리와 법칙발견 • 인과 관계 혹은 상관관계 파악	• 특정 현상에 대한 이해 • 특정 현상에 대한 해석이나 의미의 차이 이해
연구 대상	• 대표성을 갖는 많은 수의 표본 • 확률적 표집 방법을 주로 사용 • 연구 대상과 가치 중립적 관계 유지	• 적은 수의 표본 • 비확률적 표집 방법 주로 사용 • 연구 대상과 가치 개입적 관계 유지
자료 수집	• 다양한 측정 도구 사용 • 구조화된 양적 자료수집	• 연구자가 중요한 연구 도구 • 비구조화된 질적 자료수집
자료 분석	• 통계적 분석	• 질적 분석(내용분석) • 기술통계분석
연구 방법	• 설문지를 활용한 조사연구 • 실험 설계에 의한 실험 연구 • 점검표를 활용한 관찰 연구	• 관찰과 면접법을 활용한 사례 연구 • 문화 기술적 연구
일반화	• 일반화 가능	• 연구 자체의 특이성으로 일반화 불가

출처 : 성태제, 시기자(2006), 연구방법론, 서울 :학지사

연구방법 정리

문헌연구

역사적 문헌, 공식 문건, 신문, 잡지, 통계 자료 등 자료를 수집, 분석하는 연구방법.
동일한 연구문제에 대한 기존 연구 결과와 연구 동향을 파악할 수 있는 모든 연구
활동의 기초가 되는 연구

자료수집 방법 📋 문헌 연구

실험연구

특정한 문제를 개선하기 위한 연구방법.
독립변수를 조작하여 종속변수에 미치는 영향을 검증하는 연구

자료수집 방법 📋 문헌 연구 + 실험

조사연구

사회학적, 심리학적, 교육학적 변수들의 상대적 영향력과 분포, 상호관계를 밝히
기 위한 연구방법.
전체 집단을 대표할 수 있는 연구 대상에게 설문 조사, 인터뷰 등의 방법으로 연구
문제에 관련된 사람들의 속성이나 행동, 태도 등을 연구

자료수집 방법 📋 문헌 연구 + 설문 조사 + 인터뷰

사례연구

어떤 현상에 대해 자세히 기술하고 가능한 모든 것을 설명하며 평가하는 연구방법.
특정 연구 대상의 특성이나 문제를 진단하고, 문제해결 방안을 찾고, 사례 연구를
통해 발견된 사실을 이론으로 발전시키는 연구

자료수집 방법 📋 문헌 연구 + 설문 조사 + 인터뷰

연구방법 절차		문헌 연구	실험	설문 조사	인터뷰
연구문제 확인		연구문제 확인	연구문제 확인	연구문제 확인	연구문제 확인
		연구 핵심 키워드 정리	연구가설 구체화		
		연구 핵심 키워드 이해 및 확장	변수의 특징 분석		
연구 대상 선정		-	연구 대상 선정 (실험 집단과 통제집단 구분)	연구 대상 선정	연구 대상 선정
측정	측정 도구 개발	-	종속변수의 변화를 측정할 도구 개발	설문지 제작	질문지 제작
	예비 측정 실시	-	예비 측정 실시	예비 설문 조사 실시	예비 인터뷰 실시
	측정 도구 수정	-	예비 측정에서 나타난 문제점 제거	설문지 수정	질문지 수정
	측정 실시		실험 실시	설문지 배포	면접 실시
자료수집		연구 핵심 키워드로 자료수집	자료수집	자료수집	자료수집
결과 분석		자료 분석	결과 분석	결과 분석	결과 분석

사) 설문 조사 방법

설문지 작성방법과 설문 문항 유형 및 작성방법에 대해 알아본다. 네이버 폼이나 구글 독스를 이용하면 편하게 설문을 작성하여 조사할 수 있다. 구글 설문 작성 방법을 살펴보도록 하자.

(1) 설문지 작성 과정

1단계 설문주제 분석
설문주제는 설문의 방향성을 제시하기 때문에 정확한 주제가 선정돼야 설문 내용을 작성할 수 있음.

2단계 문항 작성
질문 문항 작성 기본 원칙에 따라 간결하면서도 체계적인 설문 문항 작성이 필요함

3단계 질문 순서 결정
질문 문항 순서 결정의 기본 원칙에 따라 응답자에게 최상의 설문이 진행될 수 있도록 순서 결정

4단계 사전 테스트
사전에 점검하지 않고 진행한 설문 조사는 차후 문제가 발생할 수 있는 경우가 많아 사전 테스트가 필요

5단계 설문지 완성

(2) 질문 문항 작성

질문지는 응답자의 입장을 고려하여 이해하기 쉽게 작성되어야 한다.

문항 작성 기본 원칙

- 질문의 뜻을 명확히 하여 질문은 짧고 간결하게 작성한다.
- 응답자가 잘 모르는 전문적인 용어를 사용하지 않는다.
- 이중부정형 문장을 사용하지 않는다. (부정문의 사용을 피한다.)
- 모호한 이중질문을 피한다.
- 감정이 실리거나 응답자의 자존심을 건드리는 질문은 피한다.
- 특정한 답을 얻기 위한 유도 질문을 피한다.
- 한 질문에 두 가지 이상의 요소가 포함되어서는 안 된다.

Q. 자동차는 이동수단으로 사용되고 있지만 보유하고 있으면 유지 관리비 및 세금으로 인해 많은 지출이 발생됩니다. 자동차를 구입할 경우 차 크기가 크고 무게가 많이 나가는 비싼 차를 선호하는지, 차가 작고 활동성이 좋은 차를 선호하는지 선택해 주십시오.

→ **장황한 질문** : 장황한 질문은 응답자가 질문을 이해하기 어려울 뿐만 아니라 응답률을 저해시키는 요인이다. 그래서 내용의 핵심이 담긴 간결한 질문으로 수정이 필요하다.

→ (변경) Q. 자동차를 구입할 경우 어떤 제품을 더 선호하십니까?

1. 중형차(   ) 2. 소형차(   )

Q. 내세포괴테라토마 검사를 통한 기형종 형성 여부를 분석하고, DNA 검사와 조직 적합성 검사를 시행하는 일련의 과정을 거친 클론 연구방식에 대하여 귀하는 동의하십니까?

→ **전문용어 사용** : 응답자가 질문을 이해하기 어려울 뿐만 아니라 응답자가 무시당하는 느낌을 받을 수 있는 문장을 지양하고, 쉽고 간결한 질문으로 수정할 필요가 있다.(필요시 주석으로 용어 설명에 응답자의 수준을 고려한 질문 문항을 작성할 필요가 있다).

→ (변경) Q. 줄기세포 연구에 대해서 귀하는 동의하십니까?

1. 동의함(   ) 2. 동의하지 않음(   )

주석 : 줄기세포란 인간의 몸을 구성하는 서로 다른 세포나 장기로 성장하는 세포

Q. 농약을 사용하지 않는 제품을 구하지 않겠습니까?

→ **이중부정** : 하나의 문장에 부정어가 두 번 또는 그 이상 반복되는 경우를 말하며 중복 부정이라고 한다. 이중부정이 사용된 질문은 응답자가 질문을 이해하기 어려워서 쉽고 간결한 질문으로 수정이 필요하다. (필요시 주석으로 용어 설명) 질문 문항은 긍정적인 표현으로 작성해야 한다.

→ (변경) Q. 유기농 제품을 구입하시겠습니까?

1. 구입함(   ) 2. 구입하지 않음(   )

주석 : 유기농법이란 화학 비료와 농약을 사용하지 않은 농사 방법

Q. 아파트의 내부 인테리어와 가격은 어떻게 생각합니까?

① 매우 나쁘다 ② 나쁘다 ③ 보통이다 ④ 우수하다 ⑤ 매우 우수하다

➔ **한 질문에 한 가지 내용만** : 두 가지 내용이 하나의 질문에 포함되어 있는 경우 답을 선정하는 데 어려움이 있으므로 두 문항으로 분리하여 질문해야 한다. 한 질문에는 한 가지 내용만 담는 것이 좋다. (질문이 쉽고 간결하게 바뀐다.)

➔ (변경) **Q.** 아파트의 내부 인테리어는 어떻게 생각합니까?

① 매우 나쁘다 ② 나쁘다 ③ 보통이다 ④ 우수하다 ⑤ 매우 우수하다

Q. 아파트의 가격은 어떻게 생각합니까?

① 매우 비싸다 ② 비싸다 ③ 적당하다 ④ 약간 싸다 ⑤ 매우 싸다

Q. 현재 트렌드로 자리 잡고 있으며 대도시에 거주하는 소비자들이 사용하고 있는 스마트 TV가 없다면 구입할 의사가 있습니까?

➔ **편견 없는 질문** : 응답자를 비하하거나 무시하는 표현을 질문에 담아서는 안 된다. 질문 문항에는 편견이 포함되거나 응답자를 무시하는 질문은 사전에 미리 확인하여 수정을 해야 하고 편견이 내포된 질문은 설문의 진행을 방해, 응답자의 기분을 상하게 할 수 있다. 질문 문항에 좋지 않은 영향을 주는 문구로는 종교, 정치, 성, 빈부격차 유발, 학력 차별 등이 있다.

➔ (변경) **Q.** 스마트 TV(인터넷TV)를 구입할 의사가 있습니까?

1. 구입함(   ) 2. 구입하지 않음(   )

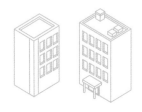

(3) 질문의 유형

개방형 질문(open-ended question)과 폐쇄형 질문(close-ended question)

개방형 질문

open
ended
question

응답자에게 보기와 같은 답변이 없이 질문만 주어지기 때문에 응답자가 자유롭게 자신의 의견을 제시할 수 있는 질문

특징

· 답변에 대한 제한이 없는 자연스러운 질문과 답변이 오가는 방식
· 개방형 질문은 주로 최종의 질문지를 계획하기 위한 사전 단계로 사용하는 경향
· 소규모 조사에 유리함

장점

· 응답자의 대답이 자연스러워 창의적이고 다양한 답을 기대할 수 있음
· 다양한 의견을 수렴할 수 있음

단점

· 결과에 비해 시간/경비가 많이 들 수 있음
· 성의 없는 답변이 나올 가능성이 많음
· 응답자가 응답자체를 거부할 수 있음(민감한 주제에 대해서는 답변 거부)
· 응답자마다 답변의 길이가 모두 다름

폐쇄형 질문

close
ended
question

응답자에게 질문을 제시하고 사전에 조사자가 만들어 놓은 번호를 선택하여 응답하는 방식으로 일반적으로 조사에서 가장 많이 사용되는 방법이다. (객관식 형태의 질문)

특징

· 응답 항목을 미리 제시해 놓고 그중에서 선택하도록 구성된 질문
· '예, 아니요' 등과 같은 특정하고 제한된 응답을 요구하는 것

장점

· 답변이 제시되기 때문에 응답하기 쉬움
· 무응답률이 낮고, 수집된 자료를 처리하거나 분석하기가 용이해 시간과 비용이 절감됨
· 민감한 주제에도 적합하며 신상 노출에 대한 부담이 적음
· 응답 항목이 명확하고 신속한 응답이 가능함

단점

· 응답자의 충분한 의견을 반영하기 어려움
· 응답 항목의 배열에 따라 응답이 달라지며, 주요항목이 빠지면 결과의 오류가 많음
· 개방적인 정보를 얻기 어려움

(4) 질문의 배치

질문의 순서에 따라 설문의 결과가 달라질 수 있으며, 응답자의 집중력도 영향을 준다.

문항의 배치 순서 결정

· 쉽고 흥미를 끌 수 있는 질문부터 먼저 시작
· 동일주제의 경우, 단순한 질문에서부터 복잡한 질문으로 진행
· 단답형식 질문을 먼저 시작하고, 서술형식 구체적인 질문은 나중에 진행
· 질문의 범위가 넓은 것에서부터 점차 구체적으로 좁혀가는 질문으로 진행
· 개인적으로 민감한 질문은 가장 뒤에 배치
· 지시문은 일반적으로 질문 시작 전에 배치
· 연관성 있는 질문은 같은 부분에 모아서 진행

(5) 사전 테스트(Pre-test)

사전 테스트는 질문지를 검증하여 문제를 사전에 예방하는 단계이다.

설문 조사는 설문지가 모두 완성되고 응답자와 대면했을 때 오류를 발견하는 경우가 많다. 일단 가상적 응답자를 대상으로 사전 조사를 실시하여 설문에 대한 검증이 필요하다. 사전에 조사대상이 되는 모집단의 5~10명 정도에게 설문지를 테스트한다. 사전 테스트를 진행하며 문제가 발생한 내용을 체크하여 수정 및 보완한다.

사전 조사 항목

· 질문 항목에 대해 응답자가 쉽게 이해할 수 있는가?
· 질문에 잘못된 표현은 없는가?
· 질문에 대한 답변 항목이 누락되거나 중복되지는 않았는가?
· 오탈자가 있지 않은가?
· 질문의 순서상 문제는 없는가?
· 질문 내용이 응답자를 무시하지는 않는가?

(6) 설문지의 구성

설문지의 구성

· 설문지 내용설명
· 인적사항
· 간략한 인사말
· 설문 문항
· 응답에 대한 감사 인사

(7) 구글 설문지 활용하기

구글 설문지 작성하기

구글에서 '구글 설문지' 검색

Google 설문지 클릭 후, '개인' 아래의 Google 설문지로 이동하기 버튼을 누른다.

크롬 홈 화면에서 들어가기

크롬을 사용하면, 오른쪽 상단에 '이미지'와 프로필 사진 사이의 점 9개 버튼을 클릭한다. 하단으로 스크롤 하여 설문지를 클릭한다.

새 양식 시작하기를 눌러 설문지 작성을 시작하면 된다.

4) 연구계획

연구계획은 향후 진행하는 연구 방향과 내용을 계획하는 과정이다.

제목을 만들고 연구의 필요성과 목적을 말한다. 연구 문제 및 연구 방법, 연구 결과와 참고 문헌을 정리한다. 이는 연구의 일관성 유지와 연구를 위한 자료를 효과적으로 활용하기 위해서다.

가) 제목 만들기

간결하고 명확한 제목은 내용을 대변한다. 연구의 핵심 단어를 제시하여 간결하고 분명한 제목을 완성해보자.

> **예시**
>
> 고등학생의 심리 및 수면 상태에 따른 멜라토닌과 코솔티 농도의 변화

제목이 길어 부제를 사용할 경우 부제를 통해 연령, 지역, 내용 범위 등을 한정하여 강조한다.

> **예시**
>
> 식품첨가물의 칵테일 효과
> · 안식향산나트륨과 아스코르빈산을 중심으로

나) 제목 다듬기

선행연구들의 제목을 보며 나의 보고서 제목을 다듬어 본다. 선행연구들의 연구방법과 논문의 제목을 보면서 자신의 보고서 제목을 정교화한다.

제목은 키워드를 통해 선행연구를 검색하고, 연구주제와 비슷한 선행연구를 정리한다. 이후 제목 초안을 작성하고, 검색한 선행 연구의 연구방법을 정리한다. 마지막으로 연구방법을 분석하며 제목을 최종 결정한다.

다) 연구의 필요성과 목적 작성

연구의 의미와 연구의 내용을 통해 연구의 유용성에 대해서 설명을 한다. 앞으로 진행할 연구의 범위를 설정하여 연구의 일관성을 유지한다. 현 상황을 토대로 비판적이고 창의적인 아이디어로 새로운 것을 개발하거나 특정 상황에 대해 알아보고자 연구한다.

> **예시**
>
> 작년 봄 시장에서 본 꽃게의 움직임에 호기심을느껴 헤엄치는 넓적다리와 7개의 마디로 구성된 꽃게를 보며 꽃게의 헤엄다리는 어떠한 과학적인 원리가 숨어 있어 빠르게 헤엄칠 수 있는지를 몸 구조와 관련해서 그 원리를 밝혀보고 싶었다. 그리고 그 원리를 적용한 생체모방을 통해 우리 생활 속 물 위에서 움직이는데 필요한 배의 '노' 모양도 발전시켜 제작할 수 있지 않을까? 하는 생각을 하게 되어 본 연구를 하게 되었다.

라) 연구문제, 방법, 결과, 참고 문헌 정리

각 단계에서 설정한 연구주제, 연구문제, 연구방법을 정리하고 연구 계획서를 세우면서 보았던 참고 문헌을 정리한다. 이 과정을 통해서 연구의 기틀을 마련한다.

> **예시**
>
> 연구문제
> 1. 꽃게에 대해 알고 유영각의 유영형태를 파악하여 패턴을 찾아 기본개념화 하며 노에 적용한다
> 2. 효율적인 힘의 사용으로 기존의 노보다 효율적인 노의 형태를 제하고, 모형 제작을 통해 효용성을 검증한다.
>
> 연구방법
> 관련 이론 학습, 탐구 설계 및 수행

▸ **이론적 배경** : 게의 형태, 노의 원리(지레의 원리, 작용 반적용, 물의 저항)

▸ **탐구 수행** :

· 꽃게의 제4 걷는 다리의 형태 및 구조를 관찰하고 각 마디별로 길이 및 무게 비교를 통하여 물에서 유영하기에 알맞은 꽃게의 조건을 알아본다.

· 유영다리 마디별 관절을 비교 관찰한다. (왼쪽, 오른쪽 움직임 각도, 움직인 방향).

· 게의 유영 동작 패턴을 분석한다.

· 유영다리 관절 단순화를 통한 노 모형을 설계하고 제작하여 실험을 통해 효용성을 확인한다.

결론

탐구를 통해 나타난 결과로부터 연구자의 유의미한 견해를 밝힌다

· 꽃게의 몸통은 유선형이고 제4 걷는 다리는 유영하기에 알맞은 구조이며 걷는 다리 중에서 무게 비율이 가장 많다.

· 2관절에서 A(바깥쪽) 20도 ,B(안쪽) 10도로 했을 때 프로펠러의 가장 빠른 값이 나왔다.

· 현재 사용하고 있는 일반 노의 형태와 비교하였을 때 꽃게 유영 각의 핵심은 발목마디, 앞 마디, 발가락 마디를 휘었을 때 물에 닿는 시간이 길어지고, 물을 모아서 미는 효과로 인해 힘의 효율이 높은 노를 제작하여 활용할 수 있다.

마) ▸ **연구목차**

연구목차는 서론, 본론, 결론 그리고 참고 문헌으로 구성한다.

연구목차

I. 서론
  1. 연구 동기
  2. 연구 목적

II. 본론
  1. 이론적 배경
  2. 연구 과정
    가.
    나.
  3. 결과

III. 결론
  1. 결론
  2. 기대효과(제언)

IV. 참고문헌

다. 과제탐구 보고서 작성

탐구보고서 작성은 제목이 결정되면 목차와 개요를 작성한다. 이후 본론을 쓴 이후 결론과 서론을 작성하는 것이 일반적이다.

작성 분량은 서론 10~20%, 본론 60~80%, 결론 10~20%의 분량으로 작성한다.

1) 서론 작성하기

서론은 연구의 필요성 및 목적에 대한 언급과 연구문제의 제기, 연구의 방향이나 방법을 제시한다. 서론 첫 부분은 읽는 사람으로 하여금 관심이 생길 만한 내용으로 시작한다. 서술 방법은 연구의 필요성이나 목적을 먼저 언급하고, 연구의 문제, 마지막으로 연구의 방향 및 방법을 언급하는 순서로 작성한다.

 서론 작성 Tip

· 시작 부분에 연구문제와 관련된 사회의 넓은 배경이나 격언 인용, 크게 이슈가 된 기사 내용, 연구의 필요성 및 목적을 강조할 수 있는 선행연구를 활용하여 시작하면 좋다.
· 연구의 방향성 및 기대효과와 함께 연구 말미에는 꼭 해결하겠다는 약속으로 독자에게 연구에 몰입할 수 있도록 한다.
· 연구문제의 범위를 제한함으로써 논지의 타당성을 높일 수 있다.

서론의 ✔ 체크리스트

· 연구의 필요성 및 목적이 명확히 진술되어 있나요?
· 연구문제와 선행연구 간의 관계가 명료하게 진술되어 있나요?
· 연구문제가 분명하게 진술되어 있나요?
· 연구의 제한점이 분명하게 진술되어 있나요?

ArduinoMega를 활용한 지하주차장의 환기 경로 자동결정시스템

출처: 66회 전국과학전람회- 국립중앙과학관

Ⅰ. 서론

1. 연구 동기 및 목적

가. 탐구(연구) 동기

연구자의 소속 학교는 산 위에 위치한 지리적 조건에 의해 접근성이 좋지 않아 대부분 등교 시 차량을 사용하는 편이다. 그렇게 등교한 학생들이 처음 마시게 되는 학교의 공기는 지하주차장의 공기이다. 환기시스템이 존재함에도 왜 공기가 탁하고 더운지 의아했다.

그래서 지하주차장의 공기 질을 향상시키는 목표를 가지게 되었고, 우리는 이 연구를 통해 지하주차장을 이용하는 사람으로 하여금 보다 나은 사용감을 줄 수 있도록 지하주차장의 환기시스템을 새롭게 고안해내고, 그 시스템을 적용한 본교의 지하주차장 모형을 만들어 새로운 시스템의 효과를 비교해보고자 연구를 진행하게 되었다.

나. 연구 목적

본 연구는 본교의 지하주차장뿐만 아니라 모든 지하주차장에서 통용될 수 있는 악취 개선, 공기 순환 능력 향상, 전력 및 비용 절감 등의 측면에서 향상된 새로운 환기시스템을 고안해내는 데에 목적을 둔다.

다. 연구 개요도

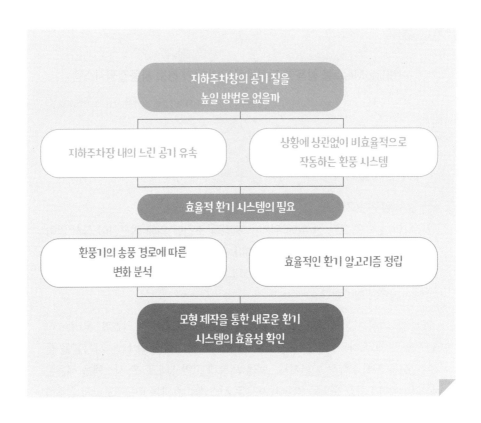

지하주차창의 공기 질을
높일 방법은 없을까

지하주차장 내의 느린 공기 유속

상황에 상관없이 비효율적으로
작동하는 환풍 시스템

효율적 환기 시스템의 필요

환풍기의 송풍 경로에 따른
변화 분석

효율적인 환기 알고리즘 정립

모형 제작을 통한 새로운 환기
시스템의 효율성 확인

본론 작성하기

  본론은 주제에 대한 정보와 연구에 대한 논지를 작성한다. 특정 자료에만 의존
하기보다는 여러 참고자료의 내용을 자신만의 방식으로 정리하고 해석하는 것이
좋다. 참고자료는 참고문헌 및 각주를 통해 언급하고 본론 말미에는 자신만의 결
론, 해석, 분석이 제시되어야 하며 본론의 대부분 내용은 이 결론의 타당성을 입
증하기 위한 자료의 서술이다.

본론의 구성

1. 이론적 배경
  · 정의
  · 특징
  · 동향

2. 연구방법
  · 연구 대상
  · 측정 도구
  · 연구절차
  · 자료 분석 방법

3. 연구 결과 분석

연구 대상	누구(무엇)를, 얼마나, 언제, 어디에서, 어떻게 선정할 것인가를 구체적으로 기술한다.
연구 설계	실험 변인의 통제나 연구 디자인에 대한 설명이 명확해야 한다.
측정 도구	실험, 조사 또는 평가에 사용되는 도구의 신뢰도, 타당도, 객관성이 인정되어야 하며, 논문의 성격에 따라 도구의 방법 등이 서술되어야 한다.

| 연구절차 | 연구를 진행하면서 분리되는 각 단계를 요약하여 제시하고 진행 과정에 대해 구체적인 방법 등을 서술해야 한다. |
| 자료 분석 방법 | 자료 처리 방법, 검증 방법, 통계 처리 소프트웨어 등이 정확히 기술되어야 한다. |

✔ 체크리스트

· 학생으로서 실천 가능한 연구방법인가?

· 연구방법이 타당한가?

· 연구문제와 관련된 선행연구 결과와 관련 이론이 구체적으로 고찰되었는가?

· 자료수집을 성실하고 풍부하게 하였는가?

· 내용이 충분히 통일성을 지키고 있는가?

· 연구문제와 관계없는 분석결과를 제시하고 있지는 않은가?

· 예상치 못했던 결과에 대해 정직하게 진술하였는가?

예시

Ⅱ. 본론

2. 이론적 배경

가. 환기

환기에는 자연력을 이용하는 것과 기계력을 이용하는 것이 있으며, 자연력을 이용하는 환기를 자연 환기, 기계력을 이용하는 환기를 기계 환기라고 한다. 실제로 환기는 아래 표와 같이 분류할 수 있다.

분류		내용
기계 환기	제1종 환기	강제 급기 + 강제 배기
	제2종 환기	강제 급기 + 자연 배기
	제3종 환기	자연 급기 + 강제 배기
자연 환기	제4종 환기	자연 급기 + 자연 배기

또한, 지하주차장의 공기 질을 결정하는 주요한 4가지 요소는 부산보건환경연구원에 따르면 미세 먼지, 포름 알데히드, 이산화 탄소, 일산화 탄소가 있다.

나. 아두이노와 3D 프린팅

아두이노는 다수의 스위치나 센서로부터 값을 받아들여, LED나 모터와 같은 외부 전자 장치들을 통제함으로써 환경과 상호작용이 가능한 물건을 만들어 낼 수 있다. 그 중 MQ센서는 대기 중의 가스 농도를 측정하는 센서인데, 우리의 연구에서는 MQ-135를 사용하였다.

우리가 사용할 프린팅 방식은 FFF(Fused Filament Fabrication) 이다. FDM(Fused Deposition modeling)이라고도 불리며, 이 방법은 플라스틱 재료에 열을 가하고 압출 성형 하는 것이다.

다. 환기 효율 비교 기준

현재 환기시스템 모형과 연구를 통해 도출해낸 환기시스템 모형 두 가지를 만든 후 지하주차장 모형에 각각 설치하여 두 시스템의 환기 효율을 비교하도록 한다. 이때, 환기의 효율성을 비교하는 기준으로 다음 4가지를 제시한다.

1) 환기시스템을 만드는 데 사용된 총비용
2) 동일한 양의 기체를 투입한 후 일정 시간 경과 후 기체의 배출된 정도
3) 모형의 바닥에 탈부착 가능한 풍향계 모형을 배치한 후 바람의 흐름을 관찰, 비교
4) 환기시스템이 동일 시간 동안 사용한 총 전력량

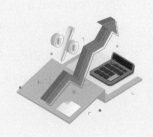

1) 환풍기 모형은 기본적으로 DC 모터와 프로펠러, 공기 질 측정 센서를 포함하는데 이 전체를 회전시키기 위한 서보 모터를 부착한다.

2) 기존 시스템에 비해 환풍기 모형의 개수를 감축하기 위해, 환풍기 모형 하나가 밀어낼 수 있는 공기의 면적을 관찰한 후 그 영역을 효율적으로 배치하여 전체 지하주차장의 공기를 제어할 수 있도록 하는 배치를 찾아낸다.

3) 기존 시스템에 비해 환풍기 시스템이 사용하는 전력량을 감축하기 위해 환풍기 모형은 꺼져있는 상태를 기본으로 하여 센서가 인식하는 기체의 농도가 평상시보다 높아진 것을 인식하면 순차적으로 켜져 기체를 배출하도록 코딩한다.

마. 새 시스템의 효율성 분석

새 환풍 시스템의 효율성 분석을 위한 3가지의 기준을 설정하였다.

1) **환풍기 각각의 움직이는 영역이 서로 충돌하지 않는다.**
환풍기가 회전하여 더 많은 영역의 공기를 순환시킬 수 있게 하기 위하여 환풍기 하나의 회전 경로상에서 환풍기의 회전을 방해하는 요인을 없어야 한다고 판단하였다.

2) **환풍기가 내보내는 바람의 영역이 전체 지하주차장을 최대한 빈틈없이 채우도록 한다.**
지하주차장 내부의 공기 중 최대한 많은 양이 환풍기의 바람이 미치는 영역 내에 있어야한다고 생각하였다.

3) **환기시스템에서 모터는 오염된 공기를 내보내는 경로에 직접적으로 관여하는 것만 회전시킨다.**

환기시스템에서의 공기의 흐름은 오염된 공기가인식되는 부분에 따라 특정 경로만을 통해 지나가기 때문에, 이 흐름에 관여하지 않는 모터들은 작동하지 않도록 하여서 불필요한 전력 손실을 방지하였다.

3. 실험 준비 및 과정

가. 지하주차장 구조 파악을 위한 현장 조사와 분석

사진에 나온 바와 같이 본교 지하주차장에는 환기 덕트가 존재하지 않았다. 그래서 우리 팀은 무덕트 환기 방식에서의 효율 증대 방안을 논의하였다. 그리고 주무관님께 도움을 요청드린 후 전체적인 공기의 흐름을 파악한 결과, 기계실의 공기가 주차장으로 배기 되지만 주차장으로 배기된 공기는 외부로 배기될 방법이 없다는 하나의 큰 문제점을 발견하였고, 전체적으로 급기부에서부터 배기부까지 제대로 공기 전달이 되지 않는다는 사실을 알 수 있었다. 우리가 파악한 공기 흐름의 전체적인 모식도는 아래 그림과 같다.

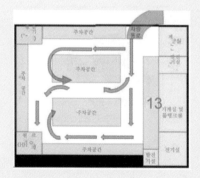

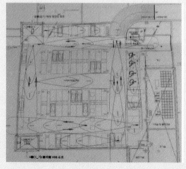

확인해보면 배관 평면도와도 실제로 다른 흐름을 보인다. 이것으로 이 구조물의 환기 방식에 심각한 문제가 있으며, 우리가 본교뿐 아니라 다른 지하주차장에서도 사용할 수 있는 새로운 환기 방식을 성공적으로 고안한다면 악취, 습기 제거, 공기 순환을 향상 등의 이점이 따라오게 될 것이라는 예상을 하였다.

나. 필요 부품 3D 모델링 및 프린트

Autodesk Fusion 360, Blender를 사용하여 프로펠러를 모델링하였다.

순서대로 프로펠러, 지하주차장 축소모형, 환기장치 모형의 모델링 파일이다. 이렇게 모델링한 파일들을 3D 프린터를 활용하여 아래 사진과 같이 성공적으로 프린트할 수 있었다.

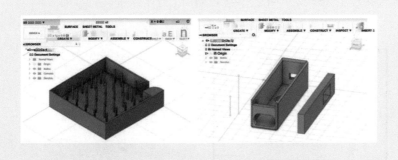

다. 환기시스템 프로그래밍

환풍기 모식도에서 각각의 환풍기 모형의 인식 범위에서 오염 물질이 인식되었을 때, 각각의 환풍기들을 어떤 방향으로 회전시킬 것인가에 대한 각각의 경우마다 구성한 후 해당하는 방향으로 환풍기들이 회전할 수 있도록 코딩한다.

라. 환기시스템 모형 제작

아크릴판을 사용해 지하주차장 모형을 뚜껑이 없는 직육면체의 형태로 제작한 후, 그 뚜껑에 해당하는 아크릴판에 비율에 맞게 확대한 환기시스템 배치대로 각각의 환풍기 모형을 부착한다. 배선 전 환기 시스템 최종 배치 사진은 아래와 같다.

마. 실험군 및 대조군 설정

대조군은 연구자의 소속 학교 지하주차장의 환기시스템을 동일하게 구현한 모형으로 한다. 그리고 실험군은 그래프를 이용해 새로 만들어낸 환기시스템을 구현한 모형으로 한다.

바. 환기시스템 모형 작동 및 비교

완성된 2가지 환기시스템 모형을 컴퓨터에 연결해 프로그램을 업로드한 후, 전원을 연결하고 외부에서 공기 질 측정 센서가 인식할 향 연기를 넣어 전체 시스템이 작동되는 모습을 관찰한다. 그리고 더 이상 공기 질 측정 센서에 의해 오염 물질이 인식되지 않는 데까지 걸리는 평균적인 시간을 반복 실험을 통해 도출한 후 비교한다.

4. 실험 결과

1) 회전 가능한 환풍기를 배치함으로써 효과적인 환기를 위한 환풍 시스템을 고안하였다.

2) Arduino Mega를 활용하여 환풍기의 방향이 상황에 따라 변화하도록 환기시스템을 자동화시켰다.

3) 환풍기의 방향을 제어하는 아이디어를 통해 보다 효과적인 환풍 시스템을 설계하였다.

구역별 송풍 경로를 화살표를 활용하여 표시

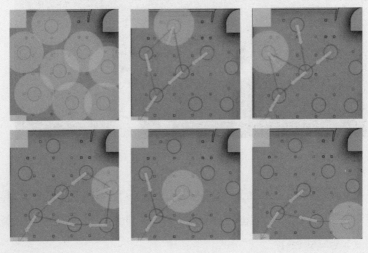

완성 작품

 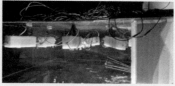

측정 결과에서 볼 수 있듯이, 기존의 환기 구조보다 새로운 환기 구조에서 향 연기가 빠져나가는 데 걸리는 시간이 평균적으로 약 3초가량 단축되었다.

	1차	2차	3차	평균
기존 환기 구조	20.6 초	19.8 초	20.74초	20.38초
새로운 환기 구조	18.2 초	16.77초	16.46초	17.14초

3) 결론 작성하기

결론은 연구의 시사점과 의의를 분석하여 작성한다. 연구 결과를 요약하고, 시사점과 의의에 대한 분석 그리고 한계점 및 후속 연구 방안을 제안한다.

연구 결과, 시사점 및 의의, 후속 연구 방향의 순서로 작성한다. 본론의 결과와 표현 방식에 따른 연구 전체에 대한 연구자의 해석과 의견도 반영한다. 분량은 한 쪽 정도로 작성한다.

 결론 작성 Tip

· 제기한 연구문제와 연구절차, 성과 등을 요약 정리하여 논점을 잃지 않고 명확하게 연구 논의를 펼치기
· 논의는 연구의 가치를 강조하며 시사점과 의의를 제시함. 특별히 연구문제의 연구결과 에서 드러난 사실을 기반으로 논의하기
· 연구 설계와 범위가 가진 한계점을 구체적으로 명시해주기
· 연구의 한계점을 보완할 수 있는 새로운 후속 연구에 대한 연구 방향을 제안하기

✔ 체크리스트

· 연구 전체를 간략하게 요약하여 제시하였나?
· 연구결과 도출 및 결론이 합리적이고 논리적인가?
· 결론이 분명하게 진술되어 있는가?
· 결론 도출 시 연구의 제한점이 적절하게 고려되었나?

5.결론 및 전망

가. 결론

환풍기의 방향을 제어하는 아이디어를 통해 보다 효과적인 환풍 시스템을 설계하였다. 실험을 통해 새로 고안한 환기시스템이 기존 환기시스템보다 환기 효율이 높다는 것을 확인할 수 있었다.

나. 전망

이번 연구에서는 환풍기가 회전하며 사용하는 전력량을 고려하지 않았으며 오염 물질 수치가 일정 농도 이상을 넘어가는 곳만 환풍기를 작동하겠다는 계획을 실현하지 못해 이를 보완할 수 있는 방향으로보다 체계적인 연구가 이루어진다면 상용화가 될 것이라고 생각한다.

이 연구를 통해 나온 새로운 환풍 경로 자동결정시스템이 지하주차장에 적용될 수 있다면 지하주차장에서 이용자들에게 보다 나은 사용감을 줄 수 있을 것이다.

4) 참고문헌 작성하기

연구 보고서 작성을 위하여 참고한 문헌을 일정한 순서대로 정리하여 제시한다.

참고문헌 기재방식

단행본	저자명(출판연도). 도서 제목. 출판사.
학위논문	저자명(출판연도). 논문 제목. 학위논문. 학위 수여기관
학술지	저자명(출판연도). 논문 제목. 학회 이름, 권(호), 수록페이지
신문	기자명(발행 연. 월. 일). 기사 제목. 신문사명, 페이지.
인터넷 자료	웹 사이트명(작성연도). 자료 제목. [검색날짜].<사이트 주소>

예시

참고 문헌

김학준(2017). 결빙방지 단백질 조각 이량체의 결빙방지 활성. 생명과학회지, 27(5), 584-590.

국립중앙과학관(2020), Arduino Mega를 활용한 지하주차장의 환기 경로 자동 결정 시스템,[2022.1.20.], https://www.science.go.kr/mps/exhibit/view

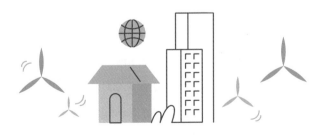

대입 공정성 강화 방안에 따라 대입 서류 항목과 분량이 줄었다. 2025학년도 대입에서 영재교육 실적, 자율동아리, 개인 봉사 활동, 수상 경력, 독서 활동은 반영되지 않는다. 2024학년도부터 자기소개서 또한 폐지된다.

학생은 성적 이외에 자신의 역량을 보여줄 수 있는 방법과 기회가 줄어든 것이다. 이를 해결할 수 있는 방법은 **탐구 활동**이라고 할 수 있다. 수업에서 호기심 해결이나 심화된 내용의 조사, 수행평가 등을 활용해 자료를 조사하고 주제에 따른 주제탐구를 통해 학생의 탐구역량과 학업역량 및 전공에 대한 관심을 드러낼 수 있는 유익한 활동이 된다.

학생부 종합전형으로 선발하고 싶은 학생은 어떤 학생일까?
대학의 입장에서 생각해보자.
대학 입학 후 성실히 학업을 이어갈 학생일 것이다. 그리고 대학을 졸업한 후 대학을 빛내줄 학생이다. 지적 활력과 활동력이 있는 학생, 자기 주도적 학습 태도가 잘 갖춰진 학생, 미래환경에 적합한 학생, 창의적 도전정신과 협업능력을 갖춘 학생이다. 이러한 인재를 창의 융합형 인재라고 한다. 이러한 인재는 어떤 특징을 지닐까?

학교생활을 충실히 한 학생이라고 대학은 말한다.

학생부 종합전형에서 평가 요소를 살펴보면 학업역량, 진로역량, 공동체 역량이 된다. 학업역량이라고 하면 일반적으로 교과성적만 생각하는 학생들이 있다. 교과 성적만으로 학업역량을 평가하는 자료가 아니다. 학업역량을 평가할 때 교과 성취도 뿐만 아니라 학업태도, 탐구력을 평가한다.

우리는 가끔 듣는다. '내신 4등급 학생이 수도권 K대에 합격했다 하더라....'
대학에서 학생의 학업역량을 평가할 때 학업 성취도에서 다른 친구에 비해 부족할 수 있다. 하지만 이 친구에게는 부족한 학업 성취도를 보완할 만한 학업 의지나, 또는 탐구력을 학생부에서 충분히 보여줬다고 할 수 있다.
깊이 있는 탐구 활동을 하고 싶다면 진로선택과목인 <수학 과제탐구>, <사회문제탐구>, <융합과학탐구>, <과학과제연구>, <사회과제연구> 과목을 선택해보자.

학교생활기록부는 학생 개개인의 특성과 역량을 보여주는 서류이다.
창의적 체험활동과 세부능력 및 특기 사항에 주제탐구를 통해 나만의 학교생활기록부를 만들어 가보자.

학생이 한 활동에는 의미 없는 활동이 없다. 그 활동에 의미를 부여하고 역량을 보여주도록 해보자. 한 번의 탐구 활동을 이벤트라고 한다면, 후속을 통한 탐구 활동은 성장으로 이어질 것이다.

나의 학생부에서 나의 역량이 잘 보여질 수 있도록 스스로 노력해보자.

합격 세부능력 및
특기사항과 자기소개서

합격 세부능력 및 특기사항과 자기소개서

학생은 학교에서 다양한 활동을 한다. 이러한 다양한 활동을 기록한 것이 생활기록부이다. 생활기록부는 학생의 종합적인 모습을 볼 수 있는 소중한 자료이다. 이에 따라 대학에서도 학생부 종합 전형에서는 생활기록부를 통해 학생을 바라보고 평가한다.

많은 사람이 생활기록부에 교과 성적이 매우 중요하다고 말을 한다. 틀린 말은 아니지만, 이를 잘못 해석하여 교과 성적만 중요하다고 생각하는 사람이 있다. 이는 잘못된 것이다. 생활기록부는 적게는 15명에서 많게는 40명 이상의 고등학교 선생님들이 학생을 글로 평가한 귀중한 서류이다. 학생의 교과에 대한 이해, 진로에 관한 관심, 인성 등을 각 교과 선생님과 담임선생님이 학교생활기록부에 작성한다. 이러한 글을 생활기록부에서는 세부능력 및 특기사항, 창의적 체험활동, 행동특성 및 종합의견이라고 한다.

중요도가 계속 높아지는 현실에 학생이나 학부모는 어떠한 생활기록부 기록이 중요한지 궁금하고, 고등학교 선생님도 우수한 생활기록부는 무엇이며 어떤 방향으로 생활기록부에 글을 써야 할지 고민을 많이 하는 상황이다. 이에 따라 해당 단원은 생활기록부를 분석하는 방법과 기재 방향에 대한 도움을 주고자 가상의 학생 생활기록부를 제공한다.

제공할 생활기록부는 교과 성적보다는 생활기록부의 기록을 위주로 내용을 담았다. 해당 내용을 통하여 우수한 생활기록부는 어떤 것인지 살펴보길 바란다. 내용 순서는 생활기록부 순서를 적용하였으며, 구성은 아래 예시와 같다.

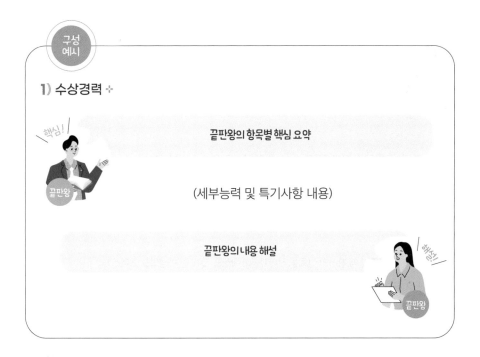

요약부터 내용, 해설까지 모두 작성하였으니 많이 배우고, 얻어 가길 바란다.

단, 기록에서 '꿈구두'라는 칭호는 출판사의 칭호이기 때문에 작성하였을 뿐, 원래 생활기록부에는 기업명을 사용할 수 없음을 감안하고 보기 바란다.

가. 기계공학과 세부능력 및 특기사항

학생의 진로희망은 항공기술자이며, 기계공학과를 준비한 생활기록부를 만들어 보았다.

1) 수상경력 ✧

수상경력에서는 학생의 관심사와 해왔던 노력의 결실을 확인할 수 있다. 2023학년도 대입에서 학기당 수상 1개 제공을 끝으로 이후 대입에서는 상급학교에 수상경력을 제공하지 않는다. 즉, 2024학년도 대입부터는 대학에서 학생의 수상 경력을 볼 수 없다. 이에 따라 학교에서 주최하는 대회 참가가 의미 없다고 생각할 수 있다.

하지만 **생활기록부가 대입만을 위한 기록물이 아니며, 수상을 위해 학생이 노력하여 발전하는 것은 교육적인 면에서 매우 긍정적**이다. 또한 대회 형식이 아니라 학교 행사 형식으로 진행해 볼 수 있기에 수상에 관한 내용을 정리하였다.

1학년 ◈ 진로체험발표대회(우수상) / 환경과학독후감대회(장려상)
2학년 ◈ 과학탐구대회-글라이더부문(우수상) / 표창장(봉사상)
3학년 ◈ 과학토론대회(우수상)

정리!

수상에서는 1학년 때 자신의 진로를 찾아가면서 확신을 갖게 된 학생임을 보여주기 위해 진로체험발표대회 우수상을 선정하였고, **공학에서도 환경과 연관** 지어 할 수 있는 활동들이 많이 있기 때문에 해당 분야에 대한 관심이 있다는 것을 보여주기 위해 환경과학독후감대회 장려상을 선정해 보았다.

또한, **수상을 통해 학생이 배우려는 모습**을 만들고 싶었다. 주목해야 할 것은 과학탐구대회-글라이더부문이다. 학생의 자기소개서에서도 주요 내용이 들어가겠지만 이 활동에 뒤이어 작성된 학교생활기록부 속의 다양한 활동들과 학업 수행 경험을 통해 학생이 성장하는 모습을 엿볼 수 있다.

2) 자율 활동 ✦

자율활동은 학교에서 자치, 적응, 학교 특색활동에 학생이 참여한 모습을 기록하는 곳이다. 학교에서 주도하여 시작하기 때문에 학생의 자기주도성이 다른 영역에 비해 적게 드러날 수 있다. 하지만 각 활동에서도 **뚜렷하게 보이는 기록**이 어떻게 되어야 할지 아래 내용을 참고하길 바란다.

1학년 수학주제탐구 행사에 참여하여 '황금비의 비밀'을 주제로 황금비의 의미, 황금비의 역사, 황금비에 담긴 수학적 성질, 황금비가 적용된 사례를 조사한 탐구보고서를 작성함.

과학실험실에서 진행하는 실험 활동에 참여하여 실험 기구 조작법을 익히고 모둠원과 협력하여 탐구를 수행함. 탐구 과정에서 실패의 원인을 찾아 문제를 해결하고, 변인 통제, 실험 보고서 작성법 등을 익힘. 특히 전자기유도를 이용한 무선 충전기의 원리를 알아보는 어려운 실험을 모둠원이 함께 협력하여 완수하는 팀워크를 보임.

수학페스티벌에 수학 교구 설명도우미로 참여함. 자신이 담당한 교구의 수학적 개념과 사용법을 알기 쉽게 설명해주어 친구들이 수학적 원리를 이해하면서 흥미 있게 교구를 체험할 수 있도록 도움.

꿈구두 학습코칭에 참가하여 자기주도학습의 이해와 실제 특강, 자신에게 꼭 맞는 학습전략 탐구를 위한 학습유형 분석 워크숍, 핵심 파악을 위한 마인드맵, 효과적인 암기법, 효과적인 필기법 작성 활동을 통하여 자신에게 필요한 학습 방법들을 익힘.

2학년 또래 멘토링에 수학 멘토로서 참여함. 멘티가 흥미를 가지고 적극적으로 노력하는 모습에 감동해 공부를 더 열심히 하여 가르침. 그 결과 서로의 성적이 향상되었을 뿐 아니라 멘티와의 우정도 돈독해짐.

꿈구두실험반에 선발되어 심화실험(화학전지를 통한 산화-환원 반응, LED를 이용한 플랑크 상수 측정), 독서토론, 주제탐구특강에 참여하며 과학적 탐구 능력을 향상시키고, 모둠원과 협력하여 '파의 상쇄간섭을 이용한 소음 제거법의 실생활 적용'에 대해 탐구함. 독서실에 주로 설치되어있는 백색소음장치에 대한 선호도 차이가 있음을 알고, 공유 시설에서 소음 정도를 조절하는 방법에 대해 호기심이 생겨 파동 간섭 원리를 토대로 상쇄간섭에 의한 백색소음의 감소 지점을 찾은 후 실험을 통해 백색소음의 데시벨 감소를 확인함.

꿈구두초청강연 '이공학자로서 미래를 설계하다'에 참여함. 화학공학이 다양한 분야에 활용됨을 알고 학문 간 융합의 중요성을 깨달음. 특히 난치병 치료, 식품 및 특수 화장품 제조에 이용되는 나노겔에 깊은 인상을 받았으며 4차 산업혁명 시대의 사회 변화 특징과 산업 동향을 파악함.

3학년 ◉ 과학도슨트로서 학생들에게 '드론'에 대해 알리는 행사를 기획하고 운영함. 드론의 구조와 비행원리를 정리하여 게시물을 만들고 관련 퀴즈를 제작함. 퀴즈를 통과한 학생들에게 직접 조종기술을 보여주며 교우들의 시뮬레이션 체험 및 드론 조종 수행을 돕는 등 행사가 원활히 진행되도록 주도적인 역할을 수행함.

또래 멘토링(수학 멘토)에 참여하여 멘티의 학습을 돕고, 자신의 교과 이해와 학습 능력을 향상함.

꿈구두초청강연 '중력과 우주론'에 참여함. 천체물리학의 첨단 분야인 우주의 근원을 다루는 중력과 우주론에 관한 강연을 경청하며 우주의 구조와 변화 양상 등 현대우주론에 대해 알게 됨. 뉴턴의 중력 법칙과 아인슈타인의 일반 상대성 이론의 비교를 바탕으로 과학 패러다임의 전환을 생각해 보고 과학 연구의 사회적 의미와 영향을 깨달음. 강의를 통해 일반 상대성 이론을 이해할 수 있었고, 세상을 물리적 관점으로 보는 것을 배웠다는 소감문을 작성함.

자율활동 특기사항을 보면 **수학과 과학에 대한 관심**으로 참여하는 활동과 공부법이 언급되어 있다.

먼저 **수학과 연관된 활동**으로 수학주제탐구 행사와 수학페스티벌 체험전이 있다. 해당 활동을 통해 학생이 어떻게 공부하는지를 확인할 수 있고, 본인이 가진 학업 역량을 활용해 다른 사람들을 도와주는 수학 멘토링도 제시해 보았다.

과학과 관련된 활동으로는 과학실험실과 꿈구두실험반, 과학도슨트, 초청강연이 있다. 매 학년에 과학과 관련된 행사 및 실험을 기회가 될 때마다 참여했음을 알 수 있고, 각 활동에 참여만으로 끝이 아닌 유의미한 활동 경험이 자세히 기록되어있음을 볼 수 있다. 해당 맥락은 동아리와 진로 및 교과 세부능력 및 특기사항에서도 이어지기 때문에 이점을 잘 체크하길 바란다.

공부법은 1학년 꿈구두 학습코칭을 받으며 공부를 어떻게 해야할 지 고민을 하였고, 2~3학년 때는 또래 멘토링의 수학 멘토로서 참여하는 모습을 작성해 보았다. 자신이 공부하는 방법을 익혔다면 이를 다른 이에게 알려주고 같이 공부하는 배움에 공부 방법은 매우 유의미하다.

3) 동아리 활동 ✦

동아리 활동은 학교 내에서 **자신의 관심사**를 가장 높게 드러낼 수 있는 부분이다.
따라서 대학에서도 학생이 어떤 동아리를 했는지 관심이 많다.

1학년 🔬 **(과학탐구1반)** 개구리 해부를 통해 심장과 내장기관의 모양과 명칭을 살펴보았으며 멸치 또한 해부하여 작은 몸속에서 12개의 장기와 부속기관을 찾아봄. 브로콜리와 바나나를 빻아서 DNA를 뽑아내는 실험에 참여하여 눈에 보이지 않는 유전자를 추출하여 봄. 자신의 혈액과 헤모글로빈을 종이에 바르고 루미놀 용액을 뿌려 어두운 곳에서 혈액과 글씨를 확인해 보는 혈흔반응에 참여함. 과학수사의 한 방법이라는 것을 알게 됨. 또한 범죄수사에 활용되는 다양한 과학수사의 기법을 알고 싶어함. 항A혈청과 항B혈청을 이용하여 자신의 피와 응집반응하는 것을 보고 ABO식 혈액형을 판정하고 혈액형 판정원리를 터득함. 방과 후에 감기예방스틱에 관한 교내부스를 마련하여 1, 2학년 학생들 대상으로 과학행사활동에 참여하여 큰 호응을 얻음. 외부 동아리 부스에 참가하여 시민들을 대상으로 야광지문만들기 부스활동에 적극적인 자세로 임하여 재능기부에 대한 기쁨을 느낌. 자율신경의 변화를 통해 알 수 있는 거짓말 탐지기와 알루미늄 가루를 이용한 분말법과 닌히드린 용액을 이용한 액체법을 이용하여 범인의 지문감식을 하는 방법을 배워 과학수사의 원리를 경험함.

2학년 🔬 **(과학탐구2반)** 다양한 과학 분야에 관심을 가진 학생들이 모여 자신의 진로에 연관된 탐구활동을 하고 보고서 작성 및 발표함. 동아리 반장으로서 과학탐구에 관심이 많아 구성원들을 모아 탐구 동아리를 만들어 동아리를 계획하고 운영함. 물리 분야에 관심있으며 학기 초, 워킹 어롱 글라이더 날리기 활동을 하면서 바람에 따른 물체의 움직임에 대해 궁금함을 느끼고, 이에 대해 탐구함. 2인 1조 팀으로 풍동을 직접 제작하여 바람을 받는 대상의 형태에 따른 유체 역학 탐구를 실시하고 탐구보고서를 작성해 발표하는 일을 주도함. 진로와 관련된 실험을 손수 제작하여 탐구하는 과정에서 많은 시행착오를 거쳐 해결해나가는 다양한 시도를 통해 풍부한 경험을 쌓음. 탐구 과정에서 유체역학 등 물리학 분야의 다양한 힘의 분야에 대해 공부하는 계기가 되었고,

쿨링팬을 회로에 연결하면서 전자기기를 다루는 경험도 하게 됨. 단순히 호기심으로 시작된 실험을 통해 하나하나 배우고 탐구해 가는 과정에서 설렘과 가슴 뛰는 즐거움을 느낌. 다른 학생들의 다양한 진로 분야에 대해 탐구 결과 발표를 들으면서 다양한 직업 분야가 사회 변화와 연계되어 있음을 알게 됨.

3학년 ◉ (과학탐구3반) 동아리 반장으로 물리학과 화학에 관심을 지닌 동아리 부원들을 모아 동아리를 조직함. 일상생활에서의 과학적 문제를 탐색하여 탐구 주제를 찾아내어 주제를 정하고 매 시간마다 열정적으로 활동함. 카페에서 공부를 하던 중 주방에서 들려 온 믹서기 소음이라는 생활 속 불편함을 찾아내고 이를 해결하기 위하여 조원과 공동탐구 과정을 통하여 믹서기만 켰을 때와 믹서기와 스피커를 같이 켰을 때 중 두 번째 경우에 데시벨이 현저히 감소하는 결과를 도출한 뒤 노이즈캔슬링 믹서기를 만들어냄. 물리학적 원리를 탐색하여 파동이 진행한 거리와 파동의 세기, 반사에 의한 소리 세기의 변화, 상황에 따라 사람이 느끼는 소리의 세기 등에 대한 지식을 바탕으로 파의 간섭, 보강 간섭과 상쇄 간섭의 원리를 탐구하여 믹서기의 실험을 뒷받침하는 보고서를 작성함. 실험 과정에서 창의적 문제 해결 능력과 기계공학 지식을 높이는 효과를 거두었다는 소감을 밝힘.

★★
정리!

동아리 특기사항에서 1학년과 2~3학년 특기사항을 비교하기 위해 작성하였다.

우선, 학생은 3년간 과학탐구동아리를 하였다. 해당 활동을 통해 학생은 실험 능력을 길렀음을 특기사항에서 자세히 알 수 있다.

1학년 동아리는 어떤 활동을 하였는지 내용을 읽어보면 자세히 기재되어 있다. 2~3학년 동아리에는 학생이 동아리 속에서 어떤 활동을 하였는지를 자세히 기록해 보았다. **이 부분에서의 차이점**은 다음과 같다.

1학년 동아리 특기사항에서는 **해당 동아리가 무엇을 하는지를 알 수 있게 해주**며, 학생이 활동하는 모습이 어렴풋하게 그려진다. 반면, 2~3학년 동아리 특기사항에서는 동아리에서 학생이 활동하는 모습을 뚜렷하게 떠올릴 수 있다. 즉, **학생의 살아 있는 모습**이 담겨 있는 특기사항이라고 할 수 있다. 자기소개서에도 이어지지만 학생의 의미 있는 활동으로도 2, 3학년 동아리가 언급된다.

동아리 속에서 교사는 학생을 어떻게 기록해야 할지 참고하길 바라며, **학생은 2~3학년 특기사항처럼 기록돼야 함**을 명심하길 바란다.

4) 봉사 활동 ✦

봉사 활동의 특기사항은 기본적으로 작성하지 않는다. 또한 2024 대입부터는 학생이 외부에서 한 개인 봉사 활동은 상급학교에 제공하지 않는다. 따라서 학교 계획에 따른 알찬 봉사 활동이 중요하다. 그리고 오해하면 안 되는 부분이 어떤 봉사 활동이 해당 학과에 가장 적합한 봉사 활동인지 질문이 많은데 그런 봉사 활동은 있을 수 없다. 학생이 하는 **모든 봉사 활동이 다 의미가 있다는 점**을 꼭 유념하고 내용을 참고하길 바란다.

1학년 ◉ 교내 환경정화활동 3시간

건강가정지원센터 도우미 15시간

청소년을 위한 행복 인형 기부봉사 2시간

2학년 ◉ 교내 환경정화활동 3시간

분리수거 활동 10시간

재능기부봉사활동 10시간

3학년 ◉ 교내 환경정화활동 3시간

비대면캠페인 봉사 10시간

헌혈 4시간

정리!

학교에서 할 수 있는 교내 환경정화활동과 분리수거 활동을 작성하였다. 개인 봉사 활동은 건강가정지원센터, 인형 기부 봉사, 재능기부, 비대면 캠페인, 헌혈 봉사를 작성 하였다. 개인 봉사활동을 하는 경우 계획을 잘 세워서 개인 프로젝트 봉사로 꼭 실천해 보길 바란다. **하면서 배우는 게 많다.** 특히 봉사활동은 생각했던 것보다 하면서 배우는 게 많은 활동이다.

봉사 활동 기록을 작성하면서 생각하는 것이지만, 해당 글을 읽는 모든 분께서는 어떠한 봉사라도 **먼저 시도해보길 바란다.**

5) 진로 활동 ✦

진로활동의 특기사항은 진로 희망과 관련된 학생의 자질, 수행한 활동 및 결과물을 기록할 수 있고, 진로 상담 결과 또한 작성할 수가 있다. 즉, 전반적으로 학생이 희망하는 진로로 나아가기 위해 수행한 어떠한 활동도 기록할 수 있다.

1학년 ◉ 학과계열선정검사 및 유형별 학습진단검사에서 학습 목표 성취에 대한 자아개념 수준이 높으며 계획 이행력이 높게 나타남.

꿈구두 진로진학설계프로그램에 참여하여 진로 검사 결과에서 나타난 흥미와 적성, 가치관 등 개인적 특성과 연계하여 물리학과 및 항공정비 기술자 정보를 탐색함. 자신의 흥미와 적성에 맞추어 진로방향 로드맵을 그려보면서 진로방향을 구체적이고 체계적으로 탐색하여 설계함.

직업인 초청프로그램에서 항공정비 체험 분야에 참여하여 정비사에 대한 이해를 높이고 직무 및 필요한 능력, 직업 특성과 전망, 직업 선택을 위한 조언 등을 경청함.

진로박람회 체험활동에서 기계공학과, 사물인터넷IoT 활동에 참여하여 직무 및 필요한 능력, 전망 등을 탐색함. 기계공학과, 사물인터넷IoT 활동을 통하여 실질적 정보탐색과 더불어 자신의 흥미, 적성에 맞는 미래 직업정보를 탐색하여 진로 방향을 설계함.

'인공지능과 자율주행자동차'라는 주제로 진행된 꿈구두초청강연에 참여함. 자율주행자동차 개발의 역사와 현재 개발 상황에 대해 강연을 들었으며, 실제 연구용 자율주행자동차를 관찰하고 시승해 보면서 자율주행기술이 앞으로 우리 생활의 다양한 분야에 미칠 영향에 대해 생각해 보는 계기가 되었다고 소감문을 작성함.

2학년 ◉ 학생이 자신에 진로와 관련 있는 기업 및 박물관, 연구소 등에 홈페이지와 관련 사이트를 탐방하며 본인이 배우고 느낀 점을 작성하는 사이버 탐방 보고서에 성실히 참여하였음. 직접 방문할 수 없는 곳을 온라인으로 5곳을 탐방하면서 본인의 꿈을 키움.

학생은 지금까지 살아오면서 꿈에 변화로는 어렸을 때 과학 상자나 로봇 등을 많이 만들면서 기계에 흥미가 있어 기계공학자라는 꿈을 가졌고, 고등학교 올라와서는 더 관심이 생긴 항공기 쪽으로 기계공학자가 되고 싶어서 항공 엔지니어의 꿈을 가지고 있다고 함. 항공 엔지니어가 되었을 때 학생이 있는 동안은 절대 비행기 사고가 안 일어나도록 하고 싶다는 포부도 밝힘.

직업 체험 활동으로 항공정비사와 착용 로봇 개발자를 선정하여 보고서를 작성함. 기계나 로봇을 만들고 고치는 것을 좋아하는데, 비행기를 좋아하여 항공정비사를 선정하였고, 최근 웨어러블 기기들이 많이 발전하면서 착용 로봇 개발자를 선정하였다고 함. 항공정비사가 되기 위해서는 영어와 다양한 자격증, 면허 등이 필요함을 알게 되었으며 날씨에 영향을 많이 받는 항공정비사인데 스스로 잘 해낼 수 있을지 고민해보았다고 함. 착용 로봇 개발자는 산업용에만 치중한 로봇개발이 의료, 복지 등 다양한 분야에 사용되고 있음을 알게 되었으며, 이로 인해 빠르게 성장하는 직업임을 알게 되었고 더욱 관심이 생겼다고 소감을 이야기함.

3학년 ⬤ 시사발표 시즌1 시간에 평소 물리와 기계 분야에 관심이 있어 친구들도 해당 분야에 관심을 가지면 좋을 것 같아 '비행기 구조역학'이라는 주제로 발표함. 구조역학이란 무엇인가를 설명하였고, 비행기에서 쓰이는 금속으로 알루미늄 합금, 마그네슘 합금, 티타늄 합금, 스테인리스강, 초합금, 합성수지 재료, 유리 섬유를 비교 설명함. 비행기에 사용하는 복합제를 더 가볍고 튼튼하게 만들 때 작용하는 허니컴 구조를 설명하고 사용하는 이유에 대해 명쾌하게 발표함.

진로발표 시즌2 시간에 일반 상대성 이론에 대해 발표함. 학급 친구들이 어려워할 주제라 판단하여 자신들이 출연하고 만든 영상을 보여주면서 발표에 집중도를 높임. 중요하고 재미있는 내용이어서 친구들이 알았으면 하는 마음으로 발표를 준비했다고 함. 엘리베이터에서 체중이 변하는 영상을 제시하며 가속도 운동에서의 물체의 변화를 설명함. 가속 좌표계에 있는 관찰자가 관성력과 중력을 구별할 수 있는지 내용으로 등가 원리를 설명함. 일반상대성 이론에 따르면 중력이 작용하는 곳에서는 시간 지연 현상이 생기는데 이것이 등가 원리로 설명할 수 있으며 친구들의 이해를 돕기 위해 놀이터 뺑뺑이를 보는 관찰자와 뺑뺑이 위에서 움직이는 뺑뺑이를 보는 관찰자의 영상을 촬영하여 가속좌표계에 있는 관찰자는 관성력과 중력을 구분할 수 없다는 것을 설명함. 또한 중력은 공간을 휘게 하여 시간을 느리게 가도록 하는데 이것을 시공간 휨이라고 설명하며, 구입한 그물을 교실에 펼치고 공을 이용하여 중력장에서 빛을 설명하였고, 질량이 매우 큰 천체일 때가 블랙홀임을 발표함. 쉽게 설명해주어서 좋았다는 평가를 받음.

정리!

　진로 특기사항은 학생이 자신의 진로를 구체화하기 위해 했던 모든 활동을 작성할 수 있다.

　1학년 때는 실질적으로 학생이 자신이 선택한 진로가 맞는지 다양한 검사를 통해서 확인하는 과정이 많다. 따라서 해당 특기사항도 체험프로그램, 직업인 초청강연, 진로 검사 등을 작성하였다. 검사 결과를 통해서 **직업에 적합성**을 알 수 있으니 유의미한 특기사항이다.

　2학년 때 특기사항은 기존의 진로 특기사항과 사뭇 다르게 작성하였다. 활동 위주의 특기사항 나열보다는 학생과의 **진로 상담 및 진로 활동**을 통해서 전체적으로 학생이 진로를 어떻게 생각하고 준비하는지를 보여주는 방식으로 작성하였다. 해당 방식으로도 특기사항을 기록할 수 있기 때문에 참고하길 바란다.

　3학년 때 특기사항은 **발표에 초점**을 맞추어서 학생이 그간 자기가 준비했던 비행기 그리고 물리에 대한 관심을 학급 학생에게 선보이는 학년으로 특기사항을 만들었다. 이를 통해 창의적 체험활동 전체에서 비행기와 물리에 대한 관심이 높다는 것을 확인할 수 있다.

6) 교과 세부능력 및 특기사항 ✛

1학년 ◉ **한국사** : 스마트한 외모만큼이나 복잡한 한국사 사건 흐름의 정리가 완벽한 학생으로 긍정적 학습 반응은 물론 주변의 어떤 상황에서도 집중력을 잃지 않는 모범생임. '도미설화'를 읽고 '재회'라는 주제로 자작시를 지어 백제 개루왕 당시를 표현하였고 신라의 금관을 모형으로 만들면서 금관장식부터 무게, 실제 썼을 가능성까지 염두해두고 모둠원들에게 설명함. 한국 근현대사를 심화학습하기 위해 서대문형무소를 답사한 후 일제강점기의 독립운동사를 정리하여 활동지로 제출함. '조선시대의 과학기술'을 주제로 발표수업을 진행하면서 조선시대 과학기술 노래로 시작하여 재미를 더하였고 측우기와 앙부일구 및 자격루의 원리를 과학적으로 접근하여 학문의 융합적 발표로 호평을 받음. 조선왕조실록 학습 후 '조선왕조의 정치'라는 주제로 모둠별 화첩을 제작하면서 서인의 반정이 가지는 역사적 의미를 표현함. 매 시간 작성한 수업일기 중에서 남인의 입장에서 예송과 환국을 설명했던 점과 홍경래가 당시 가졌던 억울한 심정을 잘 표현하여 수업일기의 모범이 되었음. 박지원의 '양반전'을 읽고 양반의 비생산성에 대해 다방면으로 평가해보는 등 교과 독서수업에 적극적으로 참여함.

국어 : 뛰어난 학습 능력과 리더십으로 수업을 긍정적으로 이끎. '허생전'의 수업 진행을 맡아 박지원의 생애를 허생전과 연결하여 설명함. 조선 후기 사회 현실의 문제점에 대한 비판을 중심으로 작품을 분석함. 특히 친구들에게 질문을 던지며 이해 정도를 확인하면서 발표를 진행하는 자신감이 돋보였음. 신경림의 '가난한 사랑 노래' 감상 수업 진행은 시가 지어진 사회 문화적 배경과 그속에서 겪은 화자의 고난을 설명한 후 시를 해석함. 시의 내용에 충분히 공감할 수 있도록 이끄는 발표 능력이 인상적이었음. 정보전달 말하기 활동에서는

항공정비사를 소재로 자진하여 발표함. 관련 학과와 관련 자격증, 라인정비와 공장정비, 직업의 전망 등을 흥미롭게 설명함. 소설 '아홉 켤레의 구두로 남은 사내'에 반영된 서사 갈래의 구성 요소를 통해 소설의 주제를 도출하는 분석력을 발휘함. 또한, 설득하는 글쓰기 활동에서 급식 시간 부족에 대해 문제를 제기한 후 구체적인 해결방안과 논거를 제시하는 논리력을 보임. 지필평가를 앞두고는 친구들이 어려워하는 가사 문학을 골든벨 형식의 문제풀이를 통해 익힐 수 있게 도와줌. 기출문제를 분석한 후 본인이 직접 준비한 예상문제를 친구들에게 공유하여 학생들에게 큰 호응을 얻음.

수학 : 사고력과 논리력이 매우 우수하고 이해력이 뛰어나 원리를 깨우치는 속도가 빠름. 수업시간마다 수업에 완전히 몰입하고 사고과정 자체를 즐기며 문제해결의 다양성을 탐구하는 것을 좋아하고 문제해결에서 원리를 적용하여 간결하게 서술하고 발표하는 능력이 있음. 특히 경우의 수 단원에서 자신이 해결한 방법이 아닌 미처 생각하지 못한 또 다른 방법으로 문제해결법을 알게 될 때 감탄사를 외치며 행복해하는 모습을 보임. 이차방정식의 근의 역수를 근으로 갖는 이차방정식은 계수가 주어진 이차방정식의 계수의 역순임을 증명하기, 두 직선의 방정식이 일반형으로 주어질 때 두 변수의 계수의 곱의 합이 0일때 수직임을 증명하기, 활용문제에서 변수와 변수의 범위를 놓치지 않고 설정하여 문제를 해결하기 등을 발표하였고, 특히 조합단원에서 등식의 변형을 자유자재로 표현하고 주어진 등식이 성립하는 경우를 실생활의 예를 들어 설명하여 급우들로부터 박수를 받음. 중단원 마무리 시간마다 조교활동을 자원하여 급우들의 학업을 도와주고, 모둠활동에서 모둠장을 맡아 단합을 이끌어내며 재밌게 활동이 이루어지도록 함. 지성과 인성, 학문적 소양 능력을 두루 지닌 훌륭한 학생임.

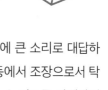

영어 : 항상 적극적인 자세로 수업에 임하여 교사의 질문에 큰 소리로 대답하며 수업에 활력을 불어넣어주는 학생임. 수업 중 모둠활동에서 조장으로서 탁월한 리더십을 발휘하여 조원들 모두가 학습지를 완성할 수 있도록 상세하게 본문을 해석해주며 도와주는 모습을 많이 관찰함. '나의 롤모델'에 대한 말하기 과제에서 유명한 농구선수에 관해 소개하고 존경하는 이유에 관하여 구체적

이고 명료하게 표현함. 영어로 자신의 생각을 표현하는 데 주저함이 없고 모든 학생을 골고루 바라보는 시선처리가 인상적임. '나의 꿈'에 관한 쓰기 활동에서 항공분야의 자신의 꿈을 이루기 위한 구체적인 방법을 어학, 기술, 학업의 측면에서 적절한 어휘와 수업 시간에 배운 표현을 적재적소에 활용하여 설명함.

통합사회 : 사회적 이슈에 대한 현상-원인-대책을 고뇌하는 모습에 진정성이 담겨 있는 학생으로 사회 윤리 의식을 갖춘 이과형 인재로 성장할 잠재력이 매우 큼. 수업 때 교사에게서 시선을 떼지 않았으며, 사회 교과의 학문적 희열을 즐기는 학생이었음. 모르는 것이 있으면 알 때까지 질문하고 자신이 가진 모든 지식 등을 동원하여 통합적으로 접근하는 자세를 갖춤. 교과-진로 융합수업 활동에서 교통의 발달 단원을 자신의 진로와 연계하여 발표함. 특히 항공정비사의 실수 한번이 큰 피해를 초래할 수 있다는 점을 사례를 들어 설명하면서 정비사의 책임과 윤리 의식을 강조하였음. '차이가 차별이 되지 않는 대한민국'이라는 제목으로 사회 불평등 카드 뉴스를 제작하면서, 사례를 통해 장애인의 약한 지위를 구체적으로 알아가고 캠페인, 법의 강화, 인식개선을 해결방안으로 제시함. 도시 설계 수업에서, 맡은 도시에 공업 단지, 쓰레기 처리장으로 인한 공기 문제, 대중교통 이용  불편 문제 등이 있음을 주목하고, 이에 '그린 캠페인'라는 정책을 제안한 설계도를 제작함. 이 과정에서 모둠원의 의견을 경청하고 조율하며 정리한 후 결과물을 만드는 등 협력 활동을 주도적으로 이끎.

통합과학 : 모든 수업 시간에 질문을 통해 과학에 대한 흥미와 관심을 나타내었음. 1년 동안 과학부장으로 성실하게 준비물 배부를 돕는 등 책임감이 뛰어나며 자발적으로 행동함. 모둠활동에서 우수한 과학적 의사소통 능력을 보여줌. 태양에너지의 전환 사례를 글과 그림 양식으로 훌륭히 표현하여 게임 형식의 학습활동에서 우승을 차지하였고 또한 세포의 구조 그림을 정밀하게 표현하고 플래시 카드방식을 활용하여 개념을 익히는 활동에 주도적으로 참여하는 등 능동적인 모습이 인상적임. 과학 지식을 기반으로 문제 상황에서 창의적으로 해결하는 능력도 우수함. 충격량 개념을 정확히 이해하여 충돌 시간

을 늘려주는 빨대 구조물을 구상하여 높은 곳에서 떨어뜨려도 깨지지 않는 달걀 보호 안전장치를 완성함. 또한 외권과 생물권의 특징에 대해 정리하고 발표하는 과정에서 친구들의 이해를 돕기 위한 퀴즈를 출제하여 복습활동을 이끌었고 중생대의 특징을 꼼꼼히 익히고 정리하여 친구들 앞에서 유창하게 발표함. 산과 염기의 성질 실험에서 이론적인 결과와 일치하지 않는 부분을 파악하고 오차의 원인을 설명하였으며 특히 물리 개념 관련 질문에 가장 빠르고 명확하게 대답하는 등 수학적 사고와 과학적 사고력이 우수함.

★★ 정리!

지금까지 학생의 기록을 보면 학급 자치회장 및 부회장, 전교 임원 활동 등을 한 학생이 아님을 알 수 있다. 이러면 리더십을 보이기 어렵다고 생각할 수 있다.

이는 **고정관념**일 뿐이다. 학생이 학교에서 가장 많은 시간을 보내는 **수업에서 얼마든지 리더로서의 모습**을 보일 수 있다. 1학년 특기사항은 학생이 **각 과목에서 모둠장 및 수업 진행할 때 많은 도움**을 주는 형태로 수업에서의 **리더십**이 높은 학생임을 엿볼 수 있다. 특히 국어, 수학, 영어, 통합과학의 특기사항에서 확인할 수 있다.

진로와 연계한 교과 특기사항도 볼 수 있다. 한국사 시간에는 조선 시대의 과학기술 발표, 국어 시간에는 정보전달 말하기 활동, 영어 시간에는 나의 꿈 쓰기 활동, 통합사회 시간에는 교과-진로 융합 수업 활동이 있다. 교사는 수업을 어떻게 디자인할지 고민하길 바라며 학생들은 내가 어떻게 참여해야겠다는 계획을 세워보길 바란다.

2학년 ◉ **수학Ⅰ** : 수업시간에 배운 내용 중 관련된 문제를 유형별로 정리한 후 그것을 수준별로 나누어 자신의 취약한 단원을 보완해 나감. 실생활에서 수량 사이의 관계가 지수함수와 로그함수로 나타나는 경우, 이러한 문제를 지수함수와 로그함수를 활용하여 해결할 수 있으며 변수가 속하는 범위에 주의하며 문제를 해결할 수 있음. 수학의 개념이나 원리를 익혀 새로운 문제를 적극적으로 해결하며 답을 구할 때까지 중단하지 않고 열심히 하려고 노력함. 나만의 수학 포트폴리오 활동에서 평면도형에서 다루었던 각이 동경이 회전한 양으로 정의가 되고 이를 이용해 일반각으로 나타내며 자연스럽게 삼각비에서 삼각함수로의 확장되는 과정을 마인드맵의 양식으로 정리함. 수학 주제탐구활동지 활동에서 수열의 정의와 여러 가지 개념들을 자신만의 수학 사전으로 만드는 활동을 함.

수학Ⅱ : 수학 문제 푸는 것을 좋아하여 다양한 문제들을 해결하고 어려운 부분은 끊임없이 노력하여 해결하고자 하는 성실한 학생임. 교과서에 있는 증명 문제를 스스로 논리적으로 증명하고 다른 증명 문제를 찾아 연습하여 노트에 정리함. 곡선에 그은 접선의 방정식을 구하는 방법을 터득하면서 이를 응용한 롤의 정리와 평균값 정리를 배우고 다양한 상황에 이를 활용한 문제를 해결해 나감. 어려운 문제를 풀 때 곧바로 답지를 보거나 질문하지 않고 스스로 문제를 해결하고자 노력하는 태도가 인상적임. 수학 주제탐구 활동지 활동으로 미분계수와 도함수에 관한 역사와 유래를 조사하였으며 미분계수의 실생활 예로 운동선수들의 운동능력을 측정하거나 선수들의 움직임에 따른 환경의 저항과 변화 등을 표현할 때 미분계수가 사용된다고 설명함. 문명과 수학 동영상을 시청한 후 미적분이 수학과 물리에 많이 적용됨을 알게 되었고 미래 사회 변화를 예측하는 능력을 키워야겠다는 소감을 발표함.

영어Ⅱ : 매 시간 적극적인 자세로 수업에 참여하고 수업시간 후에도 이해가 가지 않는 부분을 질문하고 친구들과 풀이법을 공유하는 등 학습에 대한 열의가 높음. 좋아하는 과목 및 전공분야 소개하기 영작 활동에서 현실과 밀접하게 연관된 과학 분야, 특히 물리 과목을 가장 좋아하고 기계공학 분야를 전공하고 싶다는 내용을 적절한 어휘와 자연스러운 문장으로 표현함. 관계사, 분사 등의 문법요소를 활용해 수식 구조를 잘 표현하고 어법상 완벽한 글을 완성함. 모둠별 독해 활동 후 새로운 어휘 및 표현을 정리하고 작품에 대한 이해를 바탕으로 등장인물과의 가상 인터뷰를 진행함. 이를 바탕으로 줄거리와 자신의 감상을 담은 감상문을 영어로 잘 작성함. 내용상, 어법상 모두 훌륭한 글을 완성하였음. 온라인 영어 강연 사이트에서 자율주행자동차에 관한 강연을 듣고 주요 내용 요약 및 인상 깊은 문장 인용 후 자율주행자동차에 사용되는 다양한 과학기술에 관심을 갖고 이를 이용해 미래에 실용적인 항공기를 제작하고 싶다는 소감을 작성함.

물리학 I : 배움에 대한 순수한 열정이 있어 항상 즐거운 마음으로 수업에 적극적으로 참여하는 학생으로 개념에 대한 이해가 빠르고 서두르지 않고 주어진 문제를 포괄적으로 보고 하나하나 해결하는 물리적인 감각이 돋보임. 뛰어난 직관력 및 통찰력을 바탕으로 우수한 문제해결 능력을 보이고 모르는 내용이 있으면 수업이 끝난 후 항상 질문하는 발전가능성이 높은 학생임. 두 수레의 충돌 실험을 분석하는 활동에서 두 수레의 충돌 전후의 속도, 운동량을 바르게 구하고 방향을 잘 고려하여 운동량 보존 법칙을 정량적으로 잘 설명함. 굴절률 측정 실험의 원리 및 과정을 잘 이해하고 수행하여 물의 굴절률을 구하였으며 실험이 원활히 진행될 수 있도록 실험조를 잘 이끎.

화학 I : 화학 결합 물질 소개하기에서 슈퍼 목재와 스마트 알루미늄을 발표하여 인상적임. 각 물질이 만들어지는 과정을 소개하면서, 해당 물질이 비행기에 적용했을 때 일어나는 장점을 설명함. 신소재 소개하기에는 탄소 섬유를 발표함. 신소재가 발견되어 실용적 항공기를 만들고 싶다는 포부를 말함. 과학자의 인물사 비교 후 각 전문가가 지녀야 할 태도 발표하기 시간에 전문가로 항공 엔지니어를 선정함. 항공 엔지니어는 꼼꼼함이 필수이며, 불편함에 반응하는 적극성이 있어야 한다고 발표함. 물의 전기 분해 실험에 대한 실험 과정을 이해하고 실험 결과를 통해 화학 결합의 성질을 유추함. 미지의 세 가지 물질을 구분할 수 있는 실험을 설계하였으며 실험 결론을 통해 각 결합 물질을 찾아낼 수 있음을 작성함.

기하 : 항공 엔지니어의 꿈을 갖고 더 많은 곡선과 도형을 배울 수 있는 기하를 선택한 학생으로 바른 자세로 수업에 성실히 참여하며 긍정적인 수업분위기 조성에 기여함. 이차곡선 디자인 활동에서 타원과 포물선의 그래프로 바람의 저항을 덜 받는 비행기의 앞부분을 표현함. 비행기가 공중을 날기 위한 양력이 비행기의 추진력과 항력 및 중력의 세 가지 벡터의 연산에 의하여 결정되고 양력과 중력의 크기에 따라 상승과 하강을 한다는 기하일기를 작성함. 벡터를 성분으로 나타내면 벡터의 연산이 좌표의 연산으로 해결된다는 것을 알고 다양한 문제에 적용해보겠다는 의지를 보임.

공학 일반 : 교육과정 클러스터 운영교로 타교에 개설된 공학 일반 과목을 이수함. 아두이노를 활용한 DIY 블루투스 스피커 만들기 프로젝트에서 스케치업을 활용한 제품 디자인 설계함. 아두이노 각각의 부품의 사용 방법과 부품의 활용 방법에 대해 알고 있음. 프로젝트 과정에서 제품의 결함을 발견하고 이를 보완하기 위해 인터넷을 통한 자료 검색과 선생님들께 조언을 구해 해결하려고 노력하는 모습이 인상적임. 새로운 지식에 관해 공부하고 이해하려는 모습이 돋보임. 자신의 의견보다는 타인의 의견에 귀를 기울이고 자신의 이익보다 팀의 이익을 위해 희생하고 노력하는 자세를 보여줌.

정리!

    2학년 교과 특기사항을 보면 **주제가 열려 있는 활동**들을 확인해 볼 수 있다. 수학 시간에는 주제탐구활동지, 영어 시간에는 좋아하는 과목 및 전공 분야 소개하기 영작 활동, 화학 시간에는 화학 결합 물질 소개하기가 있다. 수업에서 전체 학생의 진로에 맞춰서 하기는 현실적인 어려움이 있다. 하지만 학생에게 열려 있는 활동을 하면서 학생의 진로에 대한 관심과 자질을 확인할 수 있기 때문에 많이 활용되었으면 한다.

    또한, 교과 특기사항에서는 학생이 **수업 시간에 어떻게 공부하는지를 가늠**해 볼 수 있는 문장들이 많이 있다. 수학, 영어, 물리학, 공학 일반 특기사항을 보면 학생은 열정을 가지고 수업에 임함을 알 수 있다. 이러한 특기사항을 종합해 보았을 때 공학 일반을 듣는 것도 납득할 수 있는 부분이다.

    마지막으로 **기하 특기사항 중 교과를 선택한 이유**를 작성해 놓았다. 교육과정이 변화하면서 교과 선택이 주류가 되었다. 학생이 교과를 왜 선택하였는지 보여줄 수 있는 특기사항으로 참고하길 바란다.

3학년 📖 독서 : '물리학자는 영화에서 과학을 본다(정재승)'를 읽고 서평을 작성함. 서평쓰기 전 준비 과정에서 영화에서 과학적 오류가 범해졌을 때 오류의 근거를 과학적으로 제시하고 분석한 내용을 체계적으로 요약함. '다이하드2'의 불이 타는 속력이 비행기가 날아가는 속도를 따라잡을 수 없는 부분을 간과해 제작한 부분에 주목해 과학적 오류를 분석했으며 앞으로도 이런 부분을 고려해 영화를 분석해 보고자 다짐함. 영화 '체인리액션'에서 '음파 발광'이라는 과학적 이론을 새롭게 알게 될 계기를 가짐. 어휘력이 풍부하며 문장표현력이

우수한 편인데 이를 바탕으로 흥미롭게 읽히는 서평을 작성하였고 관심 분야인 항공 관련 영화를 탐색해 관련 지식을 채워나가겠다는 다짐을 드러냄. 진로 희망분야 읽기 활동에서 '자율 주행 자동차의 핵심 기술'과 관련한 글을 읽고 내용을 요약함. 예기치 못한 충돌로 인한 비행기 사고 방지를 위해 라이다의 원리를 이용해 물체를 감지할 수 있는 능력을 가진 비행기를 설계하고 싶은 바람을 가짐. 이를 심도 깊게 이해하고자 '지금 모빌리티에 투자하라'는 글을 읽고 자율주행의 방식이나 관련 내용을 탐색함. 이 과정에서 라이다의 기술 발전을 통해 가성비 높은 비행기가 개발되기를 희망함.

미적분 : 학습 태도에서 집중력이 좋고 문제 해결에 대한 의지가 높은 학생임. 자신이 부족한 부분을 냉정하게 판단할 줄 알고 보완을 위해 적극적으로 노력하여 학습 발전을 성취하는 모습에서 열정적인 자기주도학습 태도가 돋보임. 강의를 들으며 필기 프린트에 중요한 내용을 꼼꼼하게 기록하여 개념 학습에 활용함. 교과서 평가 문제 풀이 과제를 모두 완벽하게 수행하고 이를 바탕으로 풀이 발표 및 토론 활동에 적극적으로 참여함. 특히 발표를 통해 자신의 풀이를 친구들에게 설명하고 피드백을 주고받는 것을 즐겨함. 원과 접선 사이의 관계를 파악하여 극한값을 구하는 고난이도 문제를 정확히 해결하고 풀이과정을 발표했으며, 문제의 핵심을 정확히 강조하여 설명함으로써 친구들의 이해를 효과적으로 도움. 미분계수의 정의와 자연상수의 극한의 성질을 활용한 미분법 관련 논술형 문제, 극대, 극소를 구하여 초월함수의 그래프를 그리고 정적분을 활용하여 넓이를 구하는 논술형 문제를 정확히 해결하고 논리적으로 서술함. 진로와 연관하여 항공 분야에 관심이 높고, 관련하여 수학의 중요성을 잘 알고 있음. 미분이 항공 분야에 활용되는 예로 연속성과 항공기의 외형 사이의 관계를 알아보고 내용을 활동지로 정리함.

여행지리 : 예의바른 행동과 성실한 태도로 수업에 참여하는 학생으로 항공 엔지니어로의 진로를 꿈꿔, 진로기반 여행계획 세우기 활동에서 세계적인 공대와 S  항공우주박물관이 있는 미국을 여행지로 선정했음을 밝히고, 미국의 자연환경과 대표산업, 축제에 대해 소개함. 미국에서는 인종, 성별, 비만에 대해 언급

할 때 오해할 수 있으므로 주의할 것과 여성을 너무 오래 쳐다보는 것도 주의해야 함을 이야기하고 기념품으로 한국에서 구하기 힘든 스포츠 져지를 추천함. 여행 일정에 미국 우주개발의 역사를 한눈에 볼 수 있는 S 항공우주 박물관과 유명 공과대학을 넣어 소개함.

물리학Ⅱ : 1학기 교과 부장을 맡아 수업 전에 교무실에 들러 교사의 수업 준비를 도우며 학구적인 면학 분위기 조성을 위해 주어진 일들을 성실히 수행함. 평소 물리학에 대해 관심과 흥미가 많아 수업 태도가 바를 뿐 아니라 자기 학습력이 뛰어나 고난도 문제가 주어졌을 때 끝까지 해결하고자 노력하고 그 풀이 과정을 논리적으로 칠판에 기재하고 설명하여 친구들이 이해하도록 도움을 줌. 벡터의 합성과 분해를 이용하여 알짜힘을 구하는 문제에 대해 다양한 방식으로 접근하여 분석한 후 발표함. 돌림힘 공식을 이용하여 임의의 힘에 대한 최소 거리를 구하여 설명함. 조원과 협력하여 단진자의 주기를 줄의 길이, 추의 질량, 단진자의 폭에 따라 측정하여 그래프로 완성하였으며 주기와 길이, 질량의 관계를 확인하는 계기를 마련함과 동시에 실험을 성실히 수행함. 역학, 전자기학 부분의 주요 개념들을 성실하게 정리하여 자신만의 포트폴리오를 완성함. 등가속도 운동 공식에 대한 이해도가 높아 비스듬히 던진 물체의 운동에 적용하여 설명함. 항공엔지니어와 기계공학 분야에 관심이 많아 관련 물리 개념으로 동역학, 열역학, 유체역학, 재료공학 등 다양한 분야를 조사하여 발표함.

화학Ⅱ : 변화하는 기술에 관심이 많으며, 자신이 궁금한 분야에는 스스로 해결하고 결과를 만들어내는 학생임. 알고 있는 내용에 대해 친구와 이야기를 하면서 올바른 답을 찾아나가는 공부 모습을 보임. 화학 전지를 공부한 뒤 관심 있는 전지를 찾아 원리, 상품, 한계 및 제언 사항 등을 조사, 정리하는 활동에 적극적으로 참여함. 리튬 이온 전지를 주제로 충전과 방전이 일어날 때 이온의 움직임을 표시하여 전지가 작동됨을 정리함. 활용되고 있는 분야로는 전기 자동차, 에너지 저장 시스템 기술이 있으며, 한계점으로는 각각 양극과 음극에서 온도에 따라 발열이 일어난다고 정리함. 활동을 마치며 2차 전지에 대해 알 수 있어서 의미 있는 시간이었고 한계점을 해결해야 우리가 안전하게 사용할 수 있겠다는 소감을 발표함.

진로와 직업 : 항공 엔지니어를 꿈꾸며 먼저 비행기 구조와 엔진을 조사한 후 비행기 연료에 더 관심이 가 '항공유란 무엇인가?'라는 주제로 활동지를 작성함. 전문기관 및 관련 기업의 설명과 책을 참고하여 항공유가 만들어지는 방법과 항공기별로 사용하는 항공유의 종류, 항공기 연비를 높이는 방법 등을 정리함. 활동 후 항공기가 모든 교통수단 중 이산화탄소 배출량 1위라는 것이 인상 깊었고, 이를 해결하기 위해 3D 프린팅 기술로 비행기를 만들거나, 바이오 항공유 같은 친환경 항공유 연구가 필요함을 알게 되었다는 활동 소감을 발표함.

정리!

　　3학년 교과 세부능력 및 특기사항 기록은 학생의 **진로 분야 기록과 맞물려서 작성**을 많이 한다. 3학년 독서 시간에는 책을 활용한 수업에서 학생의 관심사를 드러내었고, 여행지리 시간에는 여행계획 세우기 활동, 미적분과 물리학 시간에 항공에 관한 언급된 사항을 볼 수 있다. 항공뿐 아니라 자율 주행에도 학생이 관심이 보이는데 1학년 진로 특기사항과 2학년 영어 교과 특기사항에서도 이를 찾아볼 수 있다.

　　그리고 **공부하는 모습**을 잘 드러낸 특기사항으로는 미적분, 물리학 등이 있다. 학생의 진로를 많이 드러내기보다 학생이 수업에서 어떠한 자세로 임하여 공부하는지를 나타내는 특기사항이다. 학생의 모습을 잘 보여주고 있기 때문에 의미 있는 특기사항이라고 할 수 있겠다.

　　마지막으로 **진로와 직업 수업**이 있다. 해당 교과 특기사항은 진로 특기사항으로 작성해도 무방하다. 여기서는 진로와 직업이라는 과목을 개설해볼 수 있어서 별도로 작성해 보았다. 다른 학교에서도 학교별 자율 교육과정을 활용해 보면 좋을 것 같다. 이에 따른 제언으로 진로별 주제 탐구활동지를 써보는 내용을 만들었고 해당 특기사항을 작성해 보았다. 학생의 진로와 밀접한 내용을 수업해볼 수 있고 결과물을 만들 수 있기 때문에 활용해 보길 바란다.

7) 독서 활동 상황 ✧

독서 활동 상황은 2024 대입부터는 상급학교 진학 자료에 반영되지 않는다. 이에 따라 독서가 중요하지 않다고 생각할 수 있지만, 독서 활동이 교과나 학교 활동으로 들어올 수 있다. 독서를 통해 학생이 배우는 것이 많으므로 독서는 지속적으로 하길 추천한다.

1학년 🌐 지엠오 아이(문선이), 디리클레가 들려주는 함수2 이야기(김승태), 가우스가 들려주는 수열 이야기(정완상), 우리 역사 과학기행(문중양)

2학년 🌐 어느 수학자의 변명(고드프레이 하디), 놀라운 수의 세계(안나 체라솔리), 미적분으로 바라본 하루(오스카 E. 페르난데스), 룰루랄라 미분적분(가미나가 마사히로), 재미있는 수학여행 3 기하의 세계(김용운, 김용국), 원뿔에서 태어난 이차곡선(남호영), 파인만 씨, 농담도 잘하시네!1(리처드 파인만), 물리학의 재발견(상)(다카노 요시로), 재미있는 물리여행2(루이스 엡스타인), 공학이란 무엇인가(성풍현), 공대생도 잘 모르는 재미있는 공학 이야기(한화택)

3학년 🌐 이것이 4차 산업혁명이다(최재용 외), 물리가 쉬워지는 미적분(나가노 히로유키), 세상에서 가장 재미있는 미적분(래리고닉), 통계학, 빅테이터를 잡다(조재근), 우연은 얼마나 내 삶을 지배하는가(플로리안 아이그너), 파인만의 여섯가지 물리 이야기(리처드 파인만), 알기 쉬운 항공역학(나카무라 간지), 하늘의 과학(장조원), 처음배우는 유체공학(가도타 가즈오), 슬기로운 화학생활(김병민)

주로 수학과 과학에 대한 독서 활동을 기록하였다. 앞선 교과 세부능력 및 특기사항 중 국어, 독서처럼 **교과 시간에 책을 읽게 하여** 수업에 활용하는 것도 좋은 수업이 될 것이다. 학생은 책을 통하여 더 깊은 지식을 쌓길 바란다.

8) 행동특성 및 종합의견 ✦

행동특성 및 종합의견으로 **담임교사의 추천서**이다.

이전 입시에서는 담임교사, 교과 교사 등이 해당 학생의 전반적인 학업역량, 자질 등을 높게 평가하여 원서를 넣는 대학교에 추천서를 같이 접수하였다. 그러나 대부분의 대학에서 추천서가 사라졌기 때문에 학생을 전체적으로 평가할 수 있는 서류가 사라진 것이다. 이를 대체하는 것이 행동특성 및 종합의견이다.

1학년 ◉ 학년말 학급 설문조사에서 무엇이든 다 잘하는 학생으로 뽑힐 만큼 모든 영역에서 뛰어난 능력을 발휘함. 특히 소수를 외면하지 않고 모두를 위한 의사 결정을 하기 위해 노력하는 모습을 보임. 한 예로 수업 불참 학생이 함께할 수 있도록 하는 회의를 건의하였고, 회의 주관을 위임받아 실시함. 공동체를 아끼는 마음을 볼 수 있었음. 가벼운 유머를 먼저 건네는 친화력을 활용하여 각종 체육·수학·과학 활동들에서 조원들의 협업을 이끎. 또한, 창의적 표현 능력이 뛰어나 특정 문제를 친구들에게 재치 있게 알려주어 많은 친구가 지필평가에서 맞추기도 하였음.

학업면에서는 지적 호기심을 바탕으로 학습을 즐기는 모습을 보임. 특히 수학과 과학을 무척 좋아하여 수업 및 교내 수학·과학 활동에 열정적으로 참여함. 새로운 수학적 문제 해결 혹은 과학적 탐구를 해내곤 기뻐하는 모습을 자주 보임. 다만, 본인에게 딱 맞는 효율적인 학습 방법을 아직 찾지 못해 기대만큼의 성적을 얻지는 못함. 이를 개선하기 위해 담임과의 상담 및 교내 학습 코칭에 참여한 후, 자습반에서 다양한 학습 방법을 실행함. 이처럼 순수하게 학업을 즐기고 있고 더 향상하려는 방안을 계속해서 모색하고 있기에 더 큰 성장을 확신함.

2학년 ◉ 1년간 학급 친구들에게 긍정 에너지를 쏟으며 학급 일원으로서 학교생활을 함. 학급 자치회의가 지루해지거나 의견이 나오지 않을 때 적재적소의 말로 회의를 환기하면서 다시금 학급 자치원이 토론을 할 수 있도록 함. 눈치가 빨라서 주변 친구가 고민이 있거나 힘들어할 때 응원하는 모습을 보여줌.

학업에서도 자신이 세운 목표를 향해서 어떤 어려움이 있어도 극복해 나가는 의지를 지니고 있음. 또한, 수업 시간이나 학급 활동 시에 어려움을 겪는 친구들을 위해 기꺼이 자기 시간을 내어주는 학생이며, 수학과 과학에 대한 성취가 높고 관심이 많은 학생임. 난이도가 높은 과학 문제를 내주었을 문제를 포기하기보다는 오랜 시간 고민하면서 해결하려는 모습을 보이면서 여러모로 풀어보려는 노력이 보임. 현재 상황에 안주하지 않고 스스로 더 배우고 싶은 것이 있다면 찾아가는 자기주도적 학생임.

학급 1인 1역할에서 분리수거를 1년간 담당하면서 다른 학생들이 하기 싫어하는 일을 솔선수범하여 하며. 학급에서 갑자기 일해야 하거나 할 때 먼저 손을 들어 참여하는 학생으로 봉사 정신이 투철한 학생임.

정리!

행동 특성 및 종합의견에서는 **학생의 성품과 학업**을 확인할 수 있다.

학생의 성격이 밝아 학급에서 소외되는 학생이 없게 하고, 학급 구성원 모두가 재미있게 학년을 보내기 위해 노력하는 모습을 보면 마음이 따뜻한 학생임을 알 수 있다. 2학년 특기사항 끝에는 학급에 봉사하는 학생의 모습을 기록함으로써 모범상 수상에 대한 이유를 확인할 수 있게 했다.

학업에서는 수학과 과학에 흥미가 높음을 알 수 있으며 공부하는 모습을 특기사항에서 잘 나타내고 있다. 1학년 때의 학습코칭을 받고 난 뒤 학생을 바라보는 담임교사의 희망 사항도 작성하였다. 또한 2학년 때는 어려운 문제를 계속해서 고민하여 해결하려는 모습을 보여주며 높은 자기주도형 학생임을 평가하고 있다.

2024학년도 입시에서 *사라지는*
자소서 예시문의
활용 방법

　자기소개서(이하 '자소서')는 2024학년도 입시부터는 사라지기 때문에 2023학년도 입시를 치르는 학생이 아니라면 제시된 예시들이 더는 필요 없다고 생각할 수 있을 것이다. 하지만 필자의 입장에서 볼 땐 학생부 기록을 위해 학생들이 자주 쓰게 되는 자기평가서 작성 능력을 기르는 데 활용 가치가 있을 것 같다. 자소서가 없다는 것은 그만큼 지원자를 평가할 때 학생부의 중요성이 커졌다고 볼 수밖에 없으며 이는 결국 학생부에 기재된 내용들이 자소서에서 기재했던 내용들과 연관성이 깊다는 것을 의미하기 때문이다.

　현재 많은 고등학교에서 과목별 세특을 기재할 때 학생 개개인의 특성이 잘 드러날 수 있게끔 이른바 맞춤형으로 기록하기 위해 자기평가서를 활용하고 있는데 양식이나 형태는 다르지만 교과 활동에서 흥미로웠던 경험, 심화 탐구활동, 배우고 느낀 점, 진로 계획이나 목표 등을 확인하는 질문을 활용하고 있는 것으로 알고 있다. 예를 들면, '교과 활동이나 수행 평가 등에서 가장 의미 있는 경험은 무엇인지?', '수업 시간에 배운 내용을 기반으로 더 깊이 있게 탐구해 보고 싶었던 것은 무엇인지?', '교과목 시간에 배운 내용을 학교생활이나 자신의 삶과 관련지은 경험이 있는지?', '특정 주제에 대해 궁금했던 것을 스스로의 힘으로 해결해보려는 노력을 한 적이 있는지?', '○○ 활동을 하면서 어려움을 어떻게 극복했고, 배우고 느낀 점이 있다면 무엇인지?' 등이 바로 그것이다.

그런데 전교생을 대상으로 세특을 기재해야 하는 선생님의 입장에서 학생들의 경험이나 생각을 평소 꼼꼼하게 관찰해 누가 기록으로 정리해 놓지 않는 한 개별 학생이 만족할 수 있을 만큼의 파악은 불가능한 실정이다.

일반적으로 학생부에 기재된 내용을 보면 '○○에 관심이 많은', '○○에 흥미가 있는', '○○을 희망하는' 등의 문구로 시작해 기준 글자수를 최대한 활용해 양적인 풍부함을 추구한 후 '참여함', '발표함', '알게 됨' 등으로 마무리하는 경우가 많은 것이 현실이다. 선생님의 입장에서만 썼을 경우 자주 볼 수 있는 내용일 텐데 학생의 의도에 부합하지 못하거나 만족도에 미치지 못하는 경우가 많을 것으로 안다.

결국 이런 한계를 뛰어넘어 경쟁력 있는 학생부를 만들고 싶다면 자신이 교과목 시간에 배운 내용 가운데 의문이나 호기심이 생긴 것을 기반으로 탐구(연구), 실험 활동 등을 통해 '지적 역량을 길러나간 경험'이 담긴 자기평가서를 작성해 봐야 한다.

이런 자기평가서를 작성하기 위해 참고할 수 있는 최선의 자료가 바로 자기소개서라고 할 수 있는데 이는 '활동 동기 - 활동 과정 - 활동 결과 - 배우고 느낀 점'이 드러나게 기술해나가는 자소서의 특성 때문이다. 자신의 진로 분야와 관련 있는 잘 쓴 자소서를 참고해 보면 자기평가서를 작성하는 요령과 방향성을 명확하게 파악할 수 있고, 자신의 역량을 잘 보여줄 수 있는 양질의 학생부를 만드는 데 큰 도움이 될 수 있을 것이다.

2024학년도 이후 입시를 준비하는 학생들이 자소서를 작성할 일은 없겠지만 이와 비슷한 성격을 가진 자기평가서를 작성하는 경험은 최소한 한 번쯤은 하게 될 것이기 때문에 이런 친구들이라면 이 책에 수록된 자소서 예시 내용들을 꼼꼼하게 읽어보고, 도움이 될 만한 부분들을 적극적으로 활용해 보기 바란다.

기계공학과
자기소개서

1. 재학 기간 중 지원한 분야와 관련하여 어떤 노력을 해왔는지 본인에게 의미가 있는 학습경험과 교내활동 등을 중심으로 기술해 주시기 바랍니다.

2학년 때 워크 어롱 글라이더 대회에 참여했습니다. 글라이더를 제작하고 비행연습을 하던 중 제 것이 길이 규정 미달이란 사실을 대회 직전 알게 되었고, 실격을 면하기 위해 바닥에 떨어진 종잇조각을 이어 붙였습니다. 예상 못 한 일이었지만 종이를 붙이기 전보다 더 잘 날아 좋은 결과를 얻었습니다. 작은 차이로 글라이더 성능이 바뀐 것에 호기심이 생겨 동아리 과학탐구반을 만들었습니다. 수학페스티벌에 수학교구 설명도우미로 참가해 조립드론으로 쿼드로터 방정식을 소개한 적이 있어, 이 현상이 유체역학과 관련 있을 것이란 판단이 들어 책, 보고서 등을 찾아 읽으며 공부했습니다. 더 나아가 풍동을 직접 만들어 실험을 계획했습니다. 투명아크릴판으로 Test Section을 만들고 종이상자로 Contraction Section과 Diffuser를 만들었습니다. 빨대를 쌓아 Flow Straightener를 만들어 난류를 감소시켰고, 드라이아이스와 따뜻한 물을 사용해 바람의 흐름을 볼 수 있었습니다. 컴퓨터 냉각팬 8개를 전원장치에 연결해 강한 바람을 만들었고, 볼베어링을 사용해 실험 물체의 약간의 움직임이 표시 바늘의 가시적인 움직임으로 전환되게 했습니다. 표시된 각도를 통해 효과적으로 결과를 분석한 결과 물체의 단위 풍속당 항력과 양력의 증가량은 일정하게 증가하며, 항력과 양력은 물체 형태의 영향을 받음을 알게 됐습니다. 하지만 이 실험으로는 부족함을 느끼고 3학년에 올라와 미적분과 '하늘의 과학'도서 연계공부를 통해 유체 흐름에서 연속성의 만족 여부가 중요함을 배웠습니다. 종잇조각이 글라이더의 연속성을 높여 항력이 줄었고, 일종의 플랩 역할을 함으로써 양력을 증가시켰기 때문에 성능이 좋아졌다는 결론을 미적분탐구보고서로 작성했습니다. 이를 통해 앞으로 더 발전할 자동차, 항공우주 산업 등의 분야에 대한 흥미도 높아졌습니다. 자발적으로 실험을 계획하고 진행하는 것이 과학적 원리를 공부하는 데에 있어 중요함을 깨달았습니다.

2학년 꿈구두실험반에서 독서실의 백색소음장치 선호도 차이를 발견하고 이를 해결하기 위한 주제 탐구를 진행했습니다. 파의 간섭에 대한 책과 보고서를 찾아 읽으며 지식을 확장시켰고 해당 원리를 토대로 한 몇 차례의 실험을 통해 백색소음의 데시벨 감소 지점을 확인했습니다, 백색소음장치를 만드는 것에서 그치지 않고 이를 직접 학교 독서실에 설치하며 소음 감소 지점에는 스티커를 붙임으로써 친구들에게 큰 호응을 얻었습니다. 3학년 때는 실험 주제를 찾는 과정에서 카페 주방 믹서기 소음에 불편함을 느끼는 이들이 많음을 발견했습니다. 2학년 때의 경험을 살려 에이블톤 프로그램을 이용해 파장을 뒤집음으로써 노이즈 캔슬링 믹서기 제작을 최종 목표로 정했습니다. 파원을 일치시키는 과정에서 어려움을 겪었지만, 친구들과 협력해 믹서기를 분리해 모터에 초소형 스피커를 부착하고, 아두이노를 이용해 동시 작동시켜 해결할 수 있었습니다. 실생활 관련 문제해결 과정을 통해 과학원리의 탐구 즐거움을 알게 됐고 기계공학에 흥미를 갖게 됐습니다.

2. 고등학교 재학 기간 중 타인과 공동체를 위해 노력한 경험과 이를 통해 배운 점을 기술하시오.

2학년 때 친구들을 모아 동아리 '과학탐구반'을 만들었지만, 기장 역할을 수행하는 것이 쉽지만은 않았습니다. 첫 번째 동아리 활동에서 조를 짜고 탐구 주제를 정하는 시간을 가졌습니다. 모두 어렵지 않게 따라올 것이라 생각했지만, 예상과 달리 한 조가 주제를 정하지 못했습니다. 다양한 의견과 목표를 가진 친구들의 의견을 조율해 하나의 주제를 선정한다는 것이 어려움을 알게 되었습니다. 해결 방안을 찾기 위해 먼저 구성원들의 진로 방향, 의견과 같은 특성들을 조사해 정리했고, 그것들을 융합해보면서 교집합을 찾으려 노력했습니다. 그 결과 VOCA(Voice Operated Character Animation) 프로그램을 떠올릴 수 있었고, 회의 시간에 이 프로그램의 제작을 건의했습니다. 각자의 희망 진로에 부합하도록 부원들이 각각 프로그램 제작, 애니메이션 그리기, 목소리 입히기 등 역할을 나눠 맡을 것도 제안했습니다. 처음엔 컴퓨터 공학자, 애니메이터, 성우 등 다양한 진로를 원하는 친구들에게서 교집합을 찾기 어려울 것이라 생각했지만, 모두가 화합할 수 있는 진정한 의미의 공동체 활동을 진행할 수 있었습니다. 친구들 역시 합리적인 역할 분배와 공통의 목표를 가진 후 더욱 적극적으로 활동에 참여했습니다. 덕분에 자신들만의 독창적인 캐릭터가 말을 따라 하며 움직이는 VOCA 프로그램을 성공적으로 완성시킬 수 있었습니다. 이 경험을 통해서 문제 상황에서 창의적 사고를 활용하여 해결책을 찾고 조직 구성원들의 창의적 잠재력을 자극할 수 있는 창의적 리더십을 기를 수 있었으며, 역할 분배를 통한 협력의 중요성을 배웠습니다.

나. 기계공학과 자소서 분석 및 평가

제시된 자소서는 기계공학과 지원을 고려해 작성해 본 것인데 학생부에 기재된 '2학년 수상 경력', '2, 3학년 동아리 활동', '1, 2학년 자율활동', '3학년 독서활동', '3학년 미적분 교과 세부능력 및 특기사항'에 기재되어 있는 내용을 활용해 1번 문항을 기술했고, '2학년 동아리 활동' 중 '리더'로서 부서의 문제를 해결해나가는 과정과 이를 통해 협력의 의미를 깨달은 경험을 중심으로 2번 문항을 기술했다. 학생부에 기재되어 있는 다양한 항목들을 활용하고 있다는 점이 특징이며 이를 통해 공학계열에 관심과 흥미가 있는 학생임은 물론 미래 공학도로서의 역량을 기르기 위해 꾸준하게 노력해 오고 있음을 엿볼 수 있는 자소서를 작성했다. 잘된 점과 아쉬운 점을 중심으로 자소서 예시문을 평가해 보려고 하는데 기계공학과를 비롯해 공학계열 진학을 희망하는 학생들은 이 학생처럼 다양한 학교 활동을 활용해 자소서를 작성하는 경향을 보이는 경우가 많기 때문에 자소서 작성 시 소재나 주제를 선정하는 데 참고해 보면 좋을 것 같다.

또한 이 학생의 학생부 기재 내용과 자소서를 꼼꼼하게 비교해 가면서 읽어보고, 본인의 자소서 작성 방향과 소재 선정 등에 대해 고민해 본 다음 초안을 작성해 보기 바란다.

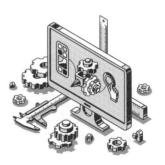

1. 고등학교 재학 기간 중 자신의 진로와 관련하여 어떤 노력을 해왔는지 본인에게 의미가 있는 학습 경험과 교내 활동을 중심으로 기술해 주시기 바랍니다.
(띄어쓰기 포함 1,500자 이내 *검정고시 출신자는 중학교 졸업 후 고등학교 재학 기간에 준하는 기간의 경험 기술)

① **2학년 때 워크 어롱 글라이더 대회에 참여**했습니다. 글라이더를 제작하고 비행 연습을 하던 중 제 것이 길이 규정 미달이란 사실을 대회 직전 알게 되었고, 실격을 면하기 위해 바닥에 떨어진 종잇조각을 이어 붙였습니다. 예상하지 못한 일이었지만 종이를 붙이기 전보다 더 잘 날아 좋은 결과를 얻었습니다. 작은 차이로 글라이더 성능이 바뀐 것에 호기심이 생겨 동아리 **과학탐구반을 만들었습니다.** 수학 페스티벌에 수학 교구 설명 도우미로 참가해 조립 드론으로 쿼드로터 방정식을 소개한 적이 있어, 이 현상이 유체 역학과 관련 있을 것이란 판단이 들어 **책, 보고서 등을 찾아 읽으며 공부했습니다.** 더 나아가 **풍동을 직접 만들어 실험을 계획했습니다.** 투명아크릴판으로 Test Section을 만들고 종이상자로 Contraction Section과 Diffuser를 만들었습니다. 빨대를 쌓아 Flow Straightener를 만들어 난류를 감소시켰고, 드라이아이스와 따뜻한 물을 사용해 바람의 흐름을 볼 수 있었습니다. 컴퓨터 냉각팬 8개를 전원장치에 연결해 강한 바람을 만들었고, 볼베어링을 사용해 실험 물체의 약간의 움직임이 표시 바늘의 가시적인 움직임으로 전환되게 했습니다. 표시된 각도를 통해 효과적으로 결과를 분석한 결과 **물체의 단위 풍속당 항력과 양력의 증가량은 일정하게 증가하며, 항력과 양력은 물체 형태의 영향을 받음을 알게 됐습니다.**

② **하지만 이 실험으로는 부족함을 느끼고 3학년에 올라와 미적분과 '하늘의 과학' 도서 연계 공부를 통해 유체 흐름에서 연속성의 만족 여부가 중요함을 배웠습니다.** 종잇조각이 글라이더의 연속성을 높여 항력이 줄었고, 일종의 플랩 역할을 함으로써 양력을 증가시켰기 때문에 성능이 좋아졌다는 결론을 **미적분 탐구 보고서로 작성했습니다.** 이를 통해 앞으로 더 발전할 자동차, 항공우주 산업 등의 분야에 대한 흥미도 높아졌습니다. 자발적으로 실험을 계획하고 진행하는 것이 과학적 원리를 공부하는 데에 있어 중요함을 깨달았습니다.

①은 학생이 문제를 해결한 경험을 보여주는 사례를 소개한 것인데 활동을 하면서 생긴 호기심을 동아리 창설과 추가적인 탐구 활동을 이어나가는 방식으로 글을 전개하고 있다. 특히 항공기의 공기 역학적 성질을 연구하는 장치인 '풍동'을 직접 제작해 항력과 양력의 특성을 파악해나가는 활동은 기술했는데 학생부에 기재된 탐구 보고서 작성 사실을 구체적으로 설명하고 있다. 또한 ②는 ①에 얻은 경험을 심화한 것으로 미적분과 독서 활동을 연계해 자신의 관심 분야가 공학계열임을 일관되게 강조하고 있으며 이를 통해 과학적 원리를 탐구하는 것이 중요함을 깨닫는 과정으로 무난하게 정리했다.

1번 문항 첫 번째 사례 기반이 된 생기부 기재 내용

▲ **2학년 수상 경력**
과학탐구대회-글라이더부문(우수상)

▶ **2학년 동아리 활동**
(과학탐구2반) 다양한 분야에 관심을 가진 학생들이 모여 자신의 진로에 연관된 탐구활동을 하고 보고서 작성 및 발표함. 동아리 반장으로서 과학 탐구에 관심이 많아 구성원들을 모아 탐구 동아리를 만들어 활동을 계획하고 운영함. 물리 분야에 관심있으며 학기 초, 워킹 어롱 글라이더 날리기 활동을 하면서 바람에 따른 물체의 움직임에 대해 궁금함을 느끼고, 이에 대해 탐구함. 2인 1조 팀으로 풍동을 직접 제작하여 바람을 받는 대상의 형태에 따른 유체역학 탐구를 실시하고 탐구보고서를 작성하고 발표하는 일을 주도함. 진로와 관련된 실험을 손수 제작하여 탐구하는 과정에서 많은 시행착오를 거쳐 해결해나가는 다양한 시도를 통해 풍부한 경험을 쌓음. 탐구 과정에서 유체역학 등 물리학 분야의 다양한 힘의 분야에 대해 공부하는 계기가 되었고, 쿨링팬을 회로에 연결하면서 전자기기를 다루는 경험도 하게 됨. 단순히 호기심으로 시작된 실험을 통해 하나하나 배우고 탐구해 가는 과정에서 설렘과 가슴 뛰는 즐거움을 느낌. 다른 학생들의 다양한 진로 분야에 대해 탐구 결과 발표를 들으면서 다양한 직업 분야가 사회 변화와 연계되어 있음을 알게 됨.

▲ 1학년 자율활동
수학페스티벌에 수학 교구 설명도우미로 참여함. 자신이 담당한 교구의 수학적 개념과 사용법을 알기 쉽게 설명해주어 친구들이 수학적 원리를 이해하면서 흥미 있게 교구를 체험할 수 있도록 도움.

▶ 3학년 독서 활동
하늘의 과학(장조원)

▲ 3학년 미적분 교과 세부능력 및 특기사항
진로와 연관하여 항공 분야에 관심이 높고, 관련하여 수학의 중요성을 잘 알고 있음. 미분이 항공 분야에 활용되는 예로 연속성과 항공기의 외형 사이의 관계를 알아보고 내용을 보고서로 정리함.

③ **2학년 꿈구두실험반에서 독서실의 백색소음장치 선호도 차이를 발견하고 이를 해결하기 위한 주제 탐구를 진행했습니다.** 파의 간섭에 대한 책과 보고서를 찾아 읽으며 지식을 확장시켰고 해당 원리를 토대로 한 몇 차례의 실험을 통해 백색소음의 데시벨 감소 지점을 확인했습니다. 백색소음장치를 만드는 것에서 그치지 않고 이를 직접 학교 독서실에 설치하며 소음 감소 지점에는 스티커를 붙임으로써 친구들에게 큰 호응을 얻었습니다. ④ **3학년 때는** 실험 주제를 찾는 과정에서 **카페 주방 믹서기 소음에 불편함을 느끼는 이들이 많음을 발견**했습니다. 2학년 때의 경험을 살려 에이블톤 프로그램을 이용해 파장을 뒤집음으로써 **노이즈 캔슬링 믹서기 제작을 최종 목표로 정했습니다.** 파원을 일치시키는 과정에서 어려움을 겪었지만, **친구들과 협력해 믹서기를 분리해 모터에 초소형 스피커를 부착하고, 아두이노를 이용해 동시 작동시켜 해결**할 수 있었습니다.

실생활 관련 문제해결 과정을 통해 과학원리의 탐구 즐거움을 알게 됐고 기계공학에 흥미를 갖게 됐습니다.

③은 지원자가 공학계열에 관심이 있음을 보여주는 또 다른 사례로 '파의 간섭'에 대한 기초적인 지식을 쌓은 후 이를 토대로 실험을 진행하는 과정을 정리해 나가고 있는데 이를 탐구 활동으로만 끝내지 않고 ④에서 언급한 것처럼 실생활에서 겪었던 사례를 제시한 후 친구들과의 협력을 통해 문제를 해결해나가는 과정을 기술한 점이 인상적이다.

1번 문항 두 번째 사례 기반이 된 생기부 기재 내용

▲ 2학년 자율활동

꿈구두실험반에 선발되어 심화실험(화학전지를 통한 산화-환원 반응, LED를 이용한 플랑크 상수 측정), 독서토론, 주제탐구특강에 참여하며 과학적 탐구 능력을 향상시키고, 모둠원과 협력하여 '파의 상쇄간섭을 이용한 소음 제거법의 실생활 적용'에 대해 탐구함. 독서실에 주로 설치되어있는 백색소음장치에 대한 선호도 차이가 있음을 알고, 공유 시설에서 소음 정도를 조절하는 방법에 대해 호기심이 생겨 파동 간섭 원리를 토대로 상쇄간섭에 의한 백색소음의 감소 지점을 찾은 후 실험을 통해 백색소음의 데시벨 감소를 확인함.

▶ 3학년 동아리 활동

(과학탐구3반) 카페에서 공부를 하던 중 주방에서 들려 온 믹서기 소음이라는 생활 속 불편함을 찾아내고 이를 해결하기 위하여 조원과 공동탐구 과정을 통하여 믹서기만 켰을 때와 믹서기와 스피커를 같이 켰을 때 중 두 번째 경우에 데시벨이 현저히 감소하는 결과를 도출한 뒤 노이즈캔슬링 믹서기를 만들어냄. 물리학적 원리를 탐색하여 파동이 진행한 거리와 파동의 세기, 반사에 의한 소리 세기의 변화, 상황에 따라 사람이 느끼는 소리의 세기 등에 대한 지식을 바탕으로 파의 간섭, 보강 간섭과 상쇄 간섭의 원리를 탐구하여 믹서기의 실험을 뒷받침하는 보고서를 작성함. 실험 과정에서 창의적 문제 해결 능력과 기계공학 지식을 높이는 효과를 거두었다는 소감을 밝힘.

총평

1번 문항에서 '진로와 관련하여'라는 의미는 지원자가 작성한 학습 경험이나 교내활동 등이 자신의 진로와 연관성이 있는지를 묻고자 함이다. 지원동기나 향후 진로 계획에 초점을 맞추라는 것은 아니기 때문에 글을 작성하기 전이나 초고 작성 후에 이런 부분을 점검해보아야 한다. 이런 점에서 보면 자신이 희망하는 학과에 적합한 학생임을 보여줄 수 있는 활동을 중심으로 자소서를 구성했는데 추가로 잘된 점과 아쉬운 점을 요약해보면 다음과 같다.

잘된 점 자신의 역량을 보여주기 위해 다양한 활동 경험을 학생부에서 추출해 구체적으로 서술해 나간 점이 눈에 띈다. 이 학생이 자소서에 기술한 활동 외에도 공학 분야에 적합도가 높은 활동들이 학생부의 여러 항목에 기재되어 있는데 질문의 의도에 가장 잘 부합하는 소재를 선정해 글로 표현한 점이 돋보인다. 공학계열처럼 교내 활동을 통해 자신의 경험과 역량을 쌓아온 학생들이라면 초안을 작성할 때 이 학생의 학생부 기재 내용과 자소서를 참고해 보기 바란다.

아쉬운 점 자소서에 자신의 활동을 소개할 때 '왜 그 활동을 하게 됐는지', 이를테면 동기의 명확성이 있으면 어땠을까 하는 생각이 든다. 이 학생은 크게 두 가지 활동 - 글라이더 대회 참여, 주제 탐구 수행 - 을 1번 문항에 기술하고 있는데 '왜 이 활동이어야 하는지'는 분명해 보이지 않는다. 본인에게 의미가 있는 경험이라면 '어떤 계기로 이 활동을 하게 되었는지' 정도는 밝히면서 글을 정리해 보는 것이 적절해 보인다.

2. 고등학교 재학 기간 중 타인과 공동체를 위해 노력한 경험과 이를 통해 배운 점을 기술해 주시기 바랍니다.
(띄어쓰기 포함 800자 이내 *검정고시 출신자는 중학교 졸업 후 고등학교 재학 기간에 준하는 기간의 경험 기술))

① **2학년 때 친구들을 모아 동아리 '과학탐구반'을 만들었지만, 기장 역할을 수행하는 것이 쉽지만은 않았습니다.** 첫 번째 동아리 활동에서 조를 짜고 탐구 주제를 정하는 시간을 가졌습니다. 모두 어렵지 않게 따라올 것이라 생각했지만, 예상과 달리 한 조가 주제를 정하지 못했습니다. **다양한 의견과 목표를 가진 친구들의 의견을 조율해 하나의 주제를 선정한다는 것이 어려움을 알게 되었습니다.**

② **해결 방안을 찾기 위해 먼저 구성원들의 진로 방향, 의견과 같은 특성들을 조사해 정리했고, 그것들을 융합해보면서 교집합을 찾으려 노력했습니다.** 그 결과 VOCA(Voice Operated Character Animation) 프로그램을 떠올릴 수 있었고, 회의 시간에 이 프로그램의 제작을 건의했습니다. ③ **각자의 희망 진로에 부합하도록 부원들이 각각 프로그램 제작, 애니메이션 그리기, 목소리 입히기 등 역할을 나눠 맡을 것도 제안했습니다.** 처음엔 컴퓨터 공학자, 애니메이터, 성우 등 다양한 진로를 원하는 친구들에게서 교집합을 찾기 어려울 것이라 생각했지만, ④ **모두가 화합할 수 있는 진정한 의미의 공동체 활동을 진**행할 수 있었습니다. 친구들 역시 합리적인 역할 분배와 공통의 목표를 가진 후 더욱 적극적으로 활동에 참여했습니다. ⑤ **덕분에 자신들만의 독창적인 캐릭터가 말을 따라 하며 움직이는 VOCA 프로그램을 성공적으로 완성**시킬 수 있었습니다.

이 경험을 통해서 문제 상황에서 창의적 사고를 활용하여 해결책을 찾고 조직 구성원들의 창의적 잠재력을 자극할 수 있는 **창의적 리더십**을 기를 수 있었으며, 역할 분배를 통한 협력의 중요성을 배웠습니다.

①은 1번 문항에서 활용한 학생부의 2학년 동아리 활동에 언급된 내용 중 일부인데 학생부에 기재된 '과학탐구반 창설'과 '임원 경험' 사실에 더해 활동 중에 생긴 문제점을 소개하는 방식으로 내용을 무난하게 정리했다. ②와 ③은 ①에서 인식한 문제점을 해결하기 위해 학생이 제시한 방안으로 이를 통해 ④, ⑤와 같은 해결책을 도출한 후 이를 통해 배운 점으로 마무리를 했다.

2번 문항 기반이 된 생기부 기재 내용

▲ 2학년 동아리 활동
(과학탐구2반) 다양한 분야에 관심을 가진 학생들이 모여 자신의 진로에 연관된 탐구활동을 하고 보고서 작성 및 발표함. 동아리 반장으로서 과학 탐구에 관심이 많아 구성원들을 모아 탐구 동아리 활동을 만들어 동아리를 계획하고 운영함.

총평

2번 문항은 말 그대로 '타인'과 '공동체'를 위해 노력한 경험이라는 의미에 부합하는 내용을 기술하면 되는데 이 학생의 경우 학생부의 동아리 활동에 기재된 '리더'로서의 경험을 소재로 문제해결과 협력을 중심으로 2번 문항을 기술해나가고 있다. 2번 문항의 잘된 점과 아쉬운 점을 요약해보면 다음과 같다.

잘된 점 학생부에는 자세하게 기술되어 있지 않은 내용들을 구체화했는데 질문의 의도에 맞게 무난하게 정리했다. 다양한 구성원들이 모였다는 것은 다양한 의견이 나올 수 있다는 것을 전제로 하는 것인데 리더로서 이를 조율하기 위해 구체적인 방안을 제시하고 이를 통해 문제를 해결해나가는 과정과 거기서 배운 점을 명쾌하게 제시하고 있다. 문제해결 방식으로 자소서 2번 문항을 작성하려는 학생들이라면 지금의 형태를 참고해 보기 바란다.

전체적으로 무난해 보인다. 다만 면접이 있는 학생부종합전형에 지원하는 것을 전제로 한다면 내용에서 언급한 'VOCA(Voice Operated Character Animation) 프로그램', '창의적 사고', '창의적 리더십'이 무엇인지에 대해서는 질문이 나올 가능성이 매우 높아 보인다. 글자수의 제한을 고려했을 텐데 글을 쓴 본인은 확실하게 알 수 있는 부분이지만 평가자의 입장에서는 궁금함이 생길 수 있는 표현이기 때문이다. 향후 자소서를 작성하게 되는 학생들은 자신만의 표현이라고 여겨지는 내용을 기술했을 경우 이에 대한 구체적인 설명을 추가하거나 면접 예상 질문을 만들 때 고려할 부분 등에 대해서도 점검해 보면 좋을 것 같다.

다. 화학공학과 세부능력 및 특기사항

학생의 진로희망은 화장품연구원이며, 화학공학과를 준비한 생활기록부를 만들어 보았다.

1) 수상경력 ✤

수상경력에서는 학생의 관심사와 해왔던 노력의 결실을 확인할 수 있다. 2023학년도 대입에서 학기당 수상 1개 제공을 끝으로 이후 대입에서는 상급학교에 수상경력을 제공하지 않는다. 즉, 2024학년도 대입부터는 대학에서 학생의 수상 경력을 볼 수 없다. 이에 따라 학교에서 주최하는 대회 참가가 의미 없다고 생각할 수 있다.

하지만 **생활기록부가 대입만을 위한 기록물이 아니며, 수상을 위해 학생이 노력하여 발전하는 것은 교육적인 면에서 매우 긍정적**이다. 또한 대회 형식이 아니라 학교 행사 형식으로 진행해 볼 수 있기에 수상에 관한 내용을 정리하였다.

1학년 ◉ 환경독서대회(장려상) / 진로발표대회(우수상)
2학년 ◉ 사회이슈발표대회(최우수상) / 수학과학진로발표대회(우수상)
3학년 ◉ 표창장(모범상)

정리!

1학년 수상에서는 환경 독서와 진로 대회 수상을 작성하였다. 화학공학을 지원하고자 하는 학생에게 환경에 대한 이슈는 계속될 것이다. 따라서 **환경에도 관심이** 있다는 것을 보이는 것이 중요하다.

2~3학년 수상에서 눈에 띄는 것은 사회 이슈발표와 수학·과학발표, 표창장이다. 사회 이슈발표와 수학·과학 발표를 같은 학년에 작성한 이유는 **융합사회에 창의적 인재**를 나타내기 위함이다. 공학도를 준비하는 학생도 사회 이슈에 무지해서는 안 되며, 미래를 어떻게 바라보고 대응해야 할지도 중요하다. 뒤에 창의적체험활동에는 과학 관련 내용을 담았지만, 교과 특기사항을 통해서는 사회 이슈에도 관심이 있는 학생의 모습을 볼 수 있으니 참고하길 바란다.

표창장에서 모범상은 자율활동과 행동 특성 및 종합의견을 통해 학생이 수상을 하는 이유를 확인할 수 있다.

2) 자율 활동 ✛

자율활동은 학교에서 자치, 적응, 학교 특색활동에 학생이 참여한 모습을 기록하는 곳이다. 학교에서 주도하여 시작하기 때문에 학생의 자기주도성이 다른 영역에 비해 적게 드러날 수 있다. 하지만 각 활동에서도 **뚜렷하게 보이는 기록**이 어떻게 되어야 할지 아래 내용을 참고하길 바란다.

1학년 ◉ 학급차치회장으로서 학급 구성원들의 의견을 수렴하여 민주적으로 학급을 이끌었으며 소수의 의견에도 귀를 기울이고 정당한 건의를 공론화하고 다수를 설득할 줄 아는 합리성과 통솔력을 발휘함.

학급스터디 '꿈구두 사이언스'를 자발적으로 조직하여 내신을 대비하고 과학에 대한 자신감과 흥미를 증가시키기 위해 토론 심화활동을 진행함. 서로 의견을 나누어 학습계획을 세우고 어려운 과학 주제를 스스로 정리한 뒤 토론을 통해 의견을 공유함. 문제를 만들어 과학개념이 잘 정립되었는지 확인해보는 방식은 팀 활동이 상당히 진지하게 되었음을 알 수 있음.

또래 멘토링 멘토로서 수학, 과학 과목의 어려움을 느끼고 도움을 요청한 멘티의 학습도우미로 꾸준히 활동함. 쉬는 시간, 점심시간, 자율활동시간 등을 활용하여 적극적인 자세로 멘티에게 학습모델이 되어주고 학습동기를 부여해주어 멘티의 성적향상에 도움을 줌. 멘토로서 활동하는 과정에서 본인 스스로도 부족한 부분을 채워나갈 수 있는 기회가 되고 문제해결능력이 향상되는 계기를 마련함. 또한 멘티를 격려해 주고 멘티의 발전에 함께 기뻐하며 배움의 나눔을 실천하고 상대방을 배려하는 마음을 갖게 됨.

2학년 ◉ 학급자치회 학습부원으로 과목별 학습노트제작에 참여하였으며 화학과목의 학습노트를 만들어 급우들의 학업에 도움을 주는 지식의 나눔을 실천함.

과학박람회 행사 중 '골드버그 체험' 활동에 참여하여 구슬이 이동하는 속력를 늦추기 위해 공을 레일 위에서 낙하시키는 방법을 선택하여 구조물을 제작하는 모습을 보여줌. '공중에 떠 있는 글씨' 부스에서 우리의 눈에는 빛의 자극이 없어져도 약 1/16초 동안 잔상현상이 있어 8개의 LED가 순차적으로 켜지거나 꺼지고, LED가 설치된 막대가 좌우로 움직이면서 잔상현상에 의해 공중에 글씨가 쓰여진 것처럼 보이게 한다는 것을 알게 됨.

또래 멘토링 활동에 참가하여 수학, 화학 교과의 멘토로 활동하며 소통 능력과 문제해결능력을 더욱 기르는 계기가 됨.

100일 Good 습관 만들기에서 '매일 수학 1시간 이상 공부하기'를 목표로 일정 기간 수행하고 습관 형성의 중요성을 깨닫는 계기가 됨.

자율탐구수업에 참여하여 초파리 유충으로부터 침샘염색체를 추출하고 염색하여 그 구조를 현미경으로 직접 관찰함으로써 염색체의 특징을 이해하게 됨.

3학년  학급 화학부장으로 화학과 관련된 글이나 신문기사 등을 친구들에게 설명하고 공유하여 친구들이 교과서 밖의 화학 이슈까지 관심을 갖게 함. '화학물질 독성예측 기술'에 관한 신문기사를 발표하여 우리가 일상적으로 만나는 많은 화학제품이 안전성을 획득하기 위해 어떤 과정을 거쳤으며 그 과정에서 필수적인 동물실험의 문제점과 대안을 고민해보는 발표를 함.

학급 1인 1역할로 교실 바닥 닦기를 맡아 성실하게 수행함. 메일 걸레를 미리 챙겨 청소가 원활하게 진행될 수 있도록 기여하였으며, 청소가 끝난 후에도 걸레를 잘 챙겨 수거함에 넣는 등 처음부터 끝까지 자신에게 주어진 역할을 완벽하게 수행하는 모습을 보임.

독서토론에 참여하여 화학과 환경분야의 진로를 꿈꾸는 친구들과 함께 모둠별 공통도서 2권을 읽고 토론한 결과를 토론의 벽에 전시한 후 질의응답 포스팅 활동을 통해 다양한 분야에 대한 지적 역량을 키움. 1, 2차 토론을 하면서 자신이 심층적으로 탐구할 주제를 '바이러스'로 정하고 3차 도서와 세 편의 보고서를 찾아 읽은 후 주제탐구보고서를 작성하였으며, 탐구 결과를 설명하는 동영상을 제작하여 온라인 학습방에 탑재함. 바이러스의 출현과 환경문제에 대한 연구에 더 흥미를 갖게 됨. 토론 주제를 자신의 관심분야의 시각에서 분석하고 논리적으로 발표하여 토론을 더 풍성하게 만들고, 친구들의 발표에도 경청하고 호응하며 적극적으로 참여함.

자율 특기사항을 정리하면 과학에 대한 관심과 자신의 미래를 준비하는 모습, 학급자치의 구성원, 봉사하는 모습으로 요약할 수 있다.

과학에 대한 관심으로는 과학박람회 행사, 자율 탐구수업 참여, 학급 화학 부장, 독서토론이 있다. 이러한 활동을 하면서 학생은 화학과 환경에 대해 공부하면서, 미래에 나는 어떻게 해야 할 것인가를 고민했을 것이다.

학급자치활동의 구성원으로는 학급회장 및 부회장만을 생각하기 쉽다. 실제 작성한 학생의 특기사항도 1학년 때는 학급 자치회장이다. 하지만 2~3학년 때는 학습 부원과 학급 화학 부장을 통해 공부하는 모습을 드러냈다. 또한, 1학년 학급스터디 '꿈구두 사이언스' 조직 활동, 100일 Good 습관 만들기 등은 학급 특색활동으로 만들어서 해볼 수 있으므로 시도해보길 바란다.

봉사하는 모습은 또래 멘토링과 학급 1인 1역할이다. 또래 멘토링 역시 공부하는 모습으로만 비추어질 수 있다. 하지만 더 나아가서 '멘티를 격려해 주고 멘티의 발전에 함께 기뻐하며 배움의 나눔을 실천하고 상대방을 배려하는 마음을 갖게 됨.'이라는 특기사항은 인성 분야에서도 높이 살 수 있는 내용들이다.

3) 동아리 활동 ✦

동아리 활동은 학교 내에서 **자신의 관심사**를 가장 높게 드러낼 수 있는 부분이다.
따라서 대학에서도 학생이 어떤 동아리를 했는지 관심이 많다.

1학년 🔬 **(비오캠1)** 효모를 발효시킬 때 발생하는 이산화탄소 방출량을 측정하여 시판되는 세 종류의 음료수에 들어있는 당 함량을 비교하는 실험을 설계하여 수행함. 실험 결과를 바탕으로 음료수의 종류에 따라 당 함량이 다르며 기체 발생량이 클수록 당 함량이 높다고 분석함. 은거울 반응 실험을 통해 산화 환원 반응에 대한 이해를 높이고 실험 과정에서 거울이 깨끗하게 생기지 않는 문제점 등을 조원들과 토의하며 의문점을 해결하기 위해 노력함. PS의 열가소성을 이용한 주기율표 만들기, 동전 위에 물 쌓기, 알코올 바람개비 만들기 활동에서 실험 방법과 원리에 대해 조원들과 의사소통을 하며 반복해서 실험을 수행하는 등 적극적으로 탐구하는 태도를 보임. 모둠별 실험으로 화학보존제가 없는 썬크림을 만들어보고 자외선의 종류와 특징 및 화장품에 원료로 사용되는 유화제에 대해 조사하여 모둠원들과 토의함. 학교 축제에서 자성 유체와 자석을 이용한 관찰 활동 부스의 운영진으로 전날 홍보지를 만들고 체험에 참가하는 학생들에게 과학원리와 만드는 방법 등을 친절하게 설명함.

2학년 🔬 **(비오캠2)** 동아리 부반장으로 활동하면서 동아리 활동이 있을 때면 미리 반장과 실험 주제를 선정하고 예비실험을 하여, 활동 시 조별로 순회하며 실험을 돕는 활동을 함. 우유에 식초를 넣고 가열하여 카제인의 변성을 일으키게 하여 플라스틱을 만드는 실험을 하였는데, 주변에서 흔하게 접할 수 있는 물질로 손쉽게 플라스틱을 만들 수 있는 점이 신기했고, 카제인이 아닌 다른 물질로도 플라스틱을 만들 수 있을지 궁금하다는 소감문을 작성함.
화장품의 성분을 분석하고 가장 흔하게 쓰이는 계면활성제에 대해 조사하여 친구들과 의견을 교류함. 천연 계면활성제를 썼을 때의 이점과 단점은 있지만, 합성 계면활성제를 쓰는 이유에 대해 심도 있게 논의해 보는 시간을 가짐. 환경에 피해를 덜 주는 바이오계면활성제에 대한 새로운 정보를 습득하게 되었으며, 최소한의 유해성분만으로 안전한 화장품을 만드는 방법에 대해서도 진지하게 고민해보는 계기가 됨.

3학년 🔬 **(비오캠3)** 화장품 산업에서 나노기술의 적용과 친환경 화장품에 대해 관심을 가지고 '고기능성 화장품 산업에서의 나노기술 최근 연구 동향'이라는 보고서를 읽고 자외선 차단제의 차단 원리, 피부 노화를 막는 콜라겐의 단점, 비타민 C의 불안정성 해결을 위한 나노 기술의 활용 방안 등에 대해 알게 됨. 그 과정에서 나노 에멀젼에 대해 더 알고자 'Green Chemistry를 활용한 은 나노입자의 제조방법 연구', '자외선 차단제의 사용 실태와 천연소재 개발에 관한 고찰'이라는 보고서 등을 찾아 읽고 자외선 차단제의 종류별 사용법, 연구 방향, 나노 물질이 피부나 호흡기로 침투했을 때의 문제점들에 대해 알게 되었으며 앞으로 천연 원료의 자외선 차단제 생산과 인체에 해가 없는 나노 물질의 개발을 자신의 연구 과제로 삼고 싶다는 제언을 함.

✦★ 정리!

3년간 과학동아리를 열심히 한 학생이다.

1학년 과학 동아리에서는 다양한 과학실험을 하면서 실험 역량을 길러나간 것으로 볼 수 있다. 심화된 실험보다는 **다방면의 실험**을 하면서 자신에 맞는 활동을 찾아가는 과정이라 판단할 수 있다.

2~3학년 과학 동아리에서는 학생이 학년을 거듭하면서 화장품 산업과 화장품 개발 연구원을 목표로 하면서 **실험 주제가 좁혀짐**을 확인할 수 있다. 또한 동아리 활동에도 단순 실험이 아닌 다양한 보고서를 읽고 지식을 심화시키는 활동과 토론 활동을 하면서 진로에 확신을 가진 학생의 모습을 볼 수 있는 특기사항이다.

2학년 과학 동아리에 '동아리 부반장으로 활동하면서 동아리 활동이 있을 때면 미리 반장과 실험 주제를 선정하고 예비 실험을 하여 활동 시 조별로 순회하며 실험을 돕는 활동을 함.'이라는 특기사항은 과학 분야에 대한 관심뿐만 아니라 **인성을 잘 드러낼 수 있는 내용**임을 참고하기 바란다.

4) 봉사 활동 ✤

핵심!

봉사 활동의 특기사항은 기본적으로 작성하지 않는다. 또한 2024 대입부터는 학생이 외부에서 한 개인 봉사 활동은 상급학교에 제공하지 않는다. 따라서 학교 계획에 따른 알찬 봉사 활동이 중요하다. 그리고 오해하면 안 되는 부분이 어떤 봉사 활동이 해당 학과에 가장 적합한 봉사 활동인지 질문이 많은데 그런 봉사 활동은 있을 수 없다. 학생이 하는 **모든 봉사 활동이 다 의미가 있다는 점**을 꼭 유념하고 내용을 참고하길 바란다.

1학년 🌐 교내 환경정화활동 3시간

과학부서 사전 실험 및 행사 도우미 10시간

00동 마을 환경 정화 4시간

2학년 🌐 교내 환경정화활동 3시간

요양원 청소, 말벗, 식사 도움 봉사 10시간

00동 살기 좋은 마을 만들기 캠페인 10시간

3학년 🌐 교내 환경정화활동 3시간

비대면 환경알림 캠페인 봉사 10시간

기부 식품 배달 8시간

정리!

학교에서 **프로젝트 봉사로서 할 수 있는 것**을 작성하였다.

환경과 연관 지어 마을 정화 활동과 살기 좋은 마을 만들기, 비대면 캠페인은 화학 분야와 연계하면 의미를 강조할 수 있을 것으로 판단된다. 하지만 꼭 환경과 관련된 봉사 활동만 해야 하는 것은 아니다.

요양원 봉사, 기부 식품 배달 봉사 등도 모두 의미가 있다. 또한 학교 부서에서도 봉사 활동을 부여할 수 있는데 과학 부서 행사 도우미 등에 참여하여 봉사할 수 있는 기회를 학교에서 제공해 줄 필요가 있고 이런 활동이 있다면 학생들은 적극적으로 신청해보길 바란다.

핵심!

5) 진로 활동 ✦

진로활동의 특기사항은 진로 희망과 관련된 학생의 자질, 수행한 활동 및 결과물을 기록할 수 있고, 진로 상담 결과 또한 작성할 수가 있다. 즉, 전반적으로 **학생이 희망하는 진로로 나아가기 위해 수행한 어떠한 활동**도 기록할 수 있다.

1학년 ◉ 꿈구두 진로진학컨설팅에 참여하여 컨설턴트로부터 자신의 진로에 맞는 진로진학계획 수립방법에 대한 조언을 들으며 자기주도적으로 진로를 설계해 나가는 힘을 키움.

꿈구두 진로탐색반 활동에 성실히 참여하여 본인의 꿈과 끼를 찾고 자신의 성장 과정을 스스로 기록하여 관리함. 자신이 목표한 바에 다가가기 위해서 학업 계획을 구체화하고, 자기주도적으로 실현시키기 위해 꾸준히 노력함.

다특성인성검사를 통해 자신의 성격을 객관적으로 이해해봄. 검사결과를 바탕으로 성격과 적성에 맞는 진로를 적극적으로 탐색하고 현재 자신이 희망한 화학공학계열이 자신의 적성과 능력에 맞는지 살핌으로써 최적의 진로를 결정하도록 지도함.

전문직업인특강에서 화학연구원 과정을 수강하여 진로 선택에 필요한 정보를 탐색하고 직업인으로서 갖추어야 할 자세에 대해 생각해 보는 시간을 가졌으며, 본인의 흥미, 적성, 성격을 고려하여 자신에게 적합한 직업 분야로의 진로 계획을 세우는 기회로 삼음.

세상을 보는 과학적인 방법이라는 주제로 진행된 과학 분야 강사 초청 강연회에 참여하여' 모르는 것이 무엇인지 정확하게 알다.'라는 Science의 어원을 살펴보며 과학의 의미를 살펴보는 기회를 마련함.

2학년 ◉ 꿈구두 진로적성진단검사에서 제 1적성은 자연과학계열, 제 2적성은 공학계열로 나타남. 제시된 다양한 직업군 가운데 본인이 희망하는 연구원, 시험원 등이 있어 희망 진로에 대한 확신을 얻음. 성격 분석 결과 적극성, 협조성, 외향성이 높은 것으로 진단됨. 다양한 교과 수업에서 모둠장을 맡아 수행하였으며 적극적으로 멘토-멘티 활동에 참여한 것을 고려하면 적합한 결과로 받아들여짐. 흥미가 높은 분야로는 작업. 기계, 기획 등으로 꼽힘. 특히 참신한 아이디어로 문제 해결에 접근하는 것을 즐겁게 받아들임.

자신의 희망 진로인 화장품 연구원에 대해 조사하고 시각자료를 만들어 발표함. 화학공학분야에 필요한 적성, 진출 분야, 화장품 개발 연구원이 하는 일 등을 구체적으로 소개함. 진학정보를 조사하고 화학공학과와 화학과를 비교 설명하여 친구들의 호응을 얻음.

'멘토에게 길을 묻다.'라는 주제로 희망 진로에 필요한 덕목이나 역량에 대해 조사함. '마누 프라카시'를 멘토로 선정하여 과학을 누구나 사용할 수 있게 해야 한다는 생각을 닮고 싶다고 하였고, 화장품을 만들거나 연구하는 과정에서 가진 자들만 사용하는 것이 아니라 누구나 사용할 수 있는 화장품을 만들겠다는 비전을 세우고 노력할 것임을 작성함.

꿈구두 진로설계반 활동에 참여하여 자기주도적 학습 습관을 기르고 화학 분야에 관심이 많아 이와 관련한 직업 소양에 대하여 다양한 자료를 탐색하고 습득하며 관심 분야에 대한 지식의 외연을 확장함. 자기 진로에 대한 목표 의식이 강하고 진취적인 자세로 임하고 있어 관련 학과 진학을 위한 꾸준한 자기 계발을 권유함.

3학년 ◐ 꿈구두 학과계열 선정검사결과, 안정적인 직업 환경과 정형화된 업무 일정을 선호하는 타입에 속하는 관료형으로 나타났으며 고교과목, 대학 학과 환경 및 특성, 전공내용 등을 종합적으로 고려했을 때, 통계학-컴퓨터(공)학-화학이 적합한 것으로 나타남. 가장 선호하는 계열로 공학계열을 선택했으며 화학공학과를 목표로 노력해야겠다고 생각함.

전공주제 보고서 검색하기 활동에서 화학, 화학-생물공학, 환경공학 분야에 관심을 보였으며 자외선 차단제-피부 자극성, 계면활성제 관련 보고서를 검색해 봄.

진로 비전 세우기 프로젝트에서 다양한 진로 정보를 바탕으로 자신의 진로에 대해 고민하고 탐색하는 기회를 가졌으며, 커리어 맵 활동에서 화학공학을 중심으로 화학공학 기술자, 약사 등의 관심 직업 도달 경로를 알아보고 진로 목표에 도달하기 위해 자신의 활동을 성찰하고 계획을 세우는 등 노력하는 모습을 보임.

전공 주제 학문적 탐구 프로젝트에서 화장품용 유화 제조기술 최근동향이라는 보고서를 읽고 유화의 형성에 관여하는 다양한 요인들과 그 영향을 알게 되었으며, 유화 작용에 대한 이해와 유화의 형성에는 안정성이 중요함을 알게 됨. 또한, 생체 계면활성제의 현재 개발 정도와 화장품에 얼마나 포함되어있는지에 대한 궁금증이 생겼으며, 생체 계면활성제 개발과 나노리포좀 등 관련 연구를 하고 싶다고 생각함.

정리!

진로 특기사항은 학생이 자신의 진로를 구체화하기 위해 했던 모든 활동을 작성할 수 있다. 해당 특기사항은 진로적성검사, 직업인 특강, 진로 탐색활동, 주제보고서 작성으로 나눌 수 있다.

진로적성검사는 다특성인성검사, 진로적성진단검사, 학과적성검사 결과 내용을 작성하였다. 해당 검사를 통해 학생 진로 데이터를 보며 적합한지 판단할 수 있고, 생활기록부를 보는 평가자는 검사 결과를 통해서도 화학공학과와 알맞은지를 볼 수 있다.

직업인 특강은 화학연구원 과정과, 멘토 참여 활동을 확인할 수 있다. 이 방법 말고도 주변 대학 및 대학생과의 협력을 통해서 학과 멘토를 할 수 있으니 이 방법도 참고하길 바란다.

진로 탐색활동은 꿈구두 진로탐색반, 진로 설계반, 진로진학컨설팅 참여가 있다. 진로 수업에서 하는 것이 아닌 학교 단위의 행사 참여를 하면서 학교 활동을 통해서 자신의 진로를 찾아가는 학생의 모습을 볼 수 있다.

보고서 작성은 2학년 때 희망 진로 발표, 3학년 전공 주제 보고서 작성 및 탐구이다. 3학년에 주로 작성되어 있으며 자신의 진로를 완성해보고 상급 학교 진학 시에 학생이 어떠한 분야를 더 심도 있게 할지 엿볼 수 있는 특기사항이다.

6) 교과 세부능력 및 특기사항 ✤

1학년 ◉ **국어** : 토론 수업에서 '동물실험'에 대해 인간의 이익을 위해 동물을 학대해서는 안 된다는 점을 논거로 하여 반대하는 자신의 입장을 명확하게 제시함. '옛 노래 세 편'의 작가 및 작품 내용을 조사하여 발표하였으며, 본인이 조사한 내용을 PPT로 구조화하여 정리해 줌. 특히, 작품의 비교를 통해 한국 문학의 전승 과정 가운데 나타난 한국 문학 고유의 특성을 설명함으로써 학생들의 이해도를 높임. 시조 학습 후 '토마스와 친구들'이라는 제목으로 적절한 비유를 사용하여 사설시조를 창작함. '로봇 시대, 인간의 일' 단원 수업 후 관련 영상을 시청하고 소감문을 작성하였으며, 질문지를 작성 함으로써 인공지능 시대 인간의 미래에 대해 생각함. 진로독서신문 만들기 시간에 꿈과 끼를 구상, 설계하며 '화학에서 인생을 배우다(황영애)'를 읽고 '진로 신문'을 만들며 화장품연구원이 되고 싶은 꿈을 표현함으로써, 진로를 탐색해보며 꿈과 열정을 키우는 계기를 마련함.

수학 : 항상 바른 자세로 수업에 임했으며 궁금한 부분은 질문을 통해 이해하고 그 과정을 정리해 두는 꼼꼼한 학생임. 새로운 개념이 등장할 때마다 쉬운 예를 통해 이해하고 암기했으며 난이도가 있는 문제가 나타나면 반복 학습을 통해 끈기 있게 해결하려는 태도를 보였음. 집합의 연산에 대한 성질을 벤다이어그램을 통해 충분히 이해했으며 이를 통해 복잡한 연산을 간단히 할 수 있었으며 유리, 무리 함수 그래프를 그려보고 상황마다 어떻게 다르게 그려야 하고 성질이 어떻게 되는지 살펴볼 수 있었음. 특히 경우의 수 단원에서 매우 큰 흥미를 느꼈으며 멘토가 되어 친구들에게 쉬운 설명과 다양한 예로 이해를 도왔음. 수학 영화 '플랫랜드'를 보고 지금까지 생각했던 차원에 대해 다시 생각해 보는 기회가 되었으며 상상력을 발휘하여 불가능했던 상황을 다양한 차원에서 가능하도록 설명할 수 있는 계기를 마련함.

통합사회 : 환경문제 해결을 위한 실천방안을 모색하는 환경정책제안서 작성 프로젝트에서 사막화 해결을 위한 나무 심기라는 구체적인 정책을 제안하여 공감을 끌어내는 발표로 친구들의 지지를 받음. 그 과정에서 정부, 시민사회, 기업 등의 다양한 사례 조사 등 정보 활용 능력과 문제해결력을 표출함. 특히, 나무심기 행사의 SNS를 통한 홍보라는 개인의 노력이 필요함을 강조함. 문화 탐방 프로그램 제안서 작성 프로젝트에서는 플레이그라운드라는 프로그램을 제안하고 쥐불놀이, 썰매와 롤러코스터, 축구와 격구 등의 구체적인 사례를 조사, 비교, 분석하며 인포그래픽으로 제안서를 제작하고 발표함. 프로젝트 과정에서 의사소통 능력과 협업 능력을 보여주었으며 합리적인 의사결정 과정을 통해 적극적으로 토론하고, 프로젝트의 방향성을 잃지 않도록 안내함은 물론, 프로젝트를 주도하는 유연한 리더의 모습이 두드러짐. 또한 바람직한 생산자의 역할에 대한 학습 후 새로운 햄버거를 개발하고 판매하는 활동에서 기업가 정신을 발휘하여 이윤 추구뿐만 아니라 사회적 책임 강조하는 창의적인 제품을 고안하여 큰 호응을 얻음.

통합과학 : PPT를 이용하여 별이 주계열성 단계에 들어서면서 시작하게 되는 수소핵융합 반응에서 일어나는 에너지의 변화를 원자핵의 갯수비와 질량 변화량을 포함시켜 설명하고, 별의 질량에 따라 최종적으로 생성되는 원소의 종류에 차이가 있음을 제시함. PPT를 이용하여 물질을 전기적 성질에 따라 도체, 절연체, 반도체로 구분하고 각각의 예를 제시하고, 물질의 자기적 성질을 바탕으로 자석이 될 수 있는 물질과 자석이 될 수 없는 물질을 구분하여 각각의 예를 제시함. 산과 염기의 이온화반응식을 통해 산과 염기의 특성을 구별하고, 산과 염기의 혼합용액에서 이온 수의 변화과정을 그래프로 나타낼 수 있음. 유전질환이 발생하는 원인을 생명중심의 원리를 바탕으로 설명할 수 있으며, 전사와 번역의 과정에서 염기서열의 변화과정을 설명할 수 있음. DNA에 존재하는 뉴클레오타이드의 염기의 종류를 알고, 아미노산으로 단백질을 합성하는 과정을 설명할 수 있음. 모둠을 구성하여 지구환경에 영향을 미치는 기권, 지권, 생물권, 수권 및 외권의 상호작용을 인포그래피로 제작하여 발표함.

음악 : 부분 3부 중창을 하며 알토 파트를 맡았음. 친구들과 함께 서로를 격려하며 성실하게 연습하였고 자신의 성부를 정확하게 가창하였으며 화음의 어울림을 아름답게 표현함. 오카리나 부분 2부 합주에서 1파트를 맡음. 같은 파트 친구들과 함께 성실하게 연습하였고 친구에게 운지법과 모르는 부분을 알려주어 친구의 발전을 이끌어냄. 화음의 어울림을 아름답게 표현함. 민요풍 가락 만들기에서 자진모리장단과 육자배기토리를 이해하였고, 미래에 화장품을 만들거나 도핑검사, DNA관련 일을 하고 싶은 마음을 가사에 담았으며, 민요풍의 가락을 자연스럽게 만듦. 17세기 바로크 오페라에서 19세기 낭만오페라까지 오페라 변천과정을 서술하고 오페라와 뮤지컬을 비교, 설명하였음. 현재 우리나라의 전통음악문화에 대해 깊이 생각하고 의견을 논함. 모둠발표 미니콘서트에서 크리스마스를 주제로 하여 메들리 콘서트를 기획하고 간단한 안무와 함께 음악극을 공연함. 모둠장을 맡아 선곡과 연출을 주도적으로 이끌었으며 핸드벨을 연주하기 위하여 악보를 분석하고 역할을 분배함. 피아노반주, 악보 검색 및 제공 등의 역할을 하여 성공적으로 공연하는데 크게 기여함.

정리!

1학년 때 배우는 과목들은 필수적인 것이 많기 때문에 대부분의 학생들이 수강하게 된다. 필수 과목이라는 것은 학생의 선택권에 제약이 있다는 것이다. 하지만 그 속에서도 해당 학생은 모든 과목에서 열심히 한다는 것을 특기사항을 통해 알 수 있다.

국어 수업에서 참여가 높으며 진로 신문을 통해 화장품연구원을 희망하고 있음을 알 수 있다. 수학 수업에서는 어떻게 문제를 해결해나가는지를 확인할 수 있으며, 통합사회 수업에서는 환경에 관심이 있다는 것을 알 수 있게 해준다.

통합과학 시간의 특기사항은 학생이 공부한 단원별 과학 지식을 정확히 알고 있음을 확인할 수 있다. 음악 시간에서는 친구와의 친밀도를 확인할 수 있고, 공동체를 어떻게 이끌어 나가는지를 점검하며 학생의 희망 진로까지 알 수 있게 해준다.

학생이 어떤 수업을 받고 활동하고 있는지 머릿속에 그려지는 세부능력 및 특기사항이다.

2학년 🔵 **수학 I** : 밑변환 공식의 활용 명제를 증명하였으며 이를 발표함. 상용로그를 이용하여 환기를 시킬 때 시간당 이산화 탄소의 농도 변화를 나타내는 식을 세우고, 원하는 기준까지 이산화탄소의 농도를 낮추려면 얼마간 환기를 시켜야 하는지 구하는 활동을 함. 학기말 수학 주제 발표 활동에서 '삼각함수의 화학분야 활용'을 주제로 조사 및 발표함. 삼각비, 삼각함수의 정의와 그래프를 소개하고 이를 이용하여 마이프로파 오븐의 원리에 대해 설명하였으며 다양한 그림, 그래프 자료를 활용하여 전자의 움직임을 이해하기 쉽게 설명함. 화학에서의 '브래그 법칙'을 소개하고 브래그 조건식의 유도과정을 삼각함수의 성질을 이용하여 보임. 에빙하우스의 망각곡선에 대해 알아보고 처음 기억상태를 수치화 할 때, 몇 개월이 지난 뒤 기억상태를 로그 방정식을 이용하여 구해보는 활동을 함.

영어 I : 우수한 영어 실력을 바탕으로 차분하게 수업에 집중하며 다양한 영어활동과 발표에 성실하게 임

함. 평소 화학 분야에 관심이 많은 학생으로 자율영어활동에서 약의 부작용을 줄이는 방법, 화장품 제조과정과 원리 등에 대한 정보를 탐색하고 영어활동지를 작성하며 화학약품에 관한 지식을 폭넓게 쌓음. 화학물질과 환경에 관한 영어기사를 찾아 읽고 관련 지식과 더불어 화장품 실험 시 환경문제를 고려해야 한다는 견해를 담은 영어활동지를 작성함. 물 부족 지역 사례, Ummeed Project에 관한 지문들을 읽고 발표수업을 진행함. 문장해석과 더불어 여러 어법 사항에 대해 명확히 설명함. 특히, 복잡한 구조의 문장 해석 시 유의할 점에 대하여 자신의 의견을 차근차근 설명함. 모둠활동에서 진취적인 자세로 과제에 임하며 조장으로서 리더십을 보여줌.

물리학 I : '브레드 보드를 이용한 RGB 빛의 합성 실험'에서 브레드 보드의 구조를 확실히 이해하고 주어진 과제를 빠르게 수행하였으며, 광원의 위치에 따라서 그림자의 색이 결정되는 원리를 정확히 이해하여 서술함. 비스피 속도계 2개와 추를 사용한 역학적 에너지 보존 법칙 실험에서, 모둠원들과 협력하여 자료를 능숙하게 해석할 뿐 아니라, 역학적 에너지가 보존되지 않는 교사의 시범 실험에 대한 해석 또한 바르게 함. 영상 자료 '못배운 과학자 패러데이'에

대한 과학 글쓰기 활동에서, 전자기 유도 법칙은 반복되는 정교한 실험을 통하여 얻어진 결과이며, 이는 패러데이가 오랫동안 실험실에서 성실하게 실험을 하였기 때문에 가능한 일이었다고 기록함. '기주 공명 실험과 공기 중에서의 음속 측정' 탐구활동에서 수조를 서서히 올리고 내리면서 수면의 높이를 조절하는 역할을 맡아 침착한 태도로 잘 수행하였고, 모둠원들과 원만한 분위기로 협력하여 결론을 도출하는 능력이 우수함. 미니 실험 중에서, 편광판을 통해 백열등, 햇빛, 노트북의 액정 등을 관찰하며 원리를 학습했던 경험과 두 점파원으로부터의 물결파 간섭 실험이 인상적이었다고 기록함. 자유 주제 발표 수업에서 '전자기 유도와 적용 사례'를 주제로 발표함.

화학Ⅰ : 수업 태도가 바르고, 화학 원리에 대한 이해력이 빠르며 문제해결력이 탁월함. 탄산 칼슘과 염산의 반응에서 생성되는 이산화탄소 기체의 양을 정량적으로 측정하여 화학반응식으로 바르게 나타내었으며, 제한요소를 찾아 새롭게 주어진 조건에서의 기체 생성량을 예측하는 추론능력도 뛰어남. 수소 선스펙트럼을 파장과 에너지의 관계를 이용하여 해석하고 제시된 전자전이가 일어났을 때 선스펙트럼의 위치와 간격을 바르게 예측하여 서술함. 제시된 조건을 가지고 수소 원자의 전자 전이에서 방출, 흡수하는 에너지의 양을 계산하고 서술함. 중화적정에서 일정량의 산에 염기의 양을 늘려가며 반응 시켰을 때 중화점을 찾고, 이를 통해 산과 염기수용액의 농도를 논리적으로 비교 서술함. 반응 후 이온수 변화 등을 서술하고 그래프로 표현하는 능력이 탁월함. 나노기술을 이용한 화장품에 관심을 가지게 되어 화장품 제조과정에 사용되는 나노물질을 조사하는 과정에서 산화아연과 이산화 티타늄이 자외선 차단제에 사용됨을 알 게 되어 '아연'을 화학탐구 주제로 선정함. 특히 자외선차단제에서 아연이 자외선의 차단하는 원리를 친구들에게 간단히 설명함.

생명과학Ⅰ : 과학적 탐구 방법의 종류를 설명하고 귀납적 탐구법에 따라 실험을 설계하여 가설을 세우고 변인을 통제하며 실험 수행을 함. 운동 강도에 따른 호흡수와 맥박 수 변화를 측정하는 실험에서 표와 그래프를 잘 활용하여 자료를 정리하였으며 호흡, 순환, 소화계의 상호관계를 통합적으로 설명함. 혈액순환

과정을 체순환과 폐순환으로 구분하여 설명함. 응집원과 응집소를 혈액형에 따라 구분하여 항원-항체반응으로 혈액형을 판정하는 원리와 수혈관계를 설명함. 휴지상태와 흥분 상태에서 나트륨과 칼륨의 이동에 의해 일어나는 막전위 변화 과정을 설명하고 근육에 적용하여 자극의 세기에 따라 다른 반응을 보이는 이유를 설명함. 핵형분석을 하고 생식세포 형성 시 가능한 염색체 조합을 계산함. 개체군의 밀도와 빈도를 계산하여 우점종을 판별하고, 식물 군집의 천이과정을 설명하였으며, 환경저항과 개체군 상호작용의 종류에 따른 생장곡선을 예측하여 그림. 말라리아에 관해 조사하면서 말라리아의 감염여부를 쉽게 판별하고자 종이 현미경을 만들어낸 과학자를 소개하는 PPT를 제작하여 발표하고 앞으로 화학적 연구를 하는 일을 하고 싶은데 많은 사람을 도울 수 있는 목적의 연구를 해야겠다는 활동지를 제출함.

과학과제 연구 : 과학기술의 발전의 이면에는 환경오염이 있음을 인지하고 환경에 영향을 주는 요인들에 대한 관심이 높아 '공기정화식물들의 효과 검증과 시간에 따른 미세먼지 흡수량 비교와 공기정화식물들의 미세먼지 흡수 전후 내부 차이와 식물 간의 공통점'이라는 제목으로 과제 연구를 진행함. 실험에 대해 전반적으로 적극적이며 실험을 이해하는 능력이 뛰어남. 연구주제 외에도 화학의 역사에 대해 많은 흥미를 가지고 탐구하려는 모습을 보임. 결과에 대한 분석을 주도적으로 제시하고 제시한 탐구 방법들을 스스로 해결하는 능력이 높으며 실험의 오차와 오류에 대한 원인을 찾아내어 수정 보안하며 새로운 해결책을 제시하는 능력이 탁월함. 환경과 관련된 내용을 주제로 발표를 하면서 과제 연구의 주제인 미세먼지와 상관관계를 잘 정리하고 연결하여 이해도가 높은 발표를 함. 표와 그래프 등으로 결과물들을 잘 정리하고 질문에 대해서도 명확한 과학적 근거를 제시하여 설명함. 그로 인해 타 학생들의 이해도를 높임. 팀원과의 융합이 높아 실험 과정에서 서로 협력하는 모습들이 잘 나타남.

정보 : 미래 정보사회의 모습을 상상해보는 활동에서 사라지는 직업이 많을 것이라는 의견을 제시하였으며 창의성 및 공감 능력 발휘해야 앞으로의 변화에 대비할 수 있다고 주장함. 정보과학기술 및 정보문화를 알아보는 모둠활동

에 참여하여 자신이 맡은 역할을 책임감 있게 해냄. 사물인터넷을 주제로 다양한 적용 사례를 조사하여 체계적으로 정리한 활동지를 제출함. 프로그래밍에 흥미가 많고 주어진 문제를 스스로 해결하려고 노력함. 복잡한 아두이노의 회로 구성도 침착하게 잘 해내며 시리얼 통신 함수들을 이용하여 아두이노에 간단한 데이터를 전송해 보고 LED의 밝기를 제어하는 코딩을 작성해 봄. 순차, 반복, 선택 구조를 조합하여 C언어로 실생활의 문제를 해결함. 도어락 시스템의 알고리즘을 분석하여 소프트웨어적으로 구현할 줄 알며 배열을 활용하여 피보나치 수열을 만드는 프로그램을 작성함. 나만의 C언어 프로그램 만들기 활동에서 컴퓨터가 발생시킨 임의의 숫자를 맞추는 게임을 단계별 난이도를 구분하여 제시하는 프로그램을 기획하고 코딩함.

중국어 I : 외국어 학습에 관심이 많은 학생으로 중국어 학습에 정성을 기울이는 모습을 보임. 발음을 세심히 듣고 정확히 발성하려고 노력하여 성조가 정확하고 기초회화를 유창하게 구사할 수 있음. 뛰어난 언어학습력과 성실한 학습 자세가 있어 빠른 성취가 기대됨. 수업시간에 다루어지는 문화 관련 영상 자료를 주의 깊게 청취하고, 중국신문 만들기 활동에서는 문화 관련 부문을 맡아 평소에 관심이 많던 중국 영화와 드라마를 조사하여 장르별 주요 작품과 관련 중국어를 소개하며 느낀 점을 적어 기사를 작성하고, 이 내용으로 흥미롭고 유익한 발표를 진행하여 박수를 받음. 화장품 개발 연구원이 되기를 희망하는 학생으로 중국 현황 활동지 쓰기에서 관심을 가지고 있던 중국 화장품 산업을 주제로 자료를 조사하여 최근 중국 화장품 시장에서 선호되는 제품들, 중국의 대표적 화장품 기업, 중국 화장품 관련 법안 등을 소개하는 활동지를 작성하고 조사 과정에서 중국 화장품의 트랜드를 알 수 있었고, 중국 소비자의 기호에 맞춘 화장품을 개발해 보고 싶다는 자신의 희망을 밝힘.

2학년 특기사항에서는 화학과 **연관되어있는 활동**이 많은 것을 볼 수 있다.

수학 시간에는 수학과 화학의 연계를 통해 수학이 화학에 많은 역할을 하고 있음을 수업 활동을 통해서 알게 되는 학생의 모습이 보인다. 영어 시간에서는 자율 영어활동 으로 화학에 관심 있어 하는 것을 알게 해주는 특기사항이 있다.

중국어 시간에는 중국어를 능숙하게 잘하는 내용과 화장품 개발 연구원을 희망하는 학생이라는 것을 특기사항에서 확인할 수 있다.

화학과 생명과학에서는 각 과목에 지식 이해가 높다는 것을 확인할 수 있다. 학생의 주도성을 볼 수 있는 **과학과제 연구**에서는 환경에 대한 관심도가 높다는 것과 화학 분야의 진로를 생각하고 있음을 알 수 있다. 상급학교 진학 시 연구를 해볼 텐데 학생이 상급학교에서 어떻게 문제를 해결해나갈지 짐작해 볼 수 있는 특기사항이다.

물리와 정보 특기사항을 보면 수업에서 메이커 교육의 일환으로 코딩 및 피지컬 컴 퓨팅 실험을 했음을 알고 있다. 코딩에 대한 관심도는 계속 증가할 것으로 전망되기 때 문에 수업에서 시도해볼 수 있기를 바란다.

3학년 ● **미적분** : 수학에 대한 호기심이 강하고 학습 의욕이 높은 학생으로 수업 시간 에 항상 반듯한 자세로 집중하는 모습이 돋보였음. 많은 문제를 풀고 질문을 하며 실력 향상을 위한 노력을 꾸준히 함. 다양하게 주어지는 조건들을 이해 하여 문제해결에 필요한 의미로 재해석하여 접근하는 과정과 한 문제의 다양 한 풀이 방법에 대한 아이디어 나누기에 흥미를 갖고 참여함. 미적분과 기하 에서 배운 개념 간의 연계성을 스스로 찾아보며 음함수 미분법으로 이차곡선 의 접선 방정식을 구하고, 두 직선이 이루는 각을 삼각함수의 덧셈정리와 방 향벡터를 이용하여 각각 구해봄. 미분을 이용하여 증감표를 만들어 다양한 함수의 그래프 개형을 그려보고 그래프 그리기를 통해 방정식과 부등식을 해 결하는 문제에 대한 접근을 세련되게 해냄. 수열의 극한과 여러 가지 함수의 극한과 미분을 해결하는 수행평가를 모두 논리적으로 잘 해결해냄.

확률과 통계 : 수업 태도가 매우 바른 학생으로 문제를 반복하여 학습하는 성 실한 공부 습관을 가지고 있으며 긍정적인 자세로 수업 활동에 참여하여 다른

학생에게 모범이 됨. 정규분포를 이용하여 4개짜리 한 세트의 불량품의 개수를 구하는 문제를 인상 깊은 문제로 꼽으며 표본평균의 분포에 대한 개념적인 이해가 뒷받침되어야 해결가능한 문제로서 개념을 활용하는 방식에 대해 깨닫게 해준 문제였기에 기억에 남는다는 소감을 기록함. 관심 있는 진로 분야에 쓰이는 수학적 원리를 찾아 조사하면서, 최근 화장품 제조에 성공했다는 3D프린트에 대한 기사를 접한 것을 계기로 '3D 프린팅의 수학적 원리'라는 주제의 자율활동지를 작성함. 절삭방식과 적층방식으로 나뉘는 3D프린팅은 미분과 적분의 원리가 기본 원리로서 프린팅의 방향을 바꾸어도 같은 물체가 나오는 것으로 미적분의 푸비니의 원리를 증명할 수 있다는 내용을 흥미롭게 기술하였음. 향후 자신의 관심 분야인 화장품 제조업에서 3D프린팅을 사용하는 기술이 발달되어 개인의 얼굴과 요구에 맞는 화장품을 만드는 대량 맞춤형 생산이 가능해질 것이므로 이에 관한 연구를 계속해보고 싶다는 포부를 밝힘.

심화 영어 I : 평소 관심있는 분야의 글을 읽고 생각쓰기 활동에서 '집단순응사고의 문제점'과 관련된 자료를 읽고, 집단순응사고의 폐해와 창의적인 생각의 중요성을 화장품 등 화학관련 분야의 연구를 예로 들어 서술함. 이 과정에서 대조를 나타내는 접속사를 적절히 사용하여 글에 대한 이해를 높임. '과도한 수량화'에 대한 자료를 읽고, 수량화는 과학에서도 본질이나 목표가 아닌 수단 및 방법임을 강조함. 이 과정에서 적절한 강조의 표현을 사용한 점이 돋보임. '과학자의 자세'란 주제의 포스터 그리기 활동에서 공학인의 윤리와 관련하여 포스터를 제작함. 과학자는 발명을 통해 공공의 안전에 이바지 해야함과 연구에서의 가치 중립의 중요성을 체르노빌 원전사고, 우주왕복선 챌린저호 폭발사고, 콩코드 여객기 추락사고 및 한국의 성수대교, 삼풍백화점 붕괴사고를 예로 들어 발표함. 이와 함께 환경에 대한 선한 메시지를 많은 사람들에게 전파할 수 있는 목적의 연구와 개발의 필요성을 강조함.

여행지리 : 커뮤니티 맵핑의 중요성을 보여준 ebs 지식 채널 '한 뼘 지도' 영상을 보고 휴대폰 앱 지도의 유용성을 알게 되었으며, 화장품이나 약품의 성분을 손쉽게 볼 수 있는 앱 지도를 만들어 보고 싶다는 포부를 밝힘. 지구 온난화가 우리에게 미치는 영향에 관한 영상을 보고 과학 기술의 발전으로 이산화탄소를 더 많이 배출하고 있어서, 해수면이 상승이 가속화 되고 있어 세계 주요 연안 도시가 물에 잠기게 될 거라는 것을 깊이 인식하게 되어, 지구 온난화를 늦추는 방안에 대해 고민하고 실천 방안을 글로 작성함. 제주도의 개발을 찬성하는지, 반대하는지를 묻는 논술 평가에서 제주도는 이미 많이 개발되어 있으므로 더이상 개발하지 않는 것이 관광지 제주의 이미지에 더 맞을 것이라는 이유로 개발 반대 입장을 밝힘. '만약 본인에게 갭이어의 시간이 주어진다면?'이라는 주제의 프로젝트에서 본인의 진로인 화학 관련 산업이 많이 발달한 나라를 여행하고 싶다는 포부를 밝힘.

화학Ⅱ : 차분하고 성실하게 수업에 임하는 학생으로, 처음에는 기체 파트의 문제를 해결하는 데 어려움을 겪었으나, 반복연습을 통해 자신이 부족한 부분을 채워나가려 노력하는 모습이 인상적이었으며, 그 결과로 1차보다 2차지필에서 향상된 모습을 보였음. 화학 부장으로 수업 전 후 소독 및 마스크 상태 점검 등에 도움을 줌. 헤스의 법칙을 이해하고 반응에 따른 엔탈피 변화그래프를 보고 해석할 수 있음. 이산화 질소의 분해엔탈피, 일산화 질소의 생성엔탈피를 그래프를 해석하여 찾을 수 있고 관련 반응식을 서술할 수 있음. 실린더에 수상치환으로 산소기체를 포집한 후 실린더 내의 산소 기체의 압력을 찾는 과정을 이해하고 설명함. 포집한 산소 기체와 관련된 데이터를 이상기체 방정식에 적절히 대입하여 분자량을 계산함. 5분 스피치 시간에 지구온난화를 막기 위해 평소 사용하는 화장품부터 친환경 제품으로 사용하자는 의견을 제시함. 화장품에 많이 들어가는 미세플라스틱의 대체물과 선크림에 들어간 자외선 차단성분의 천연물질에 대해 조사하고 발표함.

정리!

3학년 특기사항 중 특히 **미적분 특기사항**은 학생이 문제를 어떻게 해결해나가는 지를 확인할 수 있다. 또한 다른 과목에서도 화학과 연관되어 활동을 수행한 것을 확인할 수 있다.

확률과 통계에서는 주제 자율활동지를 통해 알 수 있고, 심화영어에서는 생각 쓰기 활동 특기사항을 보면 확인할 수 있다.

또한 화학을 전공하는 학생들은 **환경과의 접점과 연계성**을 고려해야 한다. 여행 지리에서 지구온난화 및 제주도 개발 논술 평가 특기사항은 이런 학생의 생각이 잘 반영되어 있다고 하겠다. 화학에서도 화학 실험 및 관련 지식을 충분히 알고 있다는 특기사항도 유의미하다. 하지만 지구온난화를 막기 위해 친환경 화장품으로 바꿔야한다는 특기사항 내용이 학생을 더 돋보기에 할 수 있는 부분이다.

7) 독서 활동 상황 ✦

핵심!

독서 활동 상황은 2024 대입부터는 상급학교 진학 자료에 반영되지 않는다. 이에 따라 독서가 중요하지 않다고 생각할 수 있지만, 독서 활동이 교과나 학교 활동으로 들어 올 수 있다. 독서를 통해 학생이 배우는 것이 많으므로 독서는 지속적으로 하길 추천한다.

1학년 🔵 불쌍한 사람 기계(김혜순), 데미안(헤르만 헤세), 환경에도 정의가 필요해(장성익), 세상을 바꾸는 힘(조영선 외), 마을에서 세상을 바꾸는 사람들(구도완), 하리하라의 과학-24시(이은희), 역사를 바꾼 17가지 화학이야기(페니르 쿠터, 제이 버레슨), 미움 받을 용기2(기시미 이치로)

2학년 🔵 빛보다 느린 세상(최강신), 물리로 이루어진 세상(장 미셸 코르티, 에두아르 케이를릭), 화학 교과서는 살아있다(박태현), 분자 사용 설명서(김지환), 고분자 화학 연구실에서 무슨 일이 일어나고 있을까?(진정일), 같기도 하고 아니 같기도 하고(로얼드 호프만), 멘델레예프의 꿈(폴 스트레턴), 화장품 회사가 당신에게 알려주지 않는 진실(스테이시 멜컨), 생활 속의 화학과 고분자(정진철), 이기적 유전자(리처드 도킨스), 한 권으로 정리하는 4차 산업혁명(최진기)

3학년 🔵 새빨간 거짓말-통계(대럴 허브), 침묵의 봄(레이첼 카슨), 파타고니아-파도가 칠 때는 서핑을(이본 쉬나드), 세상을 바꾸는 대안 기업가 80인(실벵 다르니 외), 인간이 만든 재앙-기후 변화와 환경의 역습(반기성)

★★
정리!

주로 시사와 과학에 대한 독서 활동을 기록하였다. 앞선 특기사항 중 **환경에 대한 강조**를 많이 하였다. 이에 따라 시사에서도 환경에 관한 책이며, 화학에 지식을 늘릴 수 있는 책을 작성하였다. 국어 수업처럼 **교과 시간에 책을 읽게 하여 수업에 활용**하는 것도 좋은 수업이 될 것이다. 학생은 책을 통하여 더 깊은 지식을 쌓길 바란다.

8) 행동특성 및 종합의견 ✢

핵심!

행동특성 및 종합의견으로 **담임교사의 추천서**이다.

이전 입시에서는 담임교사, 교과 교사 등이 해당 학생의 전반적인 학업 역량, 자질 등을 높게 평가하여 원서를 넣는 대학교에 추천서를 같이 접수하였다. 그러나 대부분의 대학에서 추천서가 사라졌기 때문에 학생을 전체적으로 평가할 수 있는 서류가 사라진 것이다. 이를 대체하는 것이 행동특성 및 종합의견이다.

1학년 ◎ 늘 밝은 얼굴로 인사를 잘하고 평소 어른을 대할 때 친근하면서도 예의를 갖춰 언행을 삼갈 줄 아는 학생으로 모든 사람에게 좋은 인상을 주며 교우관계에서도 가식 없이 진심으로 대하여 상대방으로 마음을 열게 하는 진정성을 가지고 있음.

자신이 하고자 하는 일에 대해 뚜렷한 생각을 가지고 있으며 적극적으로 자신의 학습 환경을 통제하고 수립한 학습계획을 지속적으로 실천하는 자세를 키우고 있어 더 큰 발전이 기대되는 학생임. 말씨와 행동이 다정다감하고 친절하여 급우 간에 인기가 많으며, 학습활동과 주어진 일을 창의적으로 잘 해결함. 말을 조리 있게 하며 좋은 인상을 주기 위해 항상 노력 하고, 스스로 공부하는 태도가 양호하며 전 교과 성적이 우수함.

사교적이어서 누구와도 잘 어울리고 친구를 잘 도움. 책임감이 강하여 맡은바 일처리가 꼼꼼하고 정확함. 사물을 보는 눈과 방법이 매우 논리적으로 발달하여 학습 정리도 매우 깔끔하게 정리하는 바람직한 학습 습관을 지니고 있음.

자신의 진로를 위하여 다양한 정보를 토대로 로드맵을 작성하고 모둠원들과 협력하여 문제를 해결하고 조화롭게 행동함. 교내 다양한 프로그램에 항상 자발적으로 참여하여 자신의 진로 탐색 및 적성, 소질을 계발하고자 노력하는 열정이 돋보임.

2학년 ◎ 명랑한 성격으로 웃음과 흥이 많아 급우들과 관계가 친밀하며 급우들이 질문을 하면 성의 있게 도와줌. 책임감이 강하여 1인 1역할로 학급정보 알리미와 학급 도우미를 맡아 성실하게 자신의 임무를 완수해냄. 교칙에 대한 준칙

정신이 투철하고 교복착용 등 기본적인 생활태도에서 타의 모범이 됨. 체육 한마당의 대부분 종목에 참여해 학급 단합에 기여하였으며 학교 축제와 학급 댄스 공연에 팀을 만들어 참여하여 상당한 댄스 실력과 끼를 뽐내는 적극성을 갖춤. 다양한 수업에서 모둠장 역을 수행하고 동아리 활동에서 부반장 역할을 하며 리더십을 발전시켰으며 요양원 봉사에도 참여하며 봉사 정신을 기름.

학업성취도가 매우 우수하고 자기 관리 능력이 뛰어난 학생으로 1년간 꿈구두 진로설계반에 참가하여 학업에 몰두함. 학업 의욕이 상당하며 자기 객관화가 뛰어나 스스로에 대한 냉철한 평가가 체득되어있음. 영민한 두뇌를 바탕으로 분석적 사고에 능하며 명쾌히 이해되지 않는 것은 적극적으로 질문하며 꼼꼼하고 주도면밀하게 탐구하는 자세를 갖춤. 화학 분야에 관심이 많아 관련 서적과 매체를 통해 지식의 외연을 확장하고자 하는 열정을 보이며 자신의 꿈을 구체화하고자 부단히 정진하는 자세를 갖춰 향후 발전이 기대됨.

정리!

행동특성 및 종합의견에서는 **학생의 교우관계, 학급 및 학교에서의 참여도, 학습법** 등을 작성할 수 있다.

1, 2학년 특기사항을 보면 학생이 명랑하며 학교 규칙을 준수하는 모범 학생임을 알 수 있다. 자신의 유불리를 따지기보다는 같이하면 즐겁고, 의미 있는 활동에는 적극 참여해서 성공해내는 모습을 확인할 수 있으며, 이는 교과 특기사항과도 맥락을 같이 함을 판단할 수 있다.

학습에 대해서도 1, 2학년 특기사항에서 학생이 어떻게 공부하고 있는지 학습계획, 학습 의욕, 학습 방법을 볼 수 있다.

전체적으로 학생이 학교에서 생활하는 모습을 잘 담아낸 특기사항이다.

참고로 봉사활동 특기사항은 생활기록부에 원칙상 작성할 수 없다. 그러나 담임선생님이 판단하여 훌륭한 성과를 내었다면 2학년 특기사항처럼 요양원 봉사에 참가한다는 정도로 작성해 볼 수 있다는 점도 알아두면 좋을 것 같다.

화학공학과
자기소개서

1. 재학 기간 중 지원한 분야와 관련하여 어떤 노력을 해왔는지 본인에게 의미가 있는 학습경험과 교내활동 등을 중심으로 기술해 주시기 바랍니다.

평소 '아름다움을 만드는 도구'로서 화장품에 관심이 많았고 특히 경제적이고 안전한 화장품 생산을 위하여 화학공학과를 목표로 공부했습니다. 고1 동아리에서 '화학 보존 제가 없는 썬그림 만들기'로 안전한 화장품을 생각했습니다. 신문 기사에서 화장품의 보존제로 쓰이는 '파라벤' 성분이 보존제로서 탁월하나 내분비계 교란 물질로 문제가 있어 이를 첨가하지 않은 썬그림을 만들고 기존 제품과 비교했습니다. 보존제가 없는 화장품은 기존 제품과 달리 얼마 후 곰팡이가 생겨 보존제 없는 화장품에 대한 한계를 느꼈고 화학 보존제 없이 화장품을 생산 및 유통시키기 어렵다는 사실을 알았습니다. 결국 인체에 해롭지 않고 보존성이 높은 물질을 개발하든가 아니면 정확한 연구를 통하여 보존제의 인체 유해성과 인체 허용 농도를 정확히 제품에 표시하는 방법을 생각했습니다.

고2 동아리에서는 화장품에 쓰이는 계면활성제를 조사했습니다. 화장품은 친수성기와 친유성기의 균일한 혼합인 유화 과정이 필수인데 이때 계면활성제가 쓰인다는 사실을 확인했습니다. 천연 및 합성 계면활성제가 있고 천연 계면활성제로는 레시틴이 주로 쓰이고 여러 장점을 갖고 있음을 확인했습니다. 하지만 가격 및 파라벤 등 다른 물질과 혼합했을 때 흡수가 잘되는 문제점 등 완벽한 원료라고 할 수 없었습니다. 이에 대안으로 합성 계면활성제가 쓰이고, 대표적인 물질로는 설페이트 계열의 화합물들입니다. 이들은 적정용량을 사용할 때 안전하고 일부 피부 자극 등을 유발하는 문제점이 있으나 가격 측면에서 유리하기 때문에 많이 사용하고 있었습니다. 이 활동에서 천연 및 합성 재료 중 완벽한 재료는 없기 때문에 각각의 장점과 단점을 정확히 알고 문제점을 최소화시키는 방법으로 사용해야 한다는 사실을 배웠습니다. 한편 화학I 시간에 탐구주제로 나노기술을 이용한 화장품에서 산화아연과 이산화티타늄이 자외선 차단에 활용되는 점을 확인했습니다. 금속 성분이 인체에 유해할 것이라는 우려와 달리 실제 문헌조사 결과 유럽 및 미국의 관련 기관에서도 금속 나노 입자를 이용한 자외선 차단은 무해하며 오히려 자외선으로 인한 여러 문제를 해결할 수 있는 대안이 될 수 있다는 사실을 확인했습니다. 많은 연구를 통해 화학물질의 성분과 작용을 정확히 파악하고 적절하게 사용하는 방안과 문제점을 최소화할 방법을 동시에 연구해야 한다는 사실을 깨달았습니다.

고3 동아리 활동에서 'Green Chemistry를 활용한 은 나노 입자 제조 방법 연구', '차외선 차단제의 사용 실태와 천연소재 개발에 관한 고찰' 등의 활동지를 찾아 읽으면서 천연 재료 화장품에 대해 더 공부했습니다. 기존 독성 물질을 이용한 은 나노 입자 대신 생물합성을 통한 안전한 은 나노 입자 합성이 앞으로의 과제임을 알았습니다.

안전한 화장품에 대한 공부와 활동을 통하여 진로가 확고해졌고 이를 개발하기 위해 화학공학과에 진학하기로 결정했습니다. 대학에서 배운 지식을 바탕으로 '건강한 아름다움'을 이룰 수 있는 화장품 개발을 목표로 하겠습니다.

2. 고등학교 재학 기간 중 타인과 공동체를 위해 노력한 경험과 이를 통해 배운 점을 기술하시오.

고2 때 요양원에서 봉사를 하면서 할머니들을 담당했습니다. 이때 가장 어려웠지만 뜻 깊었던 점은 치매 할머니를 담당할 때였습니다. 할머께서는 아들을 봐야한다며 집에 데려다주라고 하시면서 방을 나가시려고 했습니다. "여기가 할머니 집이에요. 아들은 조금만 기다리시면 온데요"라고 달래드렸지만 10분 후 같은 행동을 반복하셨습니다. 다시 방으로 보내드리는 것은 소용없다고 생각해 복도 의자에 함께 앉아 이야기를 나눴습니다. 할머니께 아들에 대해 여쭤봤고 이내 행복한 표정으로 이야기 해주셨습니다. 딸 같다 하시며 손을 꼭 잡으셨을 땐 할머니의 외로움을 잠시나마 덜어드린 것 같아 뿌듯했습니다. 식사 시간에 도와드리던 중 한 할머니께서 TV를 보시고 "예쁘다"라며 작은 소리로 말씀하셨습니다. TV 드라마 속 여자주인공이 나오는 장면이었습니다. 혼자서는 볼일도, 목욕도 못 하서서 요양보호사에게 몸을 맡긴 채 매일 같은 일상을 보내시는 할머니들이지만 예쁘게 가꾸고 싶은 마음은 예전과 같으셨던 것입니다. 여성에게 있어 화장은 자신을 표현하기 위한 수단이기도 하지만, '자존감의 최소한'이라고도 생각했습니다. 그동안 봉사활동을 되돌아봐도 화장을 하신 할머니는 없었습니다. 이에 할머니들께 아름답던 젊은 시절을 회상할 수 있고 떨어진 자존감을 가끔은 회복시켜 드릴 기회가 있으면 좋겠다고 생각했습니다. 현재 학생 신분의 봉사활동이라 그 내용을 구체화할 수 없지만, 나중에 화장품 회사에 취업했을 경우 '할머니 화장 봉사' 조직을 회사에 건의하고 직접 참여하여 할머니들에게 작은 기쁨을 드릴 수 있는 기회를 꼭 만들고 싶다고 생각했습니다.

라. 화학공학과 자소서 분석 및 평가

제시된 자소서는 화학공학과 지원을 고려해 작성해 본 것인데 학생부에 기재된 '1~3학년 동아리 활동'과 '2학년 화학 교과 세부능력 및 특기사항'에 기재된 내용을 기반으로 1번 문항을 기술했고, '2학년 봉사활동'과 '2학년 행동특성 및 종합의견'에 기재된 내용을 기반으로 봉사활동의 구체적인 경험과 이를 통해 배운 점, 앞으로의 포부 등으로 2번 문항을 기술했다. 특히 동일한 동아리에서 화장품이라는 주제를 가지고 3년 동안 활동했던 경험을 활용한 것이 매우 인상적이며 이를 통해 화장품연구원으로서의 관심과 열정이 매우 큰 학생임을 보여주고 있다. 진로 분야의 역량을 기르기 위해 노력한 점, 앞으로의 포부 등을 확인해 볼 수 있는데 잘된 점과 아쉬운 점을 중심으로 자소서 예시문을 평가해 보고자 한다. 화학공학과를 비롯해 화학을 기반으로 하는 학과나 진로를 생각하고 있는 학생들은 한 가지 분야의 활동을 활용해 일관성을 보여주는 자소서 작성 방법을 참고해 보면 좋을 것 같다.

또한 이 학생의 학생부 기재 내용과 자소서를 꼼꼼하게 비교해 가면서 읽어보고, 본인의 자소서 작성 방향과 소재 선정 등에 대해 고민해 본 다음 초안을 작성해 보기 바란다.

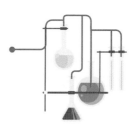

1. 고등학교 재학 기간 중 자신의 진로와 관련하여 어떤 노력을 해왔는지 본인에게 의미가 있는 학습 경험과 교내 활동을 중심으로 기술해 주시기 바랍니다.
(띄어쓰기 포함 1,500자 이내 *검정고시 출신자는 중학교 졸업 후 고등학교 재학 기간에 준하는 기간의 경험 기술)

① 평소 '아름다움을 만드는 도구'로서 화장품에 관심이 많았고 특히 경제적이고 안전한 화장품 생산을 위하여 화학공학과를 목표로 공부했습니다.

② 고1 동아리에서 '화학보존제가 없는 선크림 만들기'로 안전한 화장품을 생각했습니다. 신문 기사에서 화장품의 보존제로 쓰이는 '파라벤' 성분이 보존제로서 탁월하나 내분비계 교란물질로 문제가 있어 이를 첨가하지 않은 선크림을 만들고 기존 제품과 비교했습니다. 보존제가 없는 화장품은 기존 제품과 달리 얼마 후 곰팡이가 생겨 보존제 없는 화장품에 대한 한계를 느꼈고 화학 보존제 없이 화장품을 생산 및 유통시키기 어렵다는 사실을 알았습니다. 결국 인체에 무해하면서 보존성이 높은 물질을 개발하든가 아니면 정확한 연구를 통하여 보존제의 인체 유해성과 인체 허용 농도를 정확히 제품에 표시하는 방법을 생각했습니다.

①에서는 학과 선택의 이유를 제시했는데 '진로와의 관련'이라는 질문의 의도에 부합하는 내용이라고 할 수 있다. '화장품에 관심을 갖게 된 계기'나 '화장품의 경제성과 안전성을 왜 핵심 키워드로 생각하고 있는지'에 대한 부연 설명이 추가되면 좋을 것 같다.

②는 학생이 제시한 키워드 중에서 '안전성'을 고려한 화장품 생산과 관련해 선크림을 만들었던 경험을 소개하고 있는데 자신이 직접 수행한 활동을 기반으로 문제점을 파악한 후 대안을 제시하는 과정을 무난하게 정리해 나가고 있다.

③ **고2 동아리에서는 화장품에 쓰이는 계면활성제를 조사**했습니다. 화장품은 친수성기와 친유성기의 균일한 혼합인 유화 과정이 필수인데 이때 계면활성제가 쓰인다는 사실을 확인했습니다. 천연 및 합성 계면활성제가 있고 천연 계면활성제로는 레시틴이 주로 쓰이고 여러 장점을 갖고 있음을 확인했습니다. 하지만 가격 및 파라벤 등 다른 물질과 혼합했을 때 흡수가 잘되는 문제점 등 완벽한 원료라고 할 수 없었습니다. 이에 대안으로 합성 계면활성제가 쓰이고 대표적인 물질로는 설페이트 계열의 화합물들입니다. 이들은 적정용량을 사용할 때 안전하고 일부 피부 자극 등을 유발하는 문제점이 있으나 가격 측면에서 유리하기 때문에 많이 사용하고 있었습니다. 이 활동에서 천연 및 합성 재료 중 완벽한 재료는 없기 때문에 각각의 장점과 단점을 정확히 알고 문제점을 최소화시키는 방법으로 사용해야 한다는 사실을 배웠습니다. 한편 ④ **화학Ⅰ 시간에 탐구 주제로 나노기술을 이용한 화장품에서 산화아연과 이산화 티타늄이 자외선 차단에 활용되는 점을 확인**했습니다. 금속 성분이 인체에 유해할 것이라는 우려와 달리 실제 문헌조사 결과 유럽 및 미국의 관련 기관에서도 금속 나노 입자를 이용한 자외선 차단은 무해하며 오히려 자외선으로 인한 여러 문제를 해결할 수 있는 대안이 될 수 있다는 사실을 확인했습니다. 많은 연구를 통해 화학물질의 성분과 작용을 정확히 파악하고 적절하게 사용하는 방안과 문제점을 최소화 할 방법을 동시에 연구해야 된다는 사실을 깨달았습니다.

③과 ④ 역시 앞의 ②에서 제시한 '안전성'이라는 키워드를 활용해 자소서를 작성했다. 진로를 고려해 의미 있는 학습 경험을 소개한 후 그것을 통해 배운 점을 제시하는 순서로 내용을 정리했는데 진로 분야에 대한 관심이 있음을 보여줄 수 있는 동아리 활동을 소재로 일관된 글의 흐름을 유지하고 있는 것이 특징이라고 할 수 있다. 다만 ③과 ④ 두 가지 활동 모두 학생 스스로가 직접 실험을 하거나 탐구한 것이 아닌 기존에 있는 문헌이나 자료에서 언급한 내용을 단순히 요약 정리한 것처럼 보인다. 이런 형태는 비전공자라도 주제와 자료를 제공해 주면 충분히 정리할 수 있기 때문에 역량을 평가해야 하는 입장에서 보면 매력적인 느낌이 들지는 않을 것 같다.

⑤ **고3 동아리 활동**에서 'Green Chemistry를 활용한 은 나노입자 제조방법 연구', '자외선 차단제의 사용 실태와 천연소재 개발에 과한 고찰' 등의 보고서를 찾아 읽으면서 **천연 재료 화장품에 대해 더 공부**하였습니다. 기존 독성 물질을 이용한 은 나노입자 대신 생물합성을 통한 안전한 은 나노 입자의 합성이 앞으로의 과제임을 알았습니다.

경제적이고 안전한 화장품에 대한 공부와 활동을 통하여 진로에 대한 생각이 확고해졌고 이를 개발하기 위해 화학공학과에 진학하기로 결정하였습니다. 대학에서 배운 지식을 바탕으로 '건강한 아름다움'을 이룰 수 있는 화장품 개발을 목표로 하겠습니다.

⑤의 사례도 앞선 활동처럼 동아리 활동을 소재로 했는데 보고서를 읽고 화장품에 대해 공부했다는 사실과 느낀 점만 간단하게 제시했을 뿐 내용적으로는 미흡한 느낌이 든다. 동일한 동아리 활동을 했음을 강조하려고 한 것일 수는 있겠지만 단순히 보고서를 읽어보았다는 단편적인 사실만을 소개하는데 그치는 수준이라면 ⑤를 기술하는 대신 앞의 ②~④의 활용도를 높이는 방향이나 심층적인 탐구 활동으로 자소서를 작성해 보는 것이 더 적절하다고 본다. 이런 점을 고려해 내용을 재구성해 보면 좋겠다.

1번 문항 기반이 된 생기부 기재 내용

▲ **1학년 동아리 활동**
(비오캠1) 모둠별 실험으로 화학 보존제가 없는 선크림을 만들어 보고 자외선의 종류와 특징 및 화장품에 원료로 사용되는 유화제에 대해 조사하여 모둠원들과 토의함.

▶ **2학년 동아리 활동**
(비오캠2) 화장품의 성분을 분석하고 가장 흔하게 쓰이는 계면활성제에 대해 조사하여 친구들과 의견을 교류함. 천연 계면활성제를 썼을 때의 이점과 단점은 있지만, 합성 계면활성제를 쓰는 이유에 대해 심도 있게 논의해 보는 시간을 가짐. 환경에 피해를 덜 주는 바이오계면활성제에 대한 새로운 정보를 습득하게 되었으며, 최소한의 유해성분만으로 안전한 화장품을 만드는 방법에 대해서도 진지하게 고민해보는 계기가 됨.

▲ 2학년 화학 교과 세부능력 및 특기사항

나노기술을 이용한 화장품에 관심을 가지게 되어 화장품 제조과정에 사용되는 나노물질을 조사하는 과정에서 산화아연과 이산화 티타늄이 자외선 차단제에 사용됨을 알 게 되어 '아연'을 화학탐구 주제로 선정함. 특히 자외선차단제에서 아연이 자외선의 차단하는 원리를 친구들에게 간단히 설명함.

▶ 3학년 동아리 활동

(비오캠3) 화장품 산업에서 나노기술의 적용과 친환경 화장품에 대해 관심을 가지고 '고기능성 화장품 산업에서의 나노기술 최근 연구 동향'이라는 보고서를 읽고 자외선 차단제의 차단 원리, 피부 노화를 막는 콜라겐의 단점, 비타민 C의 불안정성 해결을 위한 나노 기술의 활용 방안 등에 대해 알게 됨. 그 과정에서 나노 에멀전에 대해 더 알고자 'Green Chemistry를 활용한 은 나노입자의 제조방법 연구', '자외선 차단제의 사용 실태와 천연소재 개발에 관한 고찰'이라는 보고서 등을 찾아 읽고 자외선 차단제의 종류별 사용법, 연구 방향, 나노 물질이 피부나 호흡기로 침투했을 때의 문제점들에 대해 알게 되었으며 앞으로 천연 원료의 자외선 차단제 생산과 인체에 해가 없는 나노 물질의 개발을 자신의 연구 과제로 삼고 싶다는 제언을 함.

총평

1번 문항에서 '진로와 관련하여'라는 의미는 지원자가 작성한 학습 경험이나 교내 활동 등이 자신의 진로와 연관성이 있는지를 묻고자 함이다. 지원 동기나 향후 진로 계획에 초점을 맞추라는 것은 아니기 때문에 글을 작성하기 전이나 초고 작성 후에 이런 부분을 점검해보아야 한다. 이 학생은 학생부에서 희망 진로와의 연관성이 가장 크다고 생각되는 핵심적인 활동을 3년간의 동아리 활동 일관성에서 찾으려고 했고, 거기서 수행한 활동 사실에 배운 점을 덧붙이는 방식으로 글을 써나가고 있다. 일관성을 보여주려고 했던 점이 무엇보다도 인상적인데 추가로 잘된 점과 아쉬운 점을 요약해보면 다음과 같다.

잘된 점 앞에서도 언급한 동아리 활동의 연속성 외에도 '안전성'이라는 키워드를 활용해 화장품 분야에 대한 흥미를 가지고 역량을 기르기 위해 노력해 온 점이 돋보인다. 또한 학생부의 특성상 활동 사실들이 단편적으로만 기재되어 있는데 이를 구체적으로 보완하고 설명할 수 있는 것이 자소서라면 이 학생의 글쓰기 방식은 그런 면에서 긍정적인 평가를 받을 수 있을 것으로 기대해 볼 수 있다.

아쉬운 점 제한된 글자 수 안에서 3개 활동을 쓰게 되면 어느 한 가지 활동은 정리가 부실해질 수 있다는 것도 잊지 말아야 한다. 이 학생이 쓴 3학년 동아리 활동이 여기에 해당한다고 볼 수 있는데 진로와 관련한 의미 있는 학습 경험을 한 학년에 한 개씩 선정해야 하는 것은 아니다. 활동의 동기가 명확하고 이를 뒷받침할 수 있는 구체적인 활동 사례와 배운 점을 제시해 준다면 1~2가지 활동만으로도 충분히 가치 있는 자소서를 작성할 수 있다.

또 한 가지는 학생부의 다른 항목에서도 학생이 희망하는 화학공학 분야와 관련해 분명 장점을 보여줄 수 있는 활동이 있을 것 같은데 이 부분도 연계가 가능하기 때문에 내용을 재구성하게 된다면 적절하게 활용해 볼 필요가 있다. 또한 이 부분도 면접에서 질문하고 싶은 내용 중 하나일 수 있기 때문에 대비가 필요해 보인다. 일관성을 보여주는 것도 자소서를 작성하는 데 효과적이겠지만 다양한 교내 활동을 통해 화학이나 공학 관련 분야의 역량을 보여줄 수 있다면 여기서 오는 이점 또한 크기 때문에 앞으로 자소서를 써야 하는 학생들은 이런 점을 고려해 보면 좋을 것 같다.

2. 고등학교 재학 기간 중 타인과 공동체를 위해 노력한 경험과 이를 통해 배운 점을 기술해 주시기 바랍니다.
(띄어쓰기 포함 800자 이내 *검정고시 출신자는 중학교 졸업 후 고등학교 재학 기간에 준하는 기간의 경험 기술)

① 고2 때 요양원에서 봉사를 하면서 할머니들을 담당했습니다. 이때 가장 어려웠지만 뜻깊었던 점은 **치매 할머니를 담당**할 때였습니다. 할머께서는 아들을 봐야한다며 집에 데려다주라고 하시면서 방을 나가시려고 했습니다. "여기가 할머니 집이세요. 아들은 조금만 기다리시면 온대요"라고 달래드렸지만 10분 후 같은 행동을 반복하셨습니다. 다시 방으로 보내드리는 것은 소용없다고 생각해 복도 의자에 함께 앉아 이야기를 나눴습니다. 할머니께 아들에 대해 여쭤봤고 이내 행복한 표정으로 이야기해 주셨습니다. 딸 같다 하시며 손을 꼭 잡으셨을 땐 할머니의 외로움을 잠시나마 덜어드린 것 같아 뿌듯했습니다. 식사 시간에 도와드리던 중 한 할머니께서 TV를 보시고 "예쁘다"라며 작은 소리로 말씀하셨습니다. ② **TV 드라마 속 여자주인공이 나오는 장면**이었습니다. 혼자서는 볼일도, 목욕도 못 하셔서 요양보호사에게 몸을 맡긴 채 매일 같은 일상을 보내시는 할머니들이지만 예쁘게 가꾸고 싶은 마음은 예전과 같으셨던 것입니다. **여성에게 있어 화장은 자신을 표현하기 위한 수단이기도 하지만, '자존감의 최소한'이라고도 생각**했습니다. 그동안 **봉사활동을 되돌아봐도 화장을 하신 할머니는 없었습니다.** 이에 할머니들께 아름답던 젊은 시절을 회상할 수 있고 떨어진 자존감을 가끔은 회복시켜 드릴 기회가 있으면 좋겠다고 생각했습니다. 현재 학생 신분의 봉사활동이라 그 내용을 구체화할 수 없지만, 나중에 ③ **화장품 회사에 취업했을 경우 '할머니 화장 봉사' 조직을 회사에 건의하고 직접 참여하여 할머니들에게 작은 기쁨을 드릴 수 있는 기회를 꼭 만들고 싶다고 생각**했습니다.

①은 2번 질문과 관련해 자신의 경험을 소개한 것으로 치매 할머니와의 일화를 중심으로 관련 내용을 구체적으로 정리해 나가고 있다. 또한 ②를 통해 희망 진로 분야인 '화장품'과 관련한 자신의 생각을 기술한 후 이를 실천할 수 있는 방법으로 ③에서와 같은 포부를 제시했다. 요양원 봉사활동이라는 흔히 볼 수 있는 소재를 활용했는데 전체적으로 무난하게 정리를 했고, 그 과정을 통해 자신의 진로에 대한 확신을 엿볼 수 있다는 점이 인상적이다.

▲ **2학년 봉사활동**
요양원 청소, 말벗, 식사 도움 봉사 10시간

▶ **2학년 행동특성 및 종합의견**
다양한 수업에서 모둠장 역을 수행하고 동아리 활동에서 부반장 역할을 하며 리더십을 발전시켰으며 요양원 봉사에도 참여하며 봉사 정신을 기름.

총평

2번 문항은 말 그대로 '타인'과 '공동체'를 위해 노력한 경험이라는 의미에 부합하는 내용을 기술하면 되는데 이 학생의 경우 고등학교 2학년 때 요양원 봉사활동 경험을 활용해 구체적인 일화와 거기서 느낀 점을 중심으로 2번 문항을 정리해 나가고 있다. 2번 문항의 잘된 점과 아쉬운 점을 요약해보면 다음과 같다.

잘된 점 학생들의 자소서에서 흔히 볼 수 있는 경험 + 느낀 점의 형식으로 자소서를 기술했다. 요양원에서 있었던 할머니와의 일화를 중심으로 무난하게 내용을 정리했는데 눈에 띄는 것은 자신의 진로인 '화장품' 분야를 고려해 '할머니 화장 봉사' 조직을 해 보고 싶다는 포부를 밝히고 있는 점이다. 지원자의 인성을 표현하는 것이 2번 문항의 의도이긴 하지만 1번 문항에 이어 2번 문항까지 진로에 대한 일관된 흐름을 보여주려고 했던 점 또한 인상적이다.

아쉬운 점 필자가 면접관이라면 할머니의 '예쁘다'는 말씀이 학생이 생각하고 있는 화장과의 연관성 때문이라면 문제가 안 되겠지만 다른 시각으로 보면 진로를 고려해 억지스럽게 엮으려고 한 것은 아닌지 의문이 든다. '화장한 모습을 보니 예쁘다'는 의미로 이해될 수 있어야 논리적인 비약 없이 흐름을 자연스럽게 이어나갈 수 있을 것 같다는 생각이 든다. 면접이 있는 전형에 지원한다고 가정했을 때 필자가 면접관이라면 이 부분만큼은 반드시 물어보게 될 것 같은데 이런 형태의 자소서를 작성 중인 학생들이라면 유념할 필요가 있다.

단원을 마치며

학교생활기록부에서 학생의 개인 기록이 많이 있는 것이 세부능력 및 특기사항이다. 학교생활기록부는 오로지 한 학생만의 특기사항이 담겨있는 기록물이다. 학생은 저마다의 수업과 활동을 통해 새로운 것을 배우고 자신의 것을 만들기 위해 생각하고 고민한다. 교사는 이런 학생을 면밀히 관찰하고 기록한 결과를 학교생활기록부에 작성한다.

하지만 학생마다 다른 특기사항을 작성하기는 쉽지 않다. 빡빡한 학교 일정과 행정 업무 등으로 교사는 학생을 일일이 꼼꼼히 볼 시간이 없다. 더불어 학교생활기록부 지침에는 모든 학생에게 특기사항을 작성하도록 요구하고 있다.

패닉상태에 교사는 지쳐있다. 어떤 방향성으로 나가야 할지, 어떻게 기록해야 할지 교사는 어려워한다. 학생은 **내가 어떤 활동을 해야 하며, 어떤 기록이 도움**이 될지 고민되고 궁금해한다.

해당 단원을 통해 교사와 학생, 학부모 등에게 유의미하며 가치 있는 생활기록부는 어떤 것인지 제시해보았다. 이제는 움직여야 한다.

교사는 학생의 자기평가서와 동료평가서, 수행평가 결과물을 적극적으로 활용하길 바란다. 그리고 각 교과 활동 및 창의적 체험활동에서 독서를 장려하며, 주제 및 진로 보고서 활동을 할 수 있도록 수업을 설계하길 바란다. 또한 수업 성취수준을 이용한 교과 세부능력 및 특기사항 작성도 좋은 방법이다. 본문에 제시된 세부능력 및 특기사항을 통해 활동의 힌트와 방향을 찾고, 특기사항을 작성할 때 도움이 되길 바란다.

학생은 자신의 활동 기록을 자세히 작성하고, 교사에게 지속된 피드백을 받아야 한다. 모든 것을 교사가 알 것이라는 점은 착각이다. 수업과 활동에서 계속해서 교사에게 보여주어야 한다. 그리고 교사가 제시한 과제를 충실히 하며 해당 결과물을 모아야 한다. 본문에서 제시된 세부능력 및 특기사항을 통해 스스로 어떤 활동을 해야 할지 설계하길 바란다.

이제 생활기록부 기록까지 함께 알아보고 공부하였다. 이어서 공부할 것은 면접이다. 대학입시에서는 면접제도가 있다. 학교생활기록부는 제삼자인 교사의 시각에서 학생을 객관적으로 평가하여 만들어진 서류이다. 면접은 1인칭 시점인 학생에게 질문을 통하여 학교생활기록부에 있는 내용을 질문하고 해당 역량이 있는지 판단한다.

다양한 면접방식이 있지만, 가장 일반적인 것은 학교생활기록부를 기반으로 하는 면접이다. 학생이 활동하고 이를 토대로 교사가 기록한 것이기 때문이다. 면접 문항의 답을 물어보는 사람이 있다. 당혹스러운 질문이다.

면접 문항에 대한 답은 학생 본인만이 알고 있다.

6단원에서는 5단원에 있는 학교생활기록부 및 자기소개서(서류)를 이용하여 면접 문항을 추출하였다. 어떠한 이유로 면접 문항이 만들어졌는지 확인하고 자신의 서류에서 면접 문항을 스스로 추출해보기 바란다.

합격 면접

합격 면접

가. 대입 면접의 기초

1) 면접의 중요성

학생부종합전형(학종)은 학생부, 자기소개서를 통하여 고등학교 생활의 전반을 파악하고 이를 통하여 대학에서 수학 가능한지 학업역량, 진로역량, 공동체역량 등 여러 가지 요소를 종합적으로 파악한다. 고등학교에서 활동한 모든 내용이 학교생활기록부에 기록되고 이를 바탕으로 학종의 서류 전형이 진행되고 있다. 학생을 선발하려는 대학에서는 이렇게 기록된 정보를 바탕으로 학생의 능력을 평가하지만 이를 정확히 확인할 필요성도 느낀다. 이때 면접이 중요한 판단 요소로 작용한다. 면접을 통하여 기록의 사실성을 확인할 수 있다. 실제 그 활동을 기록된 것처럼 열정적, 주도적으로 하였는지 면접 질문을 통하여 확인하고 이를 바탕으로 학생의 열정과 의지를 정확히 확인하기 위하여 면접이 진행된다. 아울러 학생부종합전형의 핵심축이던 자기소개서가 2023학년도 대입 이후 전면 폐지되는 상황에서 면접은 더 중요하다. 자기소개서를 통하여 학생의 활동과 생각을 읽었는데 이제는 면접이 그 역할까지 담당해야 해서 그 역할이 더 커졌다.

2

면접의 평가 요소

    대학에서 면접으로 평가하고자 하는 요소는 각 대학교의 입학 요강 및 학생부 종합전형 안내문에 제시되어 있다. 전공 적합성, 인성, 발전 가능성, 의사 소통 능력 등 공통적인 평가 요소를 제시하고 있다. 하지만 대학에 따라 평가하고자 하는 요소 및 중요도가 다를 수 있기 때문에 자신이 희망하는 대학의 요강과 여러 자료를 면밀히 분석하여 면접에 대비하여야 한다. 다음은 일부 대학에서의 면접 평가항목이다.

경희대

평가요소(비율)		평가항목	특징
인성(50%)		창학이념 적합도	창학이념 추가
		인성	
전공적합성(50%)		전공 기초소양	
		논리적 사고력	

건국대

평가요소(비율)	평가항목	특징
전공적합성(30%)	전공에 대한 관심과 이해 전공 관련 활동과 경험	발전가능성에 많은 비중
인성(20%)	소통능력	
발전가능성(50%)	창의적 문제해결력	

충남대

평가요소(비율)	평가항목	특징
의사소통능력(30%)	종합적사고력	면접 평가 기준이 다양한 요소로 세분
	논리적사고력	
전공적합성(30%)	전공에 대한 관심과 활동 경험	
발전가능성(20%)	자기주도성	
	경험의 다양성	
인성(20%)	협업능력	
	나눔과 배려	

출처: 2022학년도 각 대학교 수시 모집 요강

3) 면접 방법

(1) 제시문 기반 면접

서울대 일반전형(지역균형선발 제외), 연세대, 고려대 등은 계열별로 제시문을 주고 이를 바탕으로 문제를 풀어 답변하는 등 사실상 구술시험 형태이기 때문에 이 책에서는 제외한다.

(2) 서류 기반 면접

이 책에서 주로 다룰 내용으로 면접을 시행하는 대부분 대학에서 활용하는 면접 방식이다. 앞에서 언급한 각 대학별 평가 요소를 면밀히 분석하여 자신이 지원하는 학교와 계열에 맞는 면접 준비가 필요하다. 대부분은 면접 문항을 공개하지 않고 면접 당일 즉석에서 문답을 통하여 면접이 진행된다.

(3) 면접 문항 제시형

일부 대학에서는 미리 면접 문항을 제시하는 경우도 있다. 복수의 면접 문항을 미리 제시하고 당일 그중 한두 개 문항을 물어보는 경우와 처음부터 하나의 문항만을 주어 면접 당일 물어보는 경우가 있다. 어떤 경우든 미리 문항을 분석하고 자신에게 맞는 적절한 답변을 준비하고 연습하여 면접에 임하도록 한다.

(4) 동영상 촬영 후 업로드하는 경우

코로나19의 영향으로 일부 대학에서는 대면 면접을 하지 않고 미리 문항을 제시하여 이를 각자 동영상으로 촬영하고 업로드하는 방식의 면접을 진행하는 경우도 있다. 이 경우는 면접 문항 제시형과 유사하고 미리 준비하고 촬영하기 때문에 준비하기 수월하다. 대학교에서 제시한 주의사항만 잘 지키면 큰 문제 없이 면접을 진행할 수 있다.

학교별 면접 평가 요소와 기준이 다름을 앞에서 보았다. 이에 따라 자신의 학교
생활기록부와 자기소개서를 바탕으로 면접을 준비한다.

(1) 지원 대학 면접 요소 및 기준 파악

지원 대학 입학처 홈페이지에서 수시 요강 및 학생부종합전형 안내문을 반드시
확인하여 면접 요소와 평가 기준을 확인하여야 한다.

(2) 예상 문항 작성

학생이 하고 싶은 얘기도 중요하지만 면접관 입장에서 학생에 대해 더 알고 싶
은 내용을 생각하면서 예상 문항을 작성한다. 특히 학교생활기록부에서 그 활동
을 왜 했는지(취지), 어떤 내용으로 했는지(활동), 그 활동을 통해 배운 점, 느낀 점
은 무엇인지(생각), 활동에 어떤 자료를 사용하였는지(참고자료), 추후 더 하고 싶
은 활동(향후 계획), 활동에서 어려웠던 점과 극복 과정 및 노력은 무엇인지(고난
극복) 등을 확인하면서 예상 문항을 작성한다. 특히 학교생활기록부에 기록은 되
어 있으나 기억이 나지 않는 내용이 있는지 파악하고 있다면 미리 관련 자료를 확
인하여 실제 면접에서 답변이 가능하도록 준비해야 한다.

(3) 예상 문항 답변 준비

각 문항에 맞는 답변 내용을 준비한다. 가급적 '두괄식'으로 결론을 먼저 답변
하고 이어서 이유, 근거 등을 구체적으로 답변한다. 답변 문항을 미리 작성하는

것은 좋지만 이를 단순히 암기하여 답변하는 것은 곤란하다. 실제 면접 현장에서 암기했던 내용이 기억나지 않는 경우 다음 답변으로 이어지지 않는 '침묵 상태'가 발생할 수 있기 때문에 답변은 키워드를 중심으로 자연스럽게 이야기가 전개되도록 준비한다. 다시 강조하지만 면접에서의 답변은 '구체성'이 가장 중요하다. 구체적으로 답변했을 때 '사실성'이 인정되기 때문이다.

(4) 면접 연습

가족, 친구, 선생님 등 도움을 받을 수 있는 분과 함께 면접 연습을 하면 좋다. 특히 답변에 대한 피드백을 들을 수 있으면 좋고 아니어도 스스로 피드백 하여야 한다. 답변 과정을 동영상으로 촬영하여 자신의 답변 모습을 스스로 보고 문제점을 파악하여야 하고 이를 바탕으로 여러 번 연습하여 면접 당일 잘 답변할 수 있게 노력한다.

(5) 면접 당일

각 대학교 입학처 홈페이지에 제시된 주의사항을 다시 확인하여 면접 시간, 장소를 꼼꼼히 확인한다. 전날 미리 확인해 보는 것도 좋다. 여기서 가장 중요한 것은 시간이다. 면접 시간에 늦지 않도록 충분히 준비해야 한다. 면접에서 지각은 용서되지 않는다. 실제 면접에서는 긴장하지 않도록 노력해야 하고 질문을 잘 듣지 못했을 때 다시 물어보고, 답변이 바로 생각나지 않을 때 잠깐 생각할 시간을 요청할 수도 있지만 자주 사용하지 않도록 미리 준비하는 것이 좋다. 마지막으로 면접실에 들어갈 때와 나올 때 면접관에게 공손하게 인사하는 것은 기본이다.

(6) 면접을 위한 당부 사항

면접의 내용은 지원하는 학생이 결정한다고 생각한다. 면접관은 학교생활기록부에 기록된 내용을 바탕으로 질문하기 때문에 평소 학생부 관리가 매우 중요하다. 당연히 의미 있는 교내 활동을 하여야 하고 이를 항상 기록해 두어야 한다. 면접은 고고 생활의 마지막 시기에 진행되기 때문에 과거의 내용이 다 기억나지 않아 제대로 준비하지 못하는 경우가 생긴다. 이를 막고 더 좋은 답변을 위해서는 고등학교에서 이루어진 여러 학습 및 활동에 대한 자신만의 기록을 남겨야 한다. "기록은 기억을 지배한다."는 말이 있다. 활동 당시 느꼈던 생각 등을 활동 내용과 함께 기록하고 이를 잘 보관해두면 면접 준비 과정에서 요긴하게 활용된다. 다시 한번 기록의 중요성을 강조한다.

(7) 계열과 상관없이 자주 묻는 문항

> ① 우리 대학교에 지원한 이유를 말해 보세요.

출제 이유

여기서 주의할 점은 '우리 대학교'의 지원이유다. 보통 '전공'을 지원한 이유와 혼합해서 답변하는 경우가 많은데 구분해서 답변해야 한다. 지원 대학의 인재상 또는 창학 이념 등을 잘 인지하고 있는지를 물어 정말로 지원 대학에 입학하고 싶은지를 확인하고자 한다. 학교 홈페이지와 학생부종합 안내서 등을 참고하여 지원하고자 하는 이유를 정리하여야 한다.

> ② 전공을 지원한 동기를 말해 보세요.

출제 이유 및 답변 준비

지원 동기를 통해 진로역량을 확인하고자 한다. 학생부의 진로활동과 연계시키면 좋고 장래 희망, 자신만의 경험 및 학과 수업 내용 등을 연계해서 답변하면 좋지만 학생 또는 학부모, 고등학교 등을 특정할 만한 내용은 답변하지 않아야 한다. 자기소개서가 없거나, 자기소개서 3번 문항(전공 지원 동기)이 없는 경우 자주 출제되는 문항이다.

> ③ 전공을 지원하기 위해 가장 의미 있게 준비한 내용을 말해 보세요.

출제 이유 및 답변 준비

진로역량과 학업역량을 확인하기 위한 질문이다. 지원 전공을 제대로 이해하고 있는지, 전공을 공부하기 위해 필요한 능력은 무엇이며 그에 따른 어떤 노력을 하였는지 확인하고자 한다. 자율활동, 진로활동, 동아리활동, 세특 등에 기록되어 있는 내용 중 가장 중요하다고 생각하는 내용으로 답변한다. 노력 과정에서 어려웠던 점과 극복 과정을 함께 답변하면 좋다. 이 문항도 자기소개서가 없거나, 자기소개서 3번 문항(전공 지원을 위한 준비과정)이 없는 경우 자주 출제되는 문항이다.

④ 대학 입학 후 학업 계획을 말해 보세요.

출제 이유 및 답변 준비

지원 대학 전공에 대해 충분히 이해하고 있고 이를 바탕으로 어떤 분야를 집중적으로 공부하고 싶은지 확인하고자 한다. 평소 진로와 전공에 대한 이해가 있어야 하며 지원 대학 학과 홈페이지 등을 참고하여 수업 내용 등을 확인하고 특히 대학 졸업 후 자신의 진로와 연계하여 중점적으로 학습하고 싶은 내용으로 답변한다. 홈페이지에 있는 학과 커리큘럼을 단순히 나열하는 답변은 지양해야 한다. 더불어 학과 홈페이지에 나와 있는 교수님들의 연구 성과와 연구실 등을 확인하여 관심 있는 분야를 미리 확인하고 관련 자료를 준비하는 것도 필요하다. 이 문항도 자기소개서가 없거나, 자기소개서 3번 문항(대학 입학 후 학업 계획)이 없는 경우 자주 출제되는 문항이다.

⑤ 대학 졸업 후 진로 계획을 말해 보세요.

출제 이유

이 문항은 지원자의 장래 희망과 관련된 질문이다. 기본적으로 대학원에 진학하여 연구를 더 수행할지 전공 관련으로 취업할지로 답하면 되고 대학 입학 후 학업 계획과 연계시켜 답변하면 좋다. 이 문항도 자기소개서가 없거나, 자기소개서 3번 문항(대학 졸업 후 진로)이 없는 경우 자주 출제되는 문항이다.

⑥ 가장 의미 있게 읽은 책과 그 책을 읽고 자신에게 바뀐 부분이 있으면 말해 보세요.

출제 이유

깊이 있는 독서를 통하여 학업역량, 진로역량, 공동체역량 등을 향상시킨 경험이 있는지 확인하는 질문이다. 자신의 삶에서 가장 중요한 책, 자신의 진로를 결정하는데 가장 중요한 책 등으로 나눌 수 있고 각각 구체적으로 나누어서 질문할 수도 있다. 학생부에 기록된 독서 목록을 세세히 확인하는 '시험'은 아니기 때문에 그동안 읽었던 모든 책을 다시 확인할 필요는 없지만, 자신의 인생과 전공을 정하는데 가장 중요한 책은 다시 확인할 필요가 있다.

> ⑦ 자신의 장점과 단점을 말해 보세요.

출제 이유

공동체역량을 확인하고자 한다. 장점이 있다면 구체적으로 어떤 내용인지 답변하고 그 장점을 앞으로도 어떻게 계속 유지할지를 답변하면 좋다. 단점은 지나치게 문제 될 내용은 답변하지 않도록 한다. 보통은 단점이면서도 장점이 될 수 있는 내용 등으로 가볍게 답변하고 단점을 극복하기 위해 노력했던 점을 강조하면 좋다.

> ⑧ 마지막으로 더 하고 싶은 얘기가 있으면 말해 보세요.

출제 이유

면접 마지막에 이 질문을 하는 이유는 여러 가지가 있다. 학생 입장에서는 앞 질문에 답변을 제대로 하지 못한 경우 추가로 더 답변해도 좋고, 자신이 준비했던 내용을 물어보지 않는 경우 준비한 내용을 얘기해도 좋고, 이 대학에 꼭 입학해야 하는 이유 등 어떤 답변이어도 좋다. 이 질문도 문항이기 때문에 '없다'고 하지 말고 성실히 답변해야 한다.

(8) 마지막 당부 사항

> ① 면접도 시험이다

잠깐 준비해서 될 시험이 아니다. 각 대학 및 학과에 맞게 철저히 준비해야 하고 면접 결과에 따라 당락이 바뀔 수 있다는 사실을 명심해야 한다.

> ② 인사와 예절은 기본이다

"안녕하십니까?", "자리에 앉아도 되겠습니까", "다시 한번 더 말씀해 주시겠습니까?", "안녕히 계십시오" 등 예절을 갖추고 정중하게 인사해서 손해 볼 일은 없다.

> ③ 밝은 표정과 또렷한 목소리

표정은 가급적 밝게 하면 좋고, 목소리는 또렷하고 면접관이 잘 들을 수 있는 성량으로 하고 너무 빠르거나 느리지 않게 답변한다. 특히 문장의 마지막까지 정확히 답변해야 한다. 본인이 면접관이면 어떤 학생을 뽑고 싶은지 생각하면 된다. 동영상 촬영 등을 통하여 자신의 모습을 객관적으로 들여다보면서 연습하기 바란다.

나. 공학계열 면접 특징 및 준비 방법

공학은 과학, 수학 등의 자연과학을 기초로 하고 있지만 자연과학과 다른 특성이 있다. 자연과학은 자연현상의 본질과 원리를 이해하려고 하지만 공학은 과학 지식을 바탕으로 현재 존재하지 않는 새로운 물건이나 도구를 만들고 기존의 물건이나 도구의 품질을 향상시키는데 그 목적이 있다. 공학의 이런 특성으로 인해 공학은 시간, 인원, 예산의 한계를 극복하기 위해 노력하고 인간의 편리와 공공의 이익을 실현시키기 위한 방법들을 연구한다. 공학의 특징에 맞게 학생부종합전형 면접에서도 지원자의 학교생활기록부와 자기소개서 등을 통하여 전공을 이수하기 위한 기초 과목의 학습과 다양한 탐구 활동을 확인하여 평가한다. 특히 지원자의 수학, 과학 과목의 깊이 있는 학습 경험과 성취를 바탕으로 학업역량, 진로역량, 공동체역량을 확인하는 면접이 주를 이루고 있다. 다음은 각 능력에 따른 면접 대비 방법이다.

1 학업역량

대학에서 공학계열 전공을 이수할 수 있는지 판단한다. 수학, 과학, 국어, 영어 과목을 포함한 전 과목에서 학업역량뿐만 아니라 이를 바탕으로 탐구, 토론, 독서, 수행 평가 등 모든 활동에서 공학을 이해하기 위해 기초가 되는 기본 학습 능력 및 심화 학습 능력을 평가하고자 한다. 깊이 있는 학습과 활동 경험을 바탕으로 한 면접 준비가 필요하다.

2 진로역량

진로활동, 동아리활동, 자율활동 및 각 과목별 학생부 세특을 확인하고 이를 통하여 지원 전공과의 적합성을 확인하고자 한다. 특히 공학 및 자연과학과 관련된 여러 주제들을 통하여 문제 인식, 가설 설정, 탐구 방법, 결론 및 일반화에 이르는 탐구 활동의 경우 전공 적합성을 드러내기 좋은 활동이기 때문에 이에 관한 질문이 자주 출제되고 있다. 여러 활동에 대한 기록을 남기고 그때 가졌던 생각을 활동하는 동안 직접 기록해 두었다가 추후 면접 자료로 활용하면 좋다. 한편 공학을 전공하기 위한 수학 및 과학 과목의 중요성은 매우 크다. 학습 및 여러 활동이 수학 및 과학과 어떤 연관이 있고 수학, 과학적으로 해석할 수 있는지를 확인하고 이를 활용하여 면접에 대비하면 좋다. 깊이 있는 학습과 다양한 탐구 경험을 위해 학교생활을 하다 보면 특히 탐구 등에서 환경 및 여건에 따른 제약이 있을 수 있다. 처한 환경을 탓하지 않고 아이디어와 노력으로 불리한 여건을 극복해본 경험은 미래 공학도에게 좋은 자산이 된다. 이러한 도전 경험을 잘 기록해 두었다가 면접에 활용하면 좋다.

3
공동체역량

공학은 인간의 편리와 공공의 이익을 목적으로 하는 만큼 인간에 대한 이해와 공동체의 이익을 위한 노력이 필요하다. 학교생활에서 다른 사람을 위해 노력하고 학급, 학교를 위해 노력했던 점을 잘 기록해 두면 좋다. 특히 다른 사람의 어려움에 공감하고 이를 해결하기 위해 함께 노력한 경험은 앞으로 공학을 전공하는 학생의 좋은 덕목이 될 수 있다. 자신이 학교 및 사회에 어떤 도움을 주었는지 잘 기록해 두면 좋다.

이상에서 공학계열 전공의 특징 및 이를 지원하기 위한 면접 특징과 준비 방법에 대하여 살펴보았다. 학생부종합전형이 추구하는 다양하고 깊이 있는 활동을 통하여 평소 면접에 대비할 수 있고 이를 위해서 활동 즉시 기록을 남겨 두어야 한다. 특히 활동에서 자신의 역할과 생각을 구체적으로 기록하면 면접 대비는 저절로 이루어진다.

다. 기계공학과 면접 문항

1) 기계공학과 면접 특징 및 준비

"기계공학은 역학에 근간을 둔 공학분야로써 고전적인 동력발생기계에 대한 설계에서부터 메카트로닉스, 나노(nano), 바이오(bio) 엔지니어링 기술에 이르기까지 광범위한 분야와 연관되어 그 중요성이 매우 큰 학문이라 할 수 있다. 또한, 국가 산업의 기반을 이루는 기본적인 제조업 뿐만 아니라, 항공우주, 선박해양 등 인접 공학 분야의 근간을 이루며 최근 들어 급속히 발달한 가공기술 및 컴퓨터 시뮬레이션 등 복합적으로 관련된 최첨단 공학 분야로 발전하고 있다." (출처 성균관대학교 기계공학부 홈페이지) 이런 기계공학과의 특성에 맞게 대학에서는 면접을 통하여 전공을 이수하기 위한 학습과 활동 경험을 평가하고자 한다. 수학과 과학의 학업역량과 탐구역량, 그 외 대학에서 학업 이수를 위한 관련 교과목의 학업역량과 활동 경험을 확인하여 미래의 기계공학도가 되기 위한 지원자의 모든 능력을 평가한다.

이 책에서는 기계공학과 면접 특징에 맞게 생활기록부와 자기소개서를 이용하여 추출한 면접 문항과 출제 의도를 제시하고자 한다. 이를 통하여 학생 스스로가 생활기록부와 자기소개서를 분석하여 기계공학과에 맞는 면접 문항을 만들 수 있고 입시에 바로 적용할 수 있다. 많은 도움이 되길 바란다.

기계공학과 면접 문항

(1) 수상실적

> **1학년** : 진로체험발표대회(우수상) / 환경과학독후감대회(장려상)
> **2학년** : 과학탐구대회-글라이더부문(우수상) / 표창장(봉사상)
> **3학년** : 과학토론대회(우수상)

예상 문항 학업역량

수상실적 중 과학탐구대회-글라이더부문에 대해 말해 보세요.

출제이유

전공과 연계하여 과학탐구대회에서 수상한 기록에 대한 구체적 내용을 확인하여 학업역량을 평가하고자 한다. 대회 참가 계기, 내용, 결과, 배운 점 및 느낀 점을 구체적으로 답변하여 지원 전공을 준비하기 위한 자신의 노력을 답변해야 한다.

(2) 자율활동

> 모둠원과 협력하여 '파의 상쇄간섭을 이용한 소음 제거법의 실생활 적용'에 대해 탐구함. 독서실에 주로 설치되어있는 백색소음장치에 대한 선호도 차이가 있음을 알고, 공유 시설에서 소음 정도를 조절하는 방법에 대해 호기심이 생겨 파동 간섭 원리를 토대로 상쇄간섭에 의한 백색소음의 감소 지점을 찾은 후 실험을 통해 백색소음의 데시벨 감소를 확인함.

예상 문항 학업역량

백색소음 데시벨 감소와 관련된 실험에 대해 말해 보세요.

출제이유

물리학Ⅰ에서 배운 내용을 바탕으로 실생활에서 활용되는 사례를 탐구한 내용을 구체적으로 확인하여 학업역량을 평가하고자 한다. 실험 활동시 자세히 기록해 두어 면접에 대비해야 한다.

(3)-1 동아리활동

진로와 관련된 실험을 손수 제작하여 탐구하는 과정에서 많은 시행착오를 거쳐 해결해나가는 다양한 시도를 통해 풍부한 경험을 쌓음. 탐구 과정에서 유체역학 등 물리학 분야의 다양한 힘의 분야에 대해 공부하는 계기가 되었고, 쿨링팬을 회로에 연결하면서 전자기기를 다루는 경험도 하게 됨.

예상 문항 진로역량

진로와 관련된 실험에서 많은 시행착오를 거쳤다고 했는데 이 과정을 통해 배운 점을 말해 보세요.

출제 이유

지원자의 전공 관련 여러 탐구활동에서의 시행착오와 이를 극복하기 위한 노력 및 배운 점을 확인하여 진로역량과 학업역량을 평가하고자 한다. 실제 탐구 과정에서 실험을 하다 보면 실수도 있고 오류도 생기는 등 시행착오가 많이 일어난다. 이를 극복하기 위한 노력과 생각 및 실천 내용, 시행착오를 통해 배운 점 등을 구체적으로 기록해 두면 면접 대비에 효과적으로 활용할 수 있다.

(3)-2 동아리활동

카페에서 공부를 하던 중 주방에서 들려 온 믹서기 소음이라는 생활 속 불편함을 찾아내고 이를 해결하기 위하여 조원과 공동탐구 과정을 통하여 믹서기만 켰을 때와 믹서기와 스피커를 같이 켰을 때 중 두 번째 경우에 데시벨이 현저히 감소하는 결과를 도출한 뒤 노이즈캔슬링 믹서기를 만들어냄. 물리학적 원리를 탐색하여 파동이 진행한 거리와 파동의 세기, 반사에 의한 소리 세기의 변화, 상황에 따라 사람이 느끼는 소리의 세기 등에 대한 지식을 바탕으로 파의 간섭, 보강 간섭과 상쇄 간섭의 원리를 탐구하여 믹서기의 실험을 뒷받침하는 보고서를 작성함.

예상 문항 학업역량

노이즈캔슬링 믹서기를 만든 과정에서 측정한 물리량과 이를 이용하여 제품 설계에 반영한 내용을 말해 보세요.

모든 공학 설계에서 물리량의 측정과 계산, 결과로서의 수치 제시는 매우 중요하다. 탐구 활동을 통해 실생활에 필요한 물건을 만들었는데 이와 관련된 물리량 측정과 이를 이용하여 계산하고 설계에 반영한 과정을 확인하여 예비 기계공학도의 학업역량을 평가하고자 한다.

(4)-1 진로활동

> '인공지능과 자율주행자동차'라는 주제로 진행된 꿈구두초청강연에 참여함. 자율주행자동차 개발의 역사와 현재 개발 상황에 대해 강연을 들었으며, 실제 연구용 자율주행자동차를 관찰하고 시승해 보면서 자율주행기술이 앞으로 우리 생활의 다양한 분야에 미칠 영향에 대해 생각해 보는 계기가 되었다고 소감문을 작성함.

예상 문항   진로역량

자율주행자동차를 상용화하기 위한 중요한 요소는 무엇인지 말해 보세요.

출제 이유

자율주행자동차를 상용화하기 위해 중요한 요소는 어떤 것들이 있는지 지원자의 생각을 확인하고 이를 통해 자율주행자동차에 대한 이해 정도를 평가하고자 한다. 이와 관련된 내용을 평소 확인할 필요가 있고 특히 기계공학에서는 어떤 요소를 주로 연구하는지 최신 연구 동향도 살펴야 한다.

(4)-2 진로활동

> 고등학교 올라와서는 더 관심이 생긴 항공기 쪽으로 기계공학자가 되고 싶어서 항공 엔지니어의 꿈을 가지고 있다고 함. 항공 엔지니어가 되었을 때 본인이 있는 동안은 절대 비행기 사고가 안 일어나도록 하고 싶다는 포부도 밝힘.

예상 문항   진로역량

고등학교에 와서 진로를 항공 엔지니어로 정한 동기와 노력한 과정을 말해 보세요.

지원자의 진로를 정한 동기와 이를 위해 노력한 과정을 확인하여 진로역량을 평가하고자 한다. 동기를 구체적으로 답변하고 노력한 과정은 핵심이 되는 2~3개의 내용을 간략하게 답변하면 좋다.

(5) 세부 능력 및 특기 사항

뛰어난 학습 능력과 리더십으로 수업을 긍정적으로 이끎. '허생전'의 수업 진행을 맡아 박지원의 생애를 허생전과 연결하여 설명함. 조선 후기 사회 현실의 문제점에 대한 비판을 중심으로 작품을 분석함. 특히 친구들에게 질문을 던지며 이해 정도를 확인하면서 발표를 진행하는 자신감이 돋보였음.

예상 문항   학업역량

허생전 수업 진행에서 친구들에게 질문을 던지며 이해 정도를 확인하면서 발표를 진행했다고 했는데 그 내용을 말해 보세요.

출제 이유

국어 시간에 고전 문학인 '허생전'으로 수업 진행을 하면서 친구들의 이해 정도를 확인하기 위해 어떤 질문을 하였고 그 질문을 통해 수업에 어떻게 반영했는지를 구체적으로 확인하여 학업역량을 평가하고자 한다.

특히 조합 단원에서 등식의 변형을 자유자재로 표현하고 주어진 등식이 성립하는 경우를 실생활의 예를 들어 설명하여 급우들로부터 박수를 받음.

예상 문항   학업역량

조합 단원이 실생활에서 활용되는 사례를 말해 보세요.

수학 시간에 더 깊이 학습한 내용을 확인하여 학업역량을 평가하고자 한다. 면접에서는 항상 생기부 내용보다 더 구체적으로 답변해야 한다. 그래야 활동과 학습의 진실성이 드러난다.

③
영어

'나의 꿈'에 관한 쓰기 활동에서 항공분야의 자신의 꿈을 이루기 위한 구체적인 방법을 어학, 기술, 학업의 측면에서 적절한 어휘와 수업 시간에 배운 표현을 적재적소에 활용하여 설명함

예상 문항   진로역량

지원자의 희망 진로에서 영어의 중요성을 말해 보세요.

출제 이유

지원자의 진로에서 영어의 중요성을 구체적으로 이해하고 있는지, 이를 통하여 영어 공부의 목표는 정하고 있는지를 파악하여 진로역량을 평가하고자 한다. 영어 공부를 하는 이유와 실력 향상에 대한 기록을 남겨 면접에 대비하면 좋다.

④
통합
사회

교과-진로 융합 수업 활동에서 교통의 발달 단원을 자신의 진로와 연계하여 발표함. 특히 항공정비사의 실수 한번이 큰 피해를 초래할 수 있다는 점을 사례를 들어 설명하면서 정비사의 책임과 윤리 의식을 강조하였음.

예상 문항   공동체역량

항공 정비사가 가져야 할 직업윤리에 대해 말해 보세요.

출제 이유

통합사회 수업을 통하여 항공 정비사의 직업 윤리에 대해 발표하였고 그 구체적 사실을 확인하여 공동체역량을 평가하고자 한다. 평소 장래 희망 직업과 관련하여 그 직업윤리와 책임감에 대하여 생각하여야 한다.

⑤ 통합 과학

충격량 개념을 정확히 이해하여 충돌 시간을 늘려주는 빨대 구조물을 구상하여 높은 곳에서 떨어뜨려도 깨지지 않는 달걀 보호 안전장치를 완성함.

예상 문항　학업역량

충격량 개념을 이용하여 빨대 구조물을 만들어 달걀 보호 안전장치를 완성했다고 했는데 그 내용을 말해 보세요.

출제 이유

수업에서 공부한 과학적 원리를 직접 활용하는 활동을 구체적으로 확인하여 문제 해결력 등 학업역량을 평가하고자 한다. 활동에 대한 구체적으로 답변하고 특히 어려웠던 점이 있었다면 어떻게 해결하려고 노력했는지 답변하면 좋다.

⑥ 수학 I

나만의 수학 포트폴리오 활동에서 평면도형에서 다루었던 각이 동경의 회전한 양으로 정의가 되고 이를 이용해 일반각으로 나타내며 자연스럽게 삼각비에서 삼각함수로의 확장되는 과정을 마인드맵의 양식으로 정리함.

예상 문항　학업역량

수학 포트폴리오 활동에서 평면도형에서 다루었던 각이 동경의 회전한 양으로 정의 된 내용을 삼각함수로 확장되는 과정에 대해 말해 보세요.

출제 이유

수학 시간에 학습한 내용에 대한 구체적 답변을 확인하여 학업역량을 평가하고자 한다. 수업 시간에 의미 있게 공부한 내용을 기록하여 면접에 대비하면 좋다.

⑦
수학 II

수학 주제탐구 활동지 활동으로 미분계수와 도함수에 관한 역사와 유래를 조사하였으며 미분계수의 실생활 예로 운동선수들의 운동능력을 측정하거나 선수들의 움직임에 따른 환경의 저항과 변화 등을 표현할 때 미분계수가 사용된다고 설명함.

예상 문항 학업역량

미분계수가 실생활에 사용된 예로 운동능력 측정을 들었는데 그 구체적 내용을 말해 보세요.

출제 이유

수학 개념이 실생활에서 어떻게 쓰이며 이를 통해 수학의 중요성을 잘 이해하고 있는지 확인하여 학업역량을 평가하고자 한다. 탐구 활동지 내용을 요약하여 기록하였다가 면접에 대비하자.

⑧
물리학 I

뛰어난 직관력 및 통찰력을 바탕으로 우수한 문제해결 능력을 보이고 모르는 내용이 있으면 수업이 끝난 후 항상 질문하는 발전가능성이 높은 학생임.

예상 문항 학업역량

물리학 I 수업 시간에 지원자가 했던 가장 기억에 남는 질문을 말해 보세요.

출제 이유

수업 시간에 의미 있는 질문을 했다는 것은 학업역량을 평가하는데 중요한 요소다. 가장 의미 있는 질문을 구체적으로 확인하여 학업에 대한 이해와 적극적 수업 참여를 판단할 수 있다. 평소 중요하다고 생각했던 질문을 잘 기록해 두어 면접에 대비하면 좋다.

⑨
기하

비행기가 공중을 날기 위한 양력이 비행기의 추진력과 항력 및 중력의 세 가지 벡터의 연산에 의하여 결정되고 양력과 중력의 크기에 따라 상승과 하강을 한다는 기하일기를 작성함.

예상 문항 진로역량

비행기에 적용되는 수학적 원리를 하나 선택하여 설명해 보세요.

출제 이유

기계공학 및 항공우주공학에서 수학의 필요성은 절대적이다. 수학에 대한 학업역량도 중요하고 수학을 활용하여 관련 전공 내용을 이해하는 것도 중요하다. 기하 수업 시간에 활동한 비행기에 적용되는 수학 원리를 구체적으로 확인하여 진로역량을 평가하고자 한다. 평소 수학 실력 향상을 위해 노력하고 그 과정에서 중요하다고 생각하는 개념과 원리, 및 여러 아이디어를 기록해 두어 면접에 대비하도록 한다.

⑩
공학
일반

아두이노 각각의 부품의 사용 방법과 부품의 활용 방법에 대해 알고 있음. 프로젝트 과정에서 제품의 결함을 발견하고 이를 보완하기 위해 인터넷을 통한 자료 검색과 선생님들께 조언을 구해 해결하려고 노력하는 모습이 인상적임.

예상 문항 진로역량

프로젝트 과정에서 아두이노 제품 결함을 발견했다고 했는데 어떤 결함이고 문제는 어떻게 해결하였는지 말해 보세요.

출제 이유

생활기록부에 기록된 수업 시간에 있었던 특이 사항을 확인하여 구체적 활동을 평가하고자 한다. 수업 및 활동 과정에서 특이 사항은 별도로 기록해 두고 면접에 대비해야 한다.

⑪
미적분

미분이 항공 분야에 활용되는 예로 연속성과 항공기의 외형 사이의 관계를 알아보고 내용을 활동지로 정리함.

예상 문항 진로역량

미분이 항공 분야에 활용되는 예를 말해 보세요.

출제 이유

다시 강조하지만 공학계열에서 수학 과목 학업 능력과 그 활용 능력은 매우 중요하며 이를 면접에서 확인하려고 한다. 특히 활동지 등을 통하여 수업에서 배운 내용과 이를 활용한 구체적 사례를 파악하여 진로역량을 평가하고자 한다. 수업에서 배운 내용이 전공과 관련된 활동에 어떻게 활용되는지 기록하여 면접에 대비해야 한다.

⑫
물리학
II

평소 물리학에 대해 관심과 흥미가 많아 수업 태도가 바를 뿐 아니라 자기학습력이 뛰어나 고난도 문제가 주어졌을 때 끝까지 해결하고자 노력하고 그 풀이 과정을 논리적으로 칠판에 기재하고 설명하여 친구들이 이해하도록 도움을 줌. 벡터의 합성과 분해를 이용하여 알짜힘을 구하는 문제에 대해 다양한 방식으로 접근하여 분석한 후 발표함.

예상 문항 학업역량

물리학II 과목을 공부하면서 가장 관심 있게 공부한 내용을 말해 보세요.

출제 이유

주어진 생활기록부에는 학습한 내용과 활동한 경험들이 나열되어 있어 어는 부분이 지원자에게 의미 있었던 활동인지 알기 어렵다. 이에 전공과 관련하여 가장 중요한 과목인 물리학II에서 지원자가 의미 있게 공부하거나 활동한 경험을 구체적으로 확인하여 학업역량 및 진로역량을 평가하고자 한다.

리튬 이온 전지를 주제로 충전과 방전이 일어날 때 이온의 움직임을 표시하여 전지가 작동됨을 정리함. 활용되고 있는 분야로는 전기 자동차, 에너지 저장 시스템 기술이 있으며, 한계점으로는 각각 양극과 음극에서 온도에 따라 발열이 일어난다고 정리함. 활동을 마치며 2차 전지에 대해 알 수 있어서 의미 있는 시간이었고 한계점을 해결해야 우리가 안전하게 사용할 수 있겠다는 소감을 발표함.

예상 문항 계열 적합성

리튬 이온 전지의 한계점과 극복 방안에 대해 말해 보세요.

출제 이유

2차 전지에 대한 내용은 공학계열 공통으로 출제될 수 있다. 각 전지의 장점과 단점 그리고 단점을 극복할 수 있는지 지원자의 생각과 이해 정도를 확인하여 학업역량을 평가하고자 한다. 수업시간에 배운 내용에서 현재 실생활에 적용되고 있는 사례를 별도로 정리해 두어 면접에 대비하도록 한다.

(6) 독서활동

예상 문항 진로역량

지원 전공과 관련하여 가장 의미 있게 읽은 책을 말해 보세요.

출제 이유

독서를 통한 진로역량을 평가하고자 한다. 지원자는 독서를 통하여 진로 및 전공을 정하게 된 계기를 말하고 앞으로 어떤 분야를 더 깊이 연구하고 싶은지를 답변하여 자신에게 의미 있었던 책을 소개한다. 반드시 한 권만 소개할 필요는 없으며 여러 권을 소개해도 좋다. 가급적이면 내용이 연결되어 있으면 더 좋다.

(7) 행동 특성 및 종합 의견

공동체역량

학급에서 수업 불참 학생이 함께할 수 있도록 하는 회의를 건의했다고 했는데 그 내용을 말해 보세요.

생활기록부에 기록된 내용에서 구체적 사례가 없는 경우가 많아 이를 확인하고자 출제하였다. 객관적으로 관찰된 내용에 대한 구체적 사례를 기록해 두었다가 면접에 대비해야 한다. 이 과정에서 그런 활동을 한 이유, 활동 후 느끼고 배운 점이 있으면 함께 기록해 둔다.

(8) 자기소개서

> **① 1번 문항**
>
> 3학년에 올라와 미적분과 '하늘의 과학' 도서 연계공부를 통해 유체 흐름에서 연속성의 만족 여부가 중요함을 배웠습니다. 종잇조각이 글라이더의 연속성을 높여 항력이 줄었고, 일종의 플랩 역할을 함으로써 양력을 증가시켰기 때문에 성능이 좋아졌다는 결론을 미적분 탐구활동지로 작성했습니다.

공동체역량

항공우주공학을 전공하기 위해 고등학교에서 노력한 과정을 말해 보세요.

자기소개서에 지원 전공과 관련된 활동이 자세히 잘 정리되어 있다. 면접을 통해 이를 간략하게 소개하는 내용을 보고 소통 능력을 평가하고자 한다. 자기소개서에 구체적으로 잘 정리되어 있는 경우 면접에서는 그 내용을 다시 확인하여 지원자의 전공에 대한 의지를 판단하고자 한다.

2학년 때 친구들을 모아 동아리 '과학탐구반'을 만들었지만, 기장 역할을 수행하는 것이 쉽지만은 않았습니다. 첫 번째 동아리 활동에서 조를 짜고 탐구 주제를 정하는 시간을 가졌습니다. 모두 어렵지 않게 따라올 것이라 생각했지만, 예상과 달리 한 조가 주제를 정하지 못했습니다. 다양한 의견과 목표를 가진 친구들의 의견을 조율해 하나의 주제를 선정한다는 것이 어려움을 알게 되었습니다.

자기소개서 기반 예상 문항 공동체역량

동아리 활동에서 다양한 의견과 목표를 가진 친구들의 의견을 조율했던 경험을 말해 보세요.

출제 이유

공동체에서 발생하는 여러 의견차를 조율하는 것은 리더의 중요한 능력이다. 구체적 사례를 통하여 이를 확인하고자 한다. 평소 여러 조직에서 자신의 역할에 대해 생각한 점을 잘 기록해 두고 이를 활용하여 면접에 대비하자.

라. 화학공학과 면접 문항

1) 화학공학과 면접 특징 및 준비

"화학공학은 물질이 화학적 또는 물리적으로 변화하는 공정을 포함하는 산업과 그 외 다른 부문들을 다루는 기본적인 학문 분야이다. 또한 공학이란 것이 마찬가지겠지만 흔히 구할 수 있는 원료를 화학적, 물리적 과정으로 가치를 부가하거나 필요로 하는 사람들에게 제공하는 경제적인 면도 가지고 있다. 화학공학은 단순히 화학물질을 다루는 학문이라기보다는 대체에너지, 환경오염 및 생체공학과 관련된 에너지공학, 환경화학공학, 생화학공학, 의공학, IT분야를 다루는 종합공학이라고 할 수 있다." (출처 한양대학교 화학공학과 홈페이지) 이런 화학공학과의 특성에 맞게 대학에서는 면접을 통하여 전공을 이수하기 위한 학습과 활동 사항을 평가하고자 한다.

이 책에서는 화학공학과 면접 특징에 맞게 생활기록부와 자기소개서를 이용하여 추출한 면접 문항과 출제 의도를 제시하고자 한다. 이를 통하여 학생 스스로가 생활기록부와 자기소개서를 분석하여 화학공학과에 맞는 면접 문항을 만들 수 있고 입시에 바로 적용할 수 있다. 많은 도움이 되길 바란다.

(1) 수상실적

> **1학년** : 환경독서대회(장려상) / 진로발표대회(우수상)
> **2학년** : 사회이슈발표대회(최우수상) / 수학과학진로발표대회(우수상)
> **3학년** : 표창장(모범상)

예상 문항 학업역량

수상 경력 중 가장 의미 있는 상에 대해 말해 보세요.

출제 이유

학교생활기록부에는 수상명만 기록되어 있고 실제 어떤 내용으로 수상하였는지 구체적으로 알 수 없다. 자기소개서에 잘 기록되어 있으면 문제가 없지만 그렇지 않은 경우 대학교에서는 어떤 동기, 내용, 배우고 느낀 점에 대해 더 알고 싶어 한다. 가급적 전공과 관련된 내용으로 답변하고 특히 수상을 위해 노력한 구체적 경험과 수상을 통하여 더 배우고 느낀 점을 자세하게 답변하면 좋다.

(2)-1 자율활동

> 학급스터디 '꿈구두 사이언스'를 자발적으로 조직하여 내신을 대비하고 과학에 대한 자신감과 흥미를 증가시키기 위해 토론 심화활동을 진행함. 서로 의견을 나누어 학습계획을 세우고 어려운 과학 주제를 스스로 정리한 뒤 토론을 통해 의견을 공유함. 문제를 만들어 과학개념이 잘 정립되었는지 확인해보는 방식은 팀 활동이 상당히 진지하게 되었음을 알 수 있음.

예상 문항 공동체역량

학급스터디에서 이루어진 과학 주제 토론에서 가장 기억에 남는 내용을 말해 보세요.

출제 이유

생활기록부에 과학토론 활동만 기록되어 있고 실제 어떤 내용인지 구체적으로 알 수 없다. 면접을 통하여 활동 내용을 구체적으로 확인하고자 한다. 중요한 내용은 활동하는 동안 기록해 두었다가 면접 준비에 활용하도록 한다.

(2)-2 자율활동

> 학급 화학부장으로 화학과 관련된 글이나 신문기사 등을 친구들에게 설명하고 공유하여 친구들이 교과서 밖의 화학 이슈까지 관심을 갖게 함. '화학물질독성예측 기술'에 관한 신문기사를 발표하여 우리가 일상적으로 만나는 많은 화학제품이 안전성을 획득하기 위해 어떤 과정을 거쳤으며 그 과정에서 필수적인 동물실험의 문제점과 대안을 고민해보는 발표를 함.

예상 문항 학업역량

우리가 일상적으로 만나는 많은 화학제품이 안전성을 획득하기 위해 어떤 과정을 거치는지 말해 보세요.

출제 이유

활동 사례를 구체적으로 확인하여 학업역량을 평가하고자 한다. 특히 화학제품에 대한 오해와 잘못 알려진 내용이 많으므로 이를 과학적으로 정확히 설명할 필요가 있다.

(3) 동아리활동

> 화장품의 성분을 분석하고 가장 흔하게 쓰이는 계면활성제에 대해 조사하여 친구들과 의견을 교류함. 천연 계면활성제를 썼을 때의 이점과 단점은 있지만, 합성 계면활성제를 쓰는 이유에 대해 심도 있게 논의해 보는 시간을 가짐.

예상 문항 진로역량

화장품 제조에 사용되는 계면활성제에 대해 말해 보세요.

출제 이유

동아리 활동에서 실제 조사한 내용을 확인하여 진로역량과 학업역량을 평가하고자 한다. 여러 활동에서 작성한 보고서를 잘 보관하고 핵심 내용을 별도로 기록해 두어 면접 준비에 활용한다.

(4)-1 진로활동

자신의 희망 진로인 화장품 연구원에 대해 조사하고 시각자료를 만들어 발표함. 화학공학분야에 필요한 적성, 진출 분야, 화장품 개발 연구원이 하는 일 등을 구체적으로 소개함. 진학정보를 조사하고 화학공학과와 화학과를 비교 설명하여 친구들의 호응을 얻음.

예상 문항 진로역량

화학공학과와 화학과의 차이점을 말해 보세요.

출제 이유

이름이 비슷해 보이지만 화학공학과와 화학과는 분명히 다른 전공이다. 이를 잘 구분할 수 있는지를 확인하여 진로역량을 평가하고자 한다. 차이점을 말하라고 했지만 공통점도 함께 얘기하면서 차이점을 강조하면 좋다.

(4)-2 진로활동

전공 주제 학문적 탐구 프로젝트에서 화장품용 유화 제조기술 최근동향이라는 보고서를 읽고 유화의 형성에 관여하는 다양한 요인들과 그 영향을 알게 되었으며, 유화 작용에 대한 이해와 유화의 형성에는 안정성이 중요함을 알게 됨. 또한, 생체 계면활성제의 현재 개발 정도와 화장품에 얼마나 포함되어있는지에 대한 궁금증이 생겼으며, 생체 계면활성제 개발과 나노리포좀 등 관련 연구를 하고 싶다고 생각함.

예상 문항 진로역량

진로활동에서 앞으로 나노리포좀에 관한 연구를 하고 싶다고 했는데 그 이유를 말해 보세요.

출제 이유

진로의 취지에 맞는 면접 문항이다. 지원자가 앞으로 어떤 분야를 연구하고 싶은지를 확인하여 진로역량을 평가하고자 한다. 자신이 더 연구하고 싶은 분야에 대한 내용을 정확하고 구체적으로 알고 있어야 하며 이를 요약해서 답변할 준비를 해야 한다.

(5) 세부 능력 및 특기 사항

> **① 국어**
> 토론 수업에서 '동물실험'에 대해 인간의 이익을 위해 동물을 학대해서는
> 안 된다는 점을 논거로 하여 반대하는 자신의 입장을 명확하게 제시함.

예상 문항 공동체역량

국어 시간에 토론 수업에서 '동물실험'에 대해 인간의 이익을 위해 동물을 학대해서는 안
된다는 점을 논거로 하여 반대 입장을 제시했다고 했는데, 주장의 근거를 말하고, 동물실
험을 하지 않는다면 그 대안은 무엇인지 말해 보세요.

출제 이유

연구 윤리와 관련하여 중요한 주제다. 과학과 관련된 윤리적 쟁점에 대해 지원자의 주장
이 합리적인지 판단하여 공동체역량 및 진로역량을 평가하고자 한다. 어떤 문제에 대한
반대 의견이 있을 경우 그 대안도 제시하여 주장의 설득력을 높여야 한다.

> **② 수학**
> 수학 영화 '플랫랜드'를 보고 지금까지 생각했던 차원에 대해 다시 생각해
> 보는 기회가 되었으며 상상력을 발휘하여 불가능했던 상황을 다양한 차원
> 에서 가능하도록 설명할 수 있는 계기를 마련함.

예상 문항 학업역량

수학 영화 '플랫랜드'를 보고 차원에 대해 다시 생각해보는 기회가 되었다고 했는데 그 이
유를 말해 보세요.

출제 이유

수학 시간에 더 깊이 학습한 내용을 확인하여 학업역량을 평가하고자 한다. 면접에서는
항상 생기부 내용보다 더 구체적으로 답변해야 한다. 그래야 활동과 학습의 진실성이 드
러난다.

③ 통합 과학
DNA에 존재하는 뉴클레오타이드의 염기의 종류를 알고, 아미노산으로 단백질을 합성하는 과정을 설명할 수 있음.

예상 문항 학업역량

아미노산으로 단백질 합성하는 과정을 간단히 설명해 보세요.

출제 이유

어렵고 복잡한 내용을 쉽고 간략하게 요약하고 전달 할 수 있는지를 확인하여 학업역량을 평가하고자 한다. 평소 학습 과정에서 공부한 복잡한 내용을 더 쉽고 간단히 표현하는 연습을 하면 면접에 도움이 된다.

④ 수학 I
화학에서의 '브래그 법칙'을 소개하고 브래그 조건식의 유도과정을 삼각함수의 성질을 이용하여 보임.

예상 문항 학업역량

브래그 법칙을 말하고 브래그 조건식의 유도과정에 대해 말해 보세요.

출제 이유

수식으로 표현되는 수학적 내용을 수식을 쓰지 않고 설명할 수 있는지를 확인하여 학업역량을 평가하고자 한다. 역설적으로 수학, 과학적 내용은 수식을 써야 더 편리하게 내용을 알릴 수 있음을 알아야 한다.

⑤ 물리학 I
'브레드 보드를 이용한 RGB 빛의 합성 실험'에서 브레드 보드의 구조를 확실히 이해하고 주어진 과제를 빠르게 수행하였으며, 광원의 위치에 따라서 그림자의 색이 결정되는 원리를 정확히 이해하여 서술함.

예상 문항 진로역량

브레드 보드를 사용한 실험에서 주의할 점을 말해 보세요.

출제 이유

공학에서 전자기 이론과 실험은 중요하다. 실제 실험 과정을 구체적으로 확인하여 진로역량을 평가하고자 한다. 평소 실험에 적극적으로 참여하여 실험 과정을 완전히 이해하고 실험에서 주의사항 등을 기록해 두어 면접에 대비 한다.

⑥ 화학 I
탄산 칼슘과 염산의 반응에서 생성되는 이산화탄소 기체의 양을 정량적으로 측정하여 화학반응식으로 바르게 나타내었으며, 제한요소를 찾아 새롭게 주어진 조건에서의 기체 생성량을 예측하는 추론능력도 뛰어남.

예상 문항 학업역량

탄산 칼슘과 염산 반응에서 제한요소를 찾아 새롭게 주어진 조건에서의 기체 생성량을 예측했다고 했는데 그 내용을 말해 보세요.

출제 이유

과학에서 정량적 측정과 이를 해석하는 내용은 매우 중요하다. 특히 조건이 바뀔 경우 결과를 새롭게 예측할 수 있는 능력도 중요하다. 면접을 통하여 생기부 기록을 구체적으로 확인하여 학업역량을 평가하고자 한다.

휴지 상태와 흥분 상태에서 나트륨과 칼륨의 이동에 의해 일어나는 막전위 변화 과정을 설명하고 근육에 적용하여 자극의 세기에 따라 다른 반응을 보이는 이유를 설명함.

예상 문항 학업역량

휴지 상태와 흥분 상태에서 일어나는 막전위 변화 과정을 말해 보세요.

출제 이유

생활기록부에 기록된 깊이 있는 학업 내용을 구체적으로 확인하고자 한다. 생기부에 기록된 내용에서 중요하다고 생각되는 내용에 대한 구체적인 답변 준비가 필요하다. 평소 깊이 있는 공부가 필요하고 특히 그 내용을 간략하게 기록하여 면접에 대비하자.

⑧
과학
과제
연구
과학기술의 발전의 이면에는 환경오염이 있음을 인지하고 환경에 영향을 주는 요인들에 대한 관심이 높아 '공기정화식물들의 효과 검증과 시간에 따른 미세먼지 흡수량 비교와 공기정화식물들의 미세먼지 흡수 전후 내부 차이와 식물 간의 공통점'이라는 제목으로 과제 연구를 진행함.

예상 문항 진로역량

공기정화식물들이 효과 검증에 대한 과제 연구 내용을 말해 보세요.

출제 이유

전공과 관련한 깊이 있는 탐구 경험을 확인하여 진로역량 및 학업역량을 평가하고자 한다. 탐구계기, 탐구과정, 결론 등을 구체적으로 답변하여야 하며 향후 연구 계획도 함께 답변하면 좋다.

⑨
정보

나만의 C언어 프로그램 만들기 활동에서 컴퓨터가 발생시킨 임의의 숫자를 맞추는 게임을 단계별 난이도를 구분하여 제시하는 프로그램을 기획하고 코딩함.

예상 문항 진로역량

나만의 C언어 프로그램 만들기 활동에서 컴퓨터가 발생시킨 임의의 숫자를 맞추는 게임을 단계별 난이도를 구분하여 제시하는 프로그램을 기획하고 코딩했다고 했는데 그 내용을 말해 보세요.

출제 이유

공학에서 컴퓨터 활용은 매우 중요한 능력이다. 실제 코딩 사례를 확인하여 컴퓨터 활용 능력을 평가하고자 한다. 코딩에 사용된 알고리즘을 제시하고 어떤 방식으로 코딩했는지, 그 결과는 무엇인지를 구체적으로 답변해야 한다.

⑩
미적분

미적분과 기하에서 배운 개념 간의 연계성을 스스로 찾아보며 음함수 미분법으로 이차곡선의 접선 방정식을 구하고, 두 직선이 이루는 각을 삼각함수의 덧셈정리와 방향벡터를 이용하여 각각 구해봄.

예상 문항 학업역량

미적분과 기하에서 배운 개념 간의 연계성을 스스로 찾아보며 공부했다고 했는데 그 내용을 말해 보세요.

출제 이유

자연과학 계열에서 가장 중요한 과목이 미적분이다. 이 과목을 공부하면서 스스로 깊이 공부하거나 탐구한 내용을 확인하여 학업역량을 평가하고자 한다. 특히 다른 과목과 연계하여 생각하고 이를 활용한 내용을 구체적으로 답변하여 수학에 대한 자신감을 표현하면 좋다.

⑪
확률과
통계

정규분포를 이용하여 4개짜리 한 세트의 불량품의 개수를 구하는 문제를
인상 깊은 문제로 꼽으며 표본평균의 분포에 대한 개념적인 이해가 뒷받침
되어야 해결가능한 문제로서 개념을 활용하는 방식에 대해 깨닫게 해준 문
제였기에 기억에 남는다는 소감을 기록함.

예상 문항   진로역량

정규분포를 이용하여 4개짜리 한 세트의 불량품의 개수를 구하는 문제를 인상 깊은
문제로 꼽았다고 했는데 그 이유를 말해 보세요.

출제 이유

공학에서 정규분포를 이용한 불량품 개수를 구하는 문제는 실제 적용 가능한 내용이다.
정규분포의 정확한 이해와 이를 활용한 내용을 구체적으로 평가하여 진로역량을 평가하
고자 한다.

⑫
여행
지리

지구 온난화가 우리에게 미치는 영향에 관한 영상을 보고 과학기술의 발전
으로 이산화탄소를 더 많이 배출하고 있어서, 해수면이 상승이 가속화되고
있어 세계 주요 연안 도시가 물에 잠기게 될 거라는 것을 깊이 인식하게 되
어, 지구 온난화를 늦추는 방안에 대해 고민하고 실천 방안을 글로 작성함.

예상 문항   진로역량

화학공학과 관련하여 지구 온난화를 늦추는 방안에 대해 말해 보세요.

출제 이유

화학공학을 포함한 모든 공학, 과학 계열에서 지구 온난화 방지는 중요한 주제이다. 전공
과 관련하여 지구 온난화를 늦추는 방안이 무엇인지 구체적으로 확인하고자 한다. 평소
지구 온난화에 방지에 대한 생각을 타당한 근거와 함께 제시해야 한다.

⑬
화학 II

헤스의 법칙을 이해하고 반응에 따른 엔탈피 변화그래프를 보고 해석할 수 있음. 이산화 질소의 분해엔탈피, 일산화 질소의 생성엔탈피를 그래프를 해석하여 찾을 수 있고 관련 반응식을 서술할 수 있음.

예상 문항 학업역량

헤스의 법칙이 화학공학에서 어떤 의미가 있는지 말해 보세요.

출제 이유

희망 전공과 매우 밀접한 관련이 있는 과목의 중요한 개념을 전공과 어떻게 연계시키는지를 확인하여 학업역량과 진로역량을 평가하고자 한다. 중요 개념을 상대방이 이해하기 쉽고 간략히 답변하는 연습을 하고 개념의 활용을 구체적으로 답변할 수 있도록 준비한다.

(6) 독서활동

예상 문항 진로역량

지원 전공과 관련되어 가장 의미 있게 읽은 책을 말해 보세요.

출제 이유

독서를 통한 진로역량을 평가하고자 한다. 지원자는 독서를 통하여 진로 및 전공을 정하게 된 계기를 말하고 앞으로 어떤 분야를 더 깊이 연구하고 싶은지를 답변하여 자신에게 의미 있었던 책을 소개한다.

(7) 행동 특성 및 종합 의견

예상 문항 **공동체역량**

자기 객관화가 뛰어나 스스로에 대한 냉철한 평가가 체득되어 있다고 했는데 그 사례를 말해 보세요.

출제 이유

생활기록부에 기록된 내용에서 구체적 사례가 없는 경우가 많기 때문에 이를 확인하고자 출제하였다. 객관적으로 관찰된 내용에 대한 구체적 사례를 기록해 두었다가 면접에 대비해야 한다.

(8) 자기소개서

① 1번 문항
평소 '아름다움을 만드는 도구'로서 화장품에 관심이 많았고 특히 경제적이고 안전한 화장품 생산을 위하여 화학공학과를 목표로 공부했습니다.

예상 문항 **진로역량**

경제적이고 안전한 화장품 생산을 위해 어떤 연구가 필요한지 말해 보세요.

출제 이유

지원자의 장래 목표를 구체적으로 확인하여 진로역량을 평가하고자 한다. 자기소개서에 가장 중요한 문장이므로 이에 대한 답변을 구체적으로 준비해야 한다. 그동안 학습하고 탐구한 내용을 간략히 소개하고 이를 통하여 앞으로 어떤 연구가 필요한지 내용의 연결을 감안한 답변 준비가 필요하다.

② 2번 문항 여성에게 있어 화장은 자신을 표현하기 위한 수단이기도 하지만, '자존감의 최소한'이라고도 생각했습니다.

예상 문항 공동체역량

여성에게 있어 화장은 '자존감의 최소한'이라고 생각했는데 그 의미를 말해 보세요.

출제 이유

자기소개서에서 가장 강조하고 싶은 문장에 대한 의미를 구체적 사례를 들어 답변할 수 있는지 확인하고자 한다. 이를 통하여 지원자의 생각을 상대방에게 정확히 전달할 수 있는 의사소통 능력을 평가하고자 한다. 자기소개서에서 중요하게 강조한 내용에 대해 정확히 답변할 준비가 필요하다.

 # 맺음말

대입 선발 방법은 다양하다. 하지만 결국 학생부 위주(교과, 학생부종합전형)와 수능 위주로 크게 나눌 수 있다. 학생부 위주의 학생부종합전형은 단순 내신 성적만이 아닌 고교 3년간 이루어진 모든 학습 및 활동 경험을 '종합적'으로 평가한다. 여기서 '종합적'으로 평가한다는 말이 사실 와닿지 않는다. 도대체 무엇을 어떻게 평가한다는 말인지 막연하고, 실제 '가보지 않은 길'에 대한 두려움이 있어 막상 무엇을 할 것인지 막막한 것이 현실이다.

중학생 및 고등학교 1학년의 경우 경험이 없어서 학생부종합전형 대비가 어렵다. 이 점은 이해가 가는 부분이다. 하지만 고등학교 2, 3학년의 경우에도 막상 자신이 제대로 준비하였는지, 앞으로 무엇을 어떻게 할지 어려운 것은 똑같다. 이때 '학생부종합전형은 무엇이며, 이렇게 준비해야 한다.'는 코치를 누군가 해준다면 준비하는 학생에게는 좋은 일이지만, 현실적으로 개별적 지도받기가 쉽지 않다.

사람은 어떤 문제를 해결하기 어려울 때, '선례', '사례', '판례', '경험담' 등으로 표현되는 구체적 경험을 참고(벤치 마킹)한다. 그래서 '모방은 창조의 어머니'라는 말도 있다.

머리말에서 말하였듯이, 이 책은 학생부종합전형을 준비하는 학생들에게 다양하고 구체적인 정보를 제공하기 위해 기획되었다. 계열 선택, 학생부 로드맵, 교과 선택, 과제 탐구, 세특 대비 및 자소서, 면접 준비까지 학생부종합전형에서 필요한 모든 요소를 계열에 맞게 한꺼번에 기록하였다. 특히 구체적인 사례를 통하여 독자에게 단계별 필요한 내용을 속 시원하게 알려주고자 하였다.

학생부종합전형 준비에 정답은 없다. 책에서 제시한 방법과 사례도 정답이라고 할 수 없다. 원래 정답이 존재하지 않기 때문이다. 하지만 '막연함'을 넘는 실마리를 얻을 수 있다. 이를 바탕으로 계획을 세우고 실천할 수 있는 계기를 만들 수 있다. 또한, 학생부종합전형 준비에 자신감을 가진 학생도 이 책을 통하여 자신의 준비 과정을 점검할 수 있다.

맺음말까지 읽은 독자는 학생부종합전형을 위해 무엇을 준비해야 하고, 실천할지 구체적으로 생각해야 한다. 그동안 자신의 준비 과정과 비교해 보면서 더 관심 있는 부분 및 미흡했던 부분이 있다면, 다시 보기를 추천한다. 그곳에서 더 얻을 수 있고 더 발전시킬 수 있는 내용은 무엇인지 생각하고, 실천하며, 기록하기를 바란다. 그러한 활동 모두가 '학생부종합전형 준비' 과정이다.

마지막으로 책을 읽으며 자신의 목표를 향해 걸어가고 있을 독자 여러분에게 큰 도움 되길 바라며, 응원한다.

저자 일동

선생님을 돕는 에듀테크 '꿈구두 교육'
진로, 진학, 미래, 학습 분야 베스트셀러 추천도서

합격한 학생들의 학생부 엿보기

합격생들이 가장 많이한 활동
합격생들의 창체기록과 교과
세특 합격생들의 교과선택과
기록 워크북

선생님, 컨설턴트분들의 비밀 지도서

진로(직업), 진학(입시) 기반
활동 매뉴얼
공부실력 높이는 지도 전략
진학의 기초와 합격하는 입시
지도전략

고등학교 1, 2, 3학년 공부의 모든것

공부가안된 이유 10가지학년별
공부 끝내기
과목별 점수대별 성적 올리기
내신, 모의고사 공부의 모든
전략

학생부와 성장의 꽃! 과제탐구

과제 탐구는 누구나, 어디서든
가능한 방법 제시
나만의 과제탐구 주제잡기
수행평가, 발표활동에서 뽐내기
전략과 차별화 세특작성

이제는 합격 수기다! 자소서 끝판왕

종합 전형의 합격 수기!
자소서로 종합전형 로드맵을
구성하라 따라만하면 나만의
자소서 완성! 모든계열의 활동
연결과 기록비법

면접끝 기본

면접 준비의 정석을 알려주는
기본편 이것 하나면 면접준비
혼자서도 할 수 있다!

면접끝 심화

특수대, 교대, 의대 MMI, 제시
문기반면접 제대로 준비할 수
있는 심화면접 준비서.
계열별 전문가의 예시답변 수록

중학 생활의 모든것!

중1 자유학기제 진로성장 전략
중2 평가가 시작! 성적올림 전략
중3 고입, 대입의 시작! 나의
입시 전략을 세우는 시간
고교 학점제 완벽 대비

영어 내신과 최저 전략서

엉이에서 자주 틀리는 원인과
해법 헷갈리는 구문, 어휘,
어법 깨기
수행 평가, 수능 듣기, 독해의
약점 극복과 1등급 준비서

국어 내신과 최저 전략서

오답 빈도가 높은 국어 문제
분석과 솔루션으로 오답이 강
점으로 탈바꿈!
수행평가, 수능 국어의 핵심
개념 학습

수학 내신과 최저 전략서

수포자눈물닦아주기 프로젝트
왜 수학을 포기 하는 지 알고,
극복! 수포자 유형별, 극복
전략, 점수 업로드!

교육학 수업의 바이블

교육학 교양과목을 즐겁게!
교육학과 실제교육의 연결스
토리 논술, 면접문항으로 활동
극대화 학생과 함께 토론하고
참여하는 수업 교재

소프트웨어 수업의 종합지침서

초, 중, 고를 잇는 SW, IT, AI
수업과 활동이 이 한 권으로
완성! 자기 주도로 준비 하는
솔루션 전략으로 특기자 전
형, 종합 전형 합격

인문, 사회, 자연, 공학, 의생명, 교육 편

A~Z 각 계열의 최고 바이블
계열 선택에서 과제연구, 세특
자소서, 최종 면접까지
학교생활의 끝판왕
계열합격 끝판왕

20대를 시작하는 너에게

새내기대학생 상황별 생활가
이드 20대는 처음이지? 21세
기 사회 생활트렌드 분석한 나
만의 자기계발서

교육너머 교육을 기획하는 사람들!

어떻게 살 것인가 : 성장 하지
않는 다면 결코 만족할 수 없을
것이다!
역량 성장과 도전을 위한 실전
가이드

AI 기반의 온라인 학생 컨설팅상담 프로그램
My Best 진로, 진학, 미래, 학습

고등 My Best 1. 실력
계열성향검사

계열성향 검사로 나에게 맞는 계열 파악 나의 계열에 따른 직업, 학과 나의 계열에 따른 활동 전략

고등 My Best 2. 실력
학생부 로드맵

나의 학생부 준비 점수 분석 점수별 학생부 보완 활동 전략 나의 계열별 학교 활동 솔루션

고등 My Best 3. 실력
합격 공부

학년별, 점수대별 나만을 위한 공부코치 국영수, 사과 내신준비의 모든것 국영수, 사과 수능준비의 모든것

고등 My Best 4. 실력
3색줄 독서 솔루션

나의 독서 능력분석과 향상 전략 진로 독서와 노벨상 수상자의 딥다이브 독서법 3색줄 독서전략으로 심층독서

고등 My Best 5. 실력
합격 과제탐구

과제탐구 준비도를 파악하라! 마베대로 따라하면, 과제탐구 끝 워크시트를 채우며 작성하는 코칭

고등 My Best 6. 입시
합격 대학&전형

현재 내신&모의고사 기반 입시 컨설팅 고 1, 2학년의 대학과 전형 다지기 컨설팅 고3의 마지막 전략 완성 컨설팅

고등 My Best 7. 입시
합격 교과선택

고교학점제 기반의 학과별 필수 선택 학과3개의 교과 선택과 교과정보 우리학교 교육과정에 없는 교과 해결법

고등 My Best 8. 입시
합격 학생부

합격생들이 가장 많이한 활동 합격생들의 창체기록과 교과 세특 합격생들의 교과선택과 기록 워크북

고등 My Best 9. 입시
합격 자소서

종합전형의 합격 수기! 자소서로 종합전형 로드맵을 구성하라 챕터별로 따라 하면 나만의 자소서 완성

고등 My Best 10. 입시
합격 교과선택

꼭 준비해야하는 빈출20개 질문 학과별 기출 빅데이터 자료 답변 예시와 개인화하는 방법

중학 My Best 11, 12 중학
중학계열성향검사
공부 끝판왕

고교학점제 준비는 계열파악이 먼저! 계열별 학교활동 로드맵 과목별 공부접근법, 방법 알기 플래너로 시간을 내가 관리

중학 My Best 13. 중학
고입 & 대입가이드

고교 선택전략! 일반고 vs 특목고 나의 자존감, 회복 탄력성을 읽어라 각 학교의 특징과 준비 방법 익히기

역량 My Best 14, 15 역량
미래역량 창의성 솔루션
미래역량 리더십 솔루션

나의 리더십과 창의성 역량 지수를 파악 실행할수 있는 리더십 역량 계발 창체활동 역량을 키우는 방법

역량 My Best 16, 17 역량
미래역량 문제해결 솔루션
미래역량 소통 솔루션

나의 문제 해결과 소통 역량 지수를 파악한다 세특의 핵심 문제해결력 키우기 소통역량 을 높이는 방법을 계발

역량 My Best 18, 19 역량
미래역량 프로젝트 솔루션
미래역량 전략적사고 솔루션

나의 프로젝트와 전략적사고 역량지수를 파악한다 프로젝트 역량을 올리는 방법 전략적사고 역량을 키우는 방법

AI 기반의 온라인 학생 컨설팅상담 프로그램
고등학교 3개년 성장 플랜(연간 커리큘럼)

1학년

1학기

3월	4월	5월
1주 학기별 지도계획 안내 **3주** 계열검사 (마베1)	**1주** 계열검사 직업·학과구성(마베1) **3주** 학생부가이드 (마베2)	**1주** 학교알리미 학교운영 계획서 기반·학생부 로드맵(마베2) **3주** 합격공부법 (마베3)
6월	7월	8월
1주 학교교육과정 기반교과선택(마베7) **3주** 학습플래너 (입시네비)	**1주** 독서 (마베4) **3주** 독서발표 (마베4)	**1주** 과제탐구 (마베5) **3주** 과제탐구 주제 잡기·레퍼런스 정하기(마베5)

2학기

9월	10월	11월
1주 대학 및 전형 (1학년 1학기 기준) (마베6) **3주** 모의고사 약점 분석 (입시네비)	**1주** 합격 학생부 (마베8) **3주** 교과선택 (마베7)	**1주** 합격 공부법 (마베3) **3주** 학습플래너 (입시네비)
12월	1월	2월
1주 자소서(합격수기) (마베9) **3주** 자소서 써보기 (마베9)	**1주** 과제탐구 2학년 준비(마베5) **3주** 진로 독서 (마베4)	**1주** 대학 및 전형 (1학년 2학기 기준) (마베6) **3주** 모의고사 약점 분석(입시네비)

2학년

1학기

3월	4월	5월
1주 역량검사 (전략적사고)(마베19) **3주** 역량검사 (프로젝트)(마베18)	**1주** 대학 및 전형 - 1학년 2학기 기준(마베6) **3주** 공부법 (마베3)	**1주** 학생부가이드 (마베2) **3주** 학습플래너 (입시네비)
6월	7월	8월
1주 교과선택 (마베7) **3주** 독서 (마베4)	**1주** 과제탐구 <키워드탐구하기> (마베5) **3주** 학습플래너 (입시네비)	**1주** 역량검사 (소통) (마베17) **3주** 역량검사 (문제해결)(마베16)

2학기

9월	10월	11월
1주 대학 및 전형 - 2학년 1학기 기준 (마베6) **3주** 모의고사 약점 분석(입시네비)	**1주** 교과선택 (마베7) **3주** 수시판단 (입시네비)	**1주** 공부법 (마베3) **3주** 합격 학생부 (마베8)
12월	1월	2월
1주 자소서(합격수기) (마베9) **3주** 자소서써보기, 학생부연계 (마베9)	**1주** 면접 경험 (마베10) **3주** 학습플래너 (입시네비)	**1주** 수시판단 (입시네비) **3주** 모의고사 약점 분석(입시네비)

3학년

1학기

3월	4월	5월
1주 역량검사 (창의성)(마베15) **3주** 역량검사 (리더십)(마베14)	**1주** 대학 및 전형 - 2학년 (2학기 기준)(마베6) **3주** 수시판단 (입시네비)	**1주** 학생부가이드 (마베2) **3주** 합격 학생부 (마베8)
6월	7월	8월
1주 과제탐구 <키워드추가, 탐구추가> (마베5) **3주** 과제탐구마무리 (마베5)	**1주** 자소서마무리 (마베9) **3주** 면접 이해 (마베10)	**1주** 자소서 (마베9) **3주** 수시판단 (입시네비)

2학기

9월	10월	11월
1주 모의고사 약점 분석(입시네비) **3주** 면접실습 (마베10)	**1주** 공부법 (마베3) **3주** 정시판단 (입시네비)	**1주** 면접 최종 (마베10) **3주** 정시판단 (입시네비)
12월		
1주 정시판단 (입시네비) **3주** 정시판단 (입시네비)		

* 학교와 학생의 요구에 따라, 제공되는 프로그램은 조정이 가능합니다.

MEMO

계열 합격 끝판왕

공학계열

초　　판 1쇄 발행 2022년 8월 15일
초　　판 2쇄 발행 2023년 6월　1일

기　　획　　정동완
지은이　　박상철 백광일 김형준 이범석 최희원 김홍겸 김재형 장희재
펴낸이　　꿈구두
펴낸곳　　꿈구두
디자인　　안혜숙 Moi N-Design

출판등록　　2019년 5월 16일, 제 2019-000010호
블로그　　https://blog.naver.com/edu-atoz
이메일　　edu-atoz@naver.com
ISBN　　979-11-91607-23-9
　　　　　979-11-91607-29-1(세트)

책값은 표지 뒤쪽에 있습니다.
파본은 구입하신 서점에서 교환해드립니다.